약선음식
藥膳飮食
Healling Foods

전순실 | 신동원 공저

문운당

| 머리말 |

현대인들은 일단 병을 앓게 되면 먼저 약(藥)을 떠올리게 되는데 약의 부작용, 특히 장복(長服)할 경우 인체의 면역력을 저하시키게 되는 부분에 대해서는 크게 자각하지 못하는 경향이 있다. 질병의 치료를 위해서는 먼저 병원만을 떠올리게 되는데 경우에 따라서는 가장 효과적이면서도 간단하고 원시적 치료방법인 식이요법(食餌療法)을 고려해볼 필요가 있다.

식이요법(食餌療法)은 일정한 음식물의 영양 섭취를 통해 질병을 예방하거나 치료하는 작용을 말하는 것으로 동양의학(東洋醫學)의 명의(名醫)들은 예로부터 "약으로 치료하는 것은 음식으로 치료하는 것만 못하다(藥療不如食療)."라는 표현을 즐겨 써왔고, 또한 "약과 음식은 그 근원이 같다(藥食同源)."고 강조해 왔던 것에서도 식이요법의 중요성을 엿볼 수 있다.

중국의 국가제도를 기록한 가장 오래된 책인 《주례(周禮)》의 기록에 따르면 당시의 의학 중 가장 중요시되던 "식의(食醫)"라는 관직이 있어 제왕(帝王)의 음식과 영양 등을 관장했었음을 알 수 있다. 또한 당나라 시대 명의(名醫) 손사막(孫思邈)은 그의 저서 《비급천금요방(備急千金要方)》의 "식치(食治)"편에서 다음과 같이 강조하고 있다. "무릇 의사(醫師)라 함은 먼저 병의 근원과 그 침범과정을 명확히 알고 식치로서 치료해야 한다. 만약 식치로 호전되지 않을 때 약을 고려해야 한다(夫爲醫者, 當須先洞曉病源, 知其所犯, 以食治之, 食療不愈, 然後命藥)."

이처럼 동양의학에서는 인간과 자연의 조화를 중시하고 음식과 건강이 불가분의 관계임을 강조하면서 약선(藥膳)을 치료과정의 일부분으로 인식해 왔다.

실제로 약선은 약물과 음식물의 유기적인 결합을 통해 치료작용은 물론, 보양(補養) 및 식사의 기능까지를 포함하는 데 그 특징이 있다. 따라서 약선에 대해 제대로 접근하기 위해서는 동양의학의 이론을 핵심으로 변증론치(辨證論治)의 과정을 통해서 약물과 음식물의 성미(性味)를 충분히 응용할 수 있어야만 한다. 이러한 과정을 통해야만 약물과 음식물의 흡수와 이용을 최대한으로 촉진시켜 질병의 예방 및 치료라는 목적에 다다를 수 있는 것이다.

약선의 "선(膳)"자가 음식물을 위주로 적당한 한약재를 가미하는 것을 뜻하는 것처럼 약선학(藥膳學)에 제대로 접근하기 위해서는 동양의학과 요리의 접목이 불가피함을 알 수 있다. 따라서 본 저서는 최근 새롭게 관심의 대상이 되고 있는 약선 분야에 대해 체계적으로 접근하고자 국내 · 외의 관련서적들을 참고로 168종의 약선요리(藥膳料理)를 소개하고 있다. 특히 국내에서 관심의 대상이 되고 있는 사상체질론(四象體質論)과 체질별 식단표에 대해서는 무이사상학연구소(武夷四象學硏究所) 한태영(韓太榮) 소장(所長)님의 자료를 토대로 소개했으며, 또한 그밖의 자료를 협조해 주신 보건복지가족부 한의약산업과장 박상표(朴祥杓)님께 지면을 통해 감사의 뜻을 전하고자 한다.

본서가 약선에 관심을 기울이는 모든 분들께 작은 참고자료가 될 수 있기를 바라며, 독자 여러분들의 끊임없는 비판과 격려를 기대하면서 앞으로 좀더 완성도가 높은 책이 될 수 있도록 지속적으로 노력할 것을 약속드린다.

끝으로 본서의 출판을 위해 수고를 아끼지 않으신 문운당 출판사의 이성범 사장님 이하 많은 분들, 국립순천대학교 식품영양학과 조리과학 실험실원(김연옥, 은순덕, 정기영)과 한약자원학과 본초 · 방제학 실험실원(정희, 윤지희, 오준석), 번역과 교정을 도와주신 전경희, 이소연, 신성숙님의 노고에 다시 한번 감사의 뜻을 전한다.

2008년 7월

저자

| 목 차 |

제4장 … 약선(藥膳)의 응용원칙

제5장 … 약선(藥膳)재료의 범위

제6장 … 약선(藥膳) 요리법

제2부 각 론

제7장 … 병증약선(病證藥膳)

제8장 … 보양약선(補養藥膳)

제9장 … 미용약선(美容藥膳)

제10장 … 계절별 약선(藥膳)

제1부 총론

제1장 약선(藥膳)의 개념

1 약선의 개념 및 범위

약선학(藥膳學)이란 한의학적인 이론을 바탕으로 영양치료학, 영양위생학 및 조리학 등의 관련 지식을 응용하여 각종 식품과 한약재의 적절한 결합을 연구하는 학문이다. 따라서 약선(藥膳)의 형태는 식품(食品)이며 그 성질은 약품(藥品)으로서 영양작용과 치료작용을 모두 구비하게 된다. 이는 약식동원(藥食同源)의 이론에 근거한 것으로서 질병의 치료, 예방 및 양생의 목적을 이룰 수 있게 한다.

약선의 범위는 비교적 광범위한데 주로 그 제작방법과 용도에 따라 다양한 명칭과 분류가 있다.

약선에 대한 광의의 개념은 약죽(藥粥), 약차(藥茶), 약주(藥酒), 약재 반찬 등 약물과 식품의 결합으로 만들어진 모든 음식을 일컫는다.

협의의 개념으로는 육류, 어류, 채소, 두류, 면류 등에 약물을 첨가한 요리나 떡 등으로 단독으로 복용하거나 반찬으로 식용되는 것을 말한다.

예로부터 전해 내려오는 의식동원(醫食同源), 약식동원(藥食同源)이라는 말에서 우리 조상들은 음식(飮食)과 의약(醫藥)의 근원을 같은 범주에서 다뤄왔음을 알 수 있다. 이는 음식을 통해 질병을 치료 및 예방함으로써 건강한 삶을 유지하고 노화를 방지할 수 있다는 것을 의미한다.

남송(南宋)시대 시인 육유(陸游)의 식죽(食粥)이라는 시의 일부분을 통해서도 옛 사람들의 음식과 질병관(疾病觀)을 엿볼 수 있다.

世人個個學長年(세상 사람들은 모두 장수를 바라지만)
不知長年在目前(그것이 눈앞에 있음을 모른다.)
我得宛丘平易法(간단하고 좋은 방법을 알고 있으니,)
只將食粥致神仙(그저 죽을 먹으면 신선이 된다는 것을.)

– 陸游(1125~1210, 南宋)

2 약선의 기원 및 발전

한의학 최고 경전인 《황제내경(黃帝內經)》에서는 음식의 섭취를 반나절 끊으면 기쇠(氣衰)하고 하루를 끊으면 기소(氣少)한다("穀不入, 半日則氣衰, 一日則氣少矣")고 강조한 것처럼 건강한 삶에서 음식은 절대적인 위치를 차지하고 있다.

특히 고대부터 "약식동원(藥食同源)"이란 표현을 사용해 왔던 것에서 알 수 있듯이 약선(藥膳)은 오랜 역사와 문화적 배경을 갖고 있다. 시대별로 다양한 기록을 접할 수 있는데 기록에 의하면 약 3천년 전인 주(周)나라 시대에 이미 "식의(食醫)"라는 명칭의 관직이 있어 제왕의 질병 예방 및 보건을 위한 전문적인 역할을 수행하였다.

한(漢)나라 시대 장중경(張仲景)의 《상한잡병론(傷寒雜病論)》에는 약선을 이용한 "치병(治病)" 및 음식금기(飮食禁忌) 사항 등에 내해 상세히 기록을 남기고 있다.

당(唐)나라 시대의 명의 손사막(孫思邈)은 《천금익방(千金翼方)》 "식치편(食治篇)"에서 "질병을 치료하기 위해서는 먼저 식이요법(食餌療法)을 사용하고 효과가 없을 경우 약을 사용해야 된다."(凡欲治療先以食療,旣食療不愈後乃藥爾)고 강조하고 있다.

송(宋)나라 시대에는 음식을 이용한 치병(治病)이 상당히 보편화되었으며 국가에서 편찬한 대표적 의서인 《태평성혜방(太平聖惠方)》에서는 약선(藥膳)과 관련된 처방 160여 수와 함께 다양한 유형의 약선을 소개하고 있다.

원(元)나라 시대의 태의(太醫) 총사혜(忽思慧)의 《음선정요(飮膳正要)》 卷二에는 다양한 음선방(飮膳方)을 소개하고 있는데 모두 양생(養生)과 질병의 치료에 관한 내용으로 이루어져 있다.

명(明)나라 시대 이시진(李時珍)의 《본초강목(本草綱目)》에는 많은 양의 식물(食物)을 포함한 1892종의 약재를 수록하고 있는데 거의 모든 병증에 대해 음식을 이용해서 치료하는 방법을 소개하고 있다.

청(淸)나라 시대로 진입하면서 식료(食療)와 관련된 다양한 책들이 출판되었다. 예를 들면, 왕사웅(王士雄)의 《수식거음식보(隨息居飮食譜)》 "식치편(食治篇)"에서는 각종 음식물의 효과와 금기사항 등에 대해 소개하고 있다.

한편 우리나라에서는 조선시대 어의(御醫) 전순의(全循義)가 세조의 명을 받아 편찬한 '《식료찬요(食療纂要)》(失傳)' 가 있다. 이것은 중풍 · 감기 · 천식 · 술병 · 부인병 등 45종류의 병증을 증상에 따라 수백 개로 세분한 뒤 주변에서 손쉽게 구할 수 있는 음식재료를 활용해서 치료법을 소개한 본격적인 '식이요법서(食餌療法書)'이다.

《의방유취(醫方類聚)》의 식치편(食治篇)과 전순의(全循義)의 《식료찬요(食療纂要)》(失傳)는 조선초기 음식치료법을 소개한 유일한 전문저작으로 매우 소중한 기록이다. 특히 우리나라는 고려 때부터 "차약병용(茶藥併用)"이라 할 정도로 약물보다는 음식(飮食)과 음차(飮茶)를 즐겼으며, 이로 인해 의약(醫藥)이 부재한 것으로 오인되기도 했었다. 그러나 식치편에서는 무엇보다도 먼저 "식치(食治)로서 섭양(攝養)을 잘하면 굳이 복약(服藥)할 필요가 없다."하고, 또 "질병을 치료할 때도 우선 식이치료(食餌治療)를 먼저 행하고 나서 약을 사용하라."고 한 것을 보면 식치를 대단히 중시하였음을 알 수 있다. 전체적으로 노인(老人)과 소아문(小兒門)은 대부분이 식치를 언급하고 있고, 또 부인문(婦人門)의 경우 임신, 산후에 많은 식치방(食治方)이 소개되어 있다. 일반적으로 문(門)에 해당하는 질환을 치료할 수 있는 식치방을 소개하였지만, 삼초문(三焦門)에서는 구체적인 음식 치료방(食治方)이 적혀 있지 않고 단지 오미(五味) 중의 어떤 맛을 취하라는 식의 설명만 있다. 식치방의 제형 측면을 살펴보면 죽과 국의 형태가 다양한 질환에 많이 사용되었다. 이 중에는 죽과 국의 형태가 혼합된 경우도 있는데, 나물이나 찹쌀로 죽을 쑨 다음 여기에 약물을 넣어서 먹는 경우와 재료로는 죽을 만들고 재료에서 나온 즙에 다른 약재를 넣어 국으로 먹는 경우도 있었다. 또 보통 국과 고깃국의 구별이 있고, 술과 죽을 함께 하는 경우도 있다. 이외에도 밥, 떡, 미음, 차, 삶은 고기, 절인 고기, 수제비, 만두 또는 빵 등의 음식형태로 만드는 경우도 있지만 탕(湯), 환(丸), 산(散), 주(酒) 등의 약물 제형도 있다.

3 우리나라의 약선음식

좁은 의미에서의 약선음식(藥膳飮食)은 한약재 등을 사용한 음식을 뜻하지만, 약식동원(藥食同源)의 개념으로 먹는 것이 곧 약이 될 수 있다는 넓은 의미로 보면 궁중의 보양(補養) 음식은 물론 서민들의 밥상에서 중요한 위치를 차지하였던 김치와 장류 등의 전통음식들도 포함할 수 있다.

우리나라의 경우 약선(藥膳)이 공식적인 한의(韓醫)의 기법에 포함되지 않지만, 여름에 보신용으로 먹는 삼계탕이나 출산 후 산모(産母)의 음식에 각종 약초를 쓰는 것은 약선의 한 기법이라고 볼 수 있다.

약선음식의 종류는 여러 가지가 있지만 대표적인 음식으로 신선로, 오곡밥, 청국장 등을 살펴볼 수 있고 제철에 나는 신선하고 영양가 있는 재료들을 사용하여 체질에 맞는 요리법으로 만든 다양한 음식을 골고루 섭취하는 것이 가장 바람직한 식습관이라 할 수 있을 것이다.

경인교대 김호 교수의 '조선 왕실의 식치 전통'이란 논문에 의하면 조선 왕실의 대표적 식치(食治) 음식은 죽(粥)으로, 그 가운데서도 쌀을 불린 후 우유를 넣어 끓인 '타락죽(駝酪粥)'이 가장 많이 왕실의 식탁에 올랐다고 한다. 이탈리아 음식 '리조또'와 유사해 보이는 타락죽은 원기(元氣)를 돕고 비위(脾胃)를 조화롭게 하는 데 없어서는 안되는 음식이었다. 이 때문에 왕실의 음식을 담당하던 부서에서 한두 마리의 암소를 길러 늘 우유를 구할 수 있도록 조치했다는 기록이 승정원일기(承政院日記)에 나와 있다. 타락죽은 물에 불린 멥쌀을 맷돌에 갈아 솥에 넣고 끓이다가 우유를 넣고 다시 끓인 죽으로, 우유는 오래 전부터 타락죽의 형태로 사용되었으며 고려시대의 국가상설기관이었던 우유소(牛乳所)는 조선시대에도 이어졌다. 낙수를 가공하여 상류층에서 식용하였고 특히 궁중에서 임금의 병(病)에 진상되거나 신하들에게 하사되었다. 《증보산림경제(增補山林經濟)》, 《규합총서(閨閤叢書)》 《부인필지(夫人必知)》 등에 조리법이 기록되어 있다.

붕어찜도 왕실(王室)에서 즐겨 먹은 보양식(補養食) 중 하나였다. 특히 효종 때는 신하들이 중전의 보양을 위해 붕어찜을 권하면서 "붕어찜은 비위(脾胃)를 보(補)하고 원기(元氣)를 회복하는 성약(聖藥)"이라고까지 치켜세우는 기록이 남아 있다.

이밖에도 우리나라에는 예로부터 삼복이라 부르는 무더운 여름철에 건강을 지키기 위해 보신(補身) 효과가 뛰어난 음식을 먹는 풍습이 전해오고 있다. 우리 민족은 무더움을 피하지 않고 오히려 이열치열(以熱治熱)의 지혜를 이용하여 한여름의 바닥난 체력을 보강하곤 했다. 이때 이용되는 대표적인 여름 보양식이 삼계탕(蔘鷄湯)이다. "한방에서 닭은 맛이 달고 성질이 따뜻하다."는 기록이 있다. 그래서 예로부터 여름철에 냉해지는 오장육부의 기운을 돋우고 뼈를 튼튼히 하는 데 이용되어 왔다. 《동의보감(東醫寶鑑)》에 따르면 적리(赤痢)나 백리(白痢)를 치료하는 약재로도 사용됐으며 독이 약간 있으나 허약한 것을 보호하는 데 좋기 때문에 식사요법에 많이 쓰여 왔다. 중국 송대의 《개보본초(開寶本草)》나 《도경본초(圖經本草)》에는 "약용으로는 조선 닭을 써야만 한다."고 기록되어 있다.

닭과 함께 들어가는 '고려 인삼'은 수천 년 동안 만병통치의 영약으로 이용되어 온 우리나라의 대표적인 한약재로 스트레스, 피로, 고혈압, 항암, 자양강장 등에 대한 효과들이 과학적으로 증명되고 있다. 인삼은 다른 생약(生藥)과 달리 특별한 독성이 없으며 특이반응이 잘 나타나지 않아 많은 사람들이 애용하고 있다. 삼계탕의 부재료로 들어가는 마늘, 대추, 밤 등은 우리나라 사람들이 '일상적으로 먹는 한약재'이고 보면 삼계탕은 우리 민족이 전통적으로 유지해 온 '약식동원(藥食同源)'의 개념이 가장 잘 녹아 있는 대표음식이라 할 수 있다. 또한 예로부터 약식동원의 식관념 속에 생강, 계피, 쑥, 오미자, 구기자, 더덕, 도라지, 율무, 모과, 석류, 유자, 인삼 등 약으로 쓰이는 재료가 음식의 조리에 많이 이용되고 있다. 삼계탕, 쑥떡, 생란, 더덕, 생채 등 여러 가지 음식과 생강차, 인삼차, 모과차, 유자차, 구기자차, 결명자차, 율무차 등의 차 및 오미자 화채 등 다양한 음료도 있다.

주식으로는 밥, 죽, 국수, 만두, 떡국, 수제비 등이 있고, 부식으로는 국, 찌개, 구이, 전, 조림, 볶음, 편육, 나물, 생채, 젓갈, 포, 장아찌, 찜, 전골, 김치 등 가지 수가 많다. 이러한 일상 음식 외에 떡, 한과, 엿, 화채, 차, 술 등의 음식도 다양하다. 또 저장 · 발효식품인 장류, 젓갈, 김치 등이 다양하게 발달하였다. 한국음식은 매일 반복되는 일상식과 일생을 살아가는 동안에 거치는 통과의례음식, 풍년과 풍어를 기원하는 풍년제와 풍어제, 부락의 평안을 비는 부락제 등의 행사에 따라 차려지는 행사음식이 있으며, 또 돌아가신 분을 추모하여 차리는 제사음식이 있다. 또한 계절에 따라 제철에 나는 음식을 이용하여 절기식(節氣食)을 즐겼다. 한국의 절식 풍속은 인간과 자연의 지혜로운 조화를 이룬 것으로 영양상으로도 지극히 과학적인 것이 많다. 예를 들어, 정월대보름에 호두를 깨 먹으면 일년 내내 부스럼이 안 난다는 것 역시 필수지방산이 부족할 때 이를 공급하여 피부가 헐거나 버짐, 습진을 막는 데 효과적이라는 과학적 뒷받침을 가지고 있다. 입춘에는 새 봄에 나는 향채를 조리해 먹음으로써 봄맞이하는 기분뿐 아니라 생채가 부족했던 겨울을 지내고 난 후 비타민 C를 보충해 주는 합리적인 식습관이라 할 수 있다.

과거부터 현재까지 한방 관련 서적에는 대량의 약선방(藥膳方)이 소개되어 있고 우리는 그것을 실생활에 응용해 왔다. 약선의 제작과 응용은 단순히 조리기술이나 한의학적 지식만으로 설명할 수 없는 종합적인 음식예술이라 할 수 있을 만큼 다양성을 내포하고 있다.

특히 최근의 웰빙현상은 건강에 대한 사람들의 인식 변화를 잘 보여 준다. 과거에는 건강에 대한 관심이 단순히 질병치료에 국한되었으나, 요즘은 피로회복과 면역력 증강 및 아건강(亞健康) 상태에서 탈피함으로써 삶의 질을 제고시키고자 한다. 이러한 시대적 요구에 부응하여 화학약품위주의

현대 의학이 더이상 사람들의 욕구를 충족시켜 줄 수 없다는 것을 알게 되었고 그 관심은 자연스럽게 한의학쪽으로 기울어지게 되었다.

특히 한의학의 특징 중 하나인 약선은 그 독특한 특성으로 인해 갈수록 사람들의 관심을 집중시키게 되었고, 최근에는 각종 현대과학의 연구성과들과 융합되어 식품, 음료 등으로 종류와 제품 등이 다양화되고 있다. 또한 기존의 당뇨병, 비만, 심혈관계 질환 등 환자를 대상으로 한 전문적인 약선의 범위를 초월해서 운동선수, 연예인 등 특수직업 종사자들에게 필요한 음료 및 음식의 개발과 함께 아동과 노인을 대상으로 전문성을 띤 보건음식 등으로 그 영역이 확대되고 있다.

제2장 약선(藥膳)의 특징

약선(藥膳)은 찬란한 동양문화의 한 부분이다. 한의학의 기본이론인 정체관념(整體觀念)과 변증론치(辨證論治)를 바탕으로 "약식동원(藥食同源)", "성미(性味)와 공능(功能) 통일(統一)"의 원칙하에 약과 음식물의 금기사항을 강조함으로써 약물(藥物)과 음식이 합리적으로 융합되어 인체의 질병 치료 및 예방 등의 목적을 이룰 수 있도록 한다. 약선학(藥膳學)의 시작과 발전, 그리고 실생활의 응용에 이르는 전과정은 하나의 독특한 학문으로 자리매김 되어가고 있다.

1 한의학 이론의 배경

약선은 동양의 음식문화와 한의학 문화의 발전에 따라 점진적으로 발전해 왔다. 따라서 한의학과 불가분의 관계에 놓여 있으며 한의학의 독특한 이론체계와 그 궤를 같이하고 있다.

약선학(藥膳學)은 한방의 기본이론인 '정체관념(整體觀念)'을 중시하면서 동시에 변증론치(辨證論治)를 강조하는데 전체적인 이론의 핵심은 인체가 음양(陰陽)의 균형상태를 유지할 수 있도록 한다.

한의학적 관점에서 보면 모든 음식은 한약처럼 다양한 성미(性味 : 성질과 맛), 귀경(歸經 : 인체의 각 장부경락에 도달) 등의 특징을 구비하고 있어 사람들의 체질과 환자의 병증에 근거해서 섭취할 수 있다(辨證施膳)는 장점을 내포하고 있다. 예를 들면, 기(氣)가 허(虛)한 사람에게는 보기약선(補氣藥膳), 혈(血)이 허(虛)한 사람에게는 보혈약선(補血藥膳)을 제공할 수 있다. 따라서 약선은 일반적인 한방 처방과 다를 뿐만 아니라 일반적인 음식과도 차이가 있다. 즉, 음식과 한약이 목적성을 갖고 합리적으로 배합됨으로써 각각의 성질이 인체에 유익한 작용을 할 수 있도록 한다.

동양의학의 최고 경전인 《황제내경(黃帝內經)》에서도 약물을 이용해 질병을 치료한 뒤에는 반드시 적절한 음식으로 몸조리를 해야만 완전한 회복에 이를 수 있음을 강조하고 있다("毒藥攻邪, 陰陽, 五果爲助, 五畜爲益, 五菜爲充, 氣味合而服之, 以補精益氣."). 특히 기미합이복지(氣味合而服之)를 강조하고 있는데, 이는 음식물의 사기오미(四氣五味)와 인체의 한열온량(寒熱溫凉) 관계를 잘 배합해야만 정기(精氣)를 보(補)할 수 있음은 물론 인체 내 음양(陰陽)의 평형(平衡) 상태를 유지시킴으로써 건강을 회복할 수 있다고 강조하고 있다.

2 약선의 효능

약선(藥膳)은 질병의 예방, 치료 및 양생 등의 효과가 있어 다양한 사람들에게 적합한 음식이다. 이미 병으로 고생하고 있는 환자에게 약선은 치료의 주요 처방 또는 보조 처방으로 사용됨으로써 질병을 제거하는 목적으로 사용될 수 있다. 미병자(未病者)에게 약선은 신체의 기능상태를 개선시켜 전체적인 음양의 균형을 조정해줌으로써 내적으로 정기(正氣)가 충만해져 몸을 해치고 병이 나게 하는 나쁜 기운을 몰아냄(正氣內存, 邪不可干)의 상태가 되도록 한다.

식성(食性), 즉 식기(食氣)는 음식물이 함유하고 있는 한열온량(寒熱溫凉)의 성질을 말한다. 한성(寒性) 또는 량성(凉性)의 식물은 한, 량의 특성을 갖고 있는 약물처럼 섭취하게 되면 청열(淸熱), 사화(瀉火), 해독(解毒), 자음(滋陰) 등의 작용을 하게 된다. 또한 열성(熱性) 또는 온성(溫性)의 식물은 온중(溫中), 보허(補虛), 기한(祛寒) 등의 작용을 하게 된다. 이외에 위의 네 성질 중 어떤 특성도 명확하지 않은 평성(平性) 식물의 경우 건비(健脾), 개위(開胃), 보익(補益) 등의 작용을 할 수 있나.

식미(食味), 즉 산(酸 : 신맛), 고(苦 : 쓴맛), 감(甘 : 단맛), 신(辛 : 매운맛), 함(鹹 : 짠맛) 등 오미(五味)의 작용 역시 약물의 오미(五味) 작용과 동일하게 해석할 수 있다[습관상 담미(淡味 : 싱거운 맛)는 감미(甘味), 삽미(澁味 : 떫은맛)는 산미(酸味)에 귀속].

일반적으로 산미(酸味)와 삽미(澁味)의 경우 수렴고삽(收斂固澁)하는 작용이 있어 기허(氣虛), 양허(陽虛)로 인한 자한(自汗), 유정(遺精), 뇨빈(尿頻) 등의 치료에 보조적으로 사용될 수 있다.

고미(苦味)는 청설(淸泄), 조습(燥濕) 등의 작용이 있어 각종 열증(熱證)과 습증(濕證)의 치료에 사용되며, 감미(甘味)는 보기(補氣), 화중(和中), 완급(緩急) 등의 작용이 있어 오장을 보(補)하고 기혈음양(氣血陰陽) 등 어느 한 부분이 허(虛)해진 것을 보(補)하는 기능과 함께 경련성 통증 등을 완화시키는 작용에 사용된다. 신미(辛味)의 경우 발산(發散), 행기(行氣), 행혈(行血), 윤양(潤養) 등의 작용이 있어 일반적으로 표증(表證) 및 기혈조체(氣血阻滯) 등의 병증에 사용되며, 함미(鹹味)의 경우 연견(軟堅), 산결(散結), 윤하(潤下) 등의 작용이 있어 담핵라력(痰核瘰癧), 소변불리(小便不利) 등의 치료에 많이 사용된다.

귀경(歸經 : "歸"=歸屬, 到達 뜻. "經"=人體 臟腑經絡을 개괄한 표현)은 약이나 음식이 인체에서 선택적인 작용을 할 수 있음을 나타내며, 어떤 장부 또는 경락에 대해 특별한 작용이 있거나 그 작용이 비교적 제한적임을 표현하는 것이다.

귀경(歸經)에 대한 기원은 일찍이 《내경(內經)》에서도 "각각의 맛은 모두 그것이 필요한 곳으로 귀속된다(五味各歸其所喜)." 등의 표현이 등장하며 한말(漢末)의 《명의별록(名醫別錄)》에서는 일부 약재(藥材)의 귀경(歸經)을 설명하고 있는데, 예를 들면 "부추는 심경에 귀속(韮歸心經)" "갓은 비경에 귀속(白芥, 芥菜歸脾)"이라는 표현이 등장하고 당(唐)나라 시대의 《식료본초(食療本草)》에서는 "패랭이꽃은 심경에 귀속(瞿麥歸心經)" 송(宋)나라 시대의 《본초도경(本草圖經)》에서는 "녹두는 십이경을 모두 소통(綠豆以通行十二經)"이라는 표현이 등장한다.

이처럼 대부분의 약선은 몸을 보하는 기능을 갖고 있어 신체를 강건하게 하면서 양생의 목적에 도달할 수 있도록 돕는 효능이 있다.

3 접근의 편리성

약선에서 사용하는 식재료와 약재는 대부분 일상생활에서 사용되는 식품 또는 약품들이다. 따라서 재료의 구입이 쉽고 조리법도 비교적 간단하며 복용도 편리하므로 질병의 예방 및 치료에 이용할 수 있으므로 경제적이라 할 수 있다.

우리는 고대부터 한약재의 자원이 풍부했으며 일반인들이 쉽게 접근할 수 있었다. 현재 우리나라의 한약재는 《대한약전》과 《대한약전외한약(생약)규격집》 등에 기재된 520종으로 이 중 구기자, 당귀, 오가피, 오미자 등 상당수가 《식품공전》에서 분류한 식품의 원료에 포함되어 있다.

4 가감의 편리성

약선요리는 제작과정에서 음식을 복용할 대상의 체질, 증상, 기호 등에 따라 재료를 가감하는 것이 용이하다. 예를 들어, 한량(寒凉)한 재료로 요리를 해야 할 경우 온열(溫熱)한 보조재료를 선택함으로써 약성(藥性)을 변화시킬 수 있는 것처럼 가감(加減)에 상당한 융통성이 있는 것이 특징이다.

제3장 약선(藥膳)의 분류

약선(藥膳)의 종류는 매우 다양하다. 한의학의 핵심이론인 '변증론치(辨證論治)'에 근거해서 다양한 효능의 한약재와 식품을 사람들의 신체적 특징, 습관, 기호 등의 특수성에 따라 적절한 배합을 가해 가공함으로써 다양한 종류의 약선이 가능해진다.

고대의 각종 문헌에 기재되어 있는 약선의 효능, 식품 및 조리형태를 분류해 보면 다음과 같다.

1 약선의 효능별 분류

1) 양생보건(養生保健)

(1) 기혈(氣血)을 보(補)하는 약선

평소 체질적으로 허(虛)한 사람 또는 질병치료 이후 기혈(氣血)이 허(虛)해진 사람 등에게 사용한다. 예를 들면, 대표적인 보약 처방인 십전대보탕(十全大補湯), 팔진탕(八珍湯) 등을 응용한다.

(2) 음양(陰陽)을 조절하는 약선

음양의 균형이 상실된 사람에게 사용한다. 예를 들면, 음(陰)이 허(虛)한 사람에게는 보음제(補陰劑)인 상심고(桑椹膏), 양(陽)이 허(虛)한 사람에게는 보양제(補陽劑)인 동충하초압(冬蟲夏草鴨) 등을 응용한다.

(3) 오장(五臟)을 보살피는 약선

간(肝), 심(心), 비(脾), 폐(肺), 신(腎) 오장(五臟) 중 일부 허약한 장(臟)과 기능이 저하된 장(臟)을 대상으로 한의학 이론인 "장(臟)은 장(臟)으로 보한다(以臟補臟)."의 이론에 따라 동물의 오장을 이용해서 제작하는 약선이 있다. 또한 한의학의 기미이론(氣味理論) 중 "오미는 각각 필요한 곳으로 귀속된다(五味各歸其所喜)."의 이론에 근거해서 증상에 맞게 산(酸), 고(苦), 감(甘), 신(辛), 함(鹹) 등의 맛을 적절히 이용하여 각각의 장(臟)을 보함으로써 오장기능(五臟機能)의 균형을 유지시키는 약선이다.

(4) 지력(智力)을 보(補)해 주는 약선

노년의 기억력 저하 및 각종 원인으로 인한 기억력 감퇴자를 대상으로 산조인죽(酸棗仁粥), 백자인돈저심(柏子仁炖豬心) 등을 응용한다.

(5) 시력을 보호하는 약선

시력저하로 인해 사물이 흐릿하게 보이는 사람 등에게 황련양간환(黃連羊肝丸), 결명자계간탕(決明子鷄肝湯) 등을 응용한다.

(6) 청력을 보호하는 약선

노년에 이롱(耳聾: 청력저하), 이명(耳鳴) 및 각종 원인으로 인한 청력 감퇴자(聽力減退者) 등에게 자석죽(磁石粥), 청간총이이실포(淸肝聰耳李實脯) 등을 응용한다.

(7) 장수(長壽)를 위한 약선

노인들에게 평소의 몸조리와 질병 없는 건강한 삶을 위해 청궁수도환(淸宮壽桃丸), 복령협병(茯苓夾餅) 등을 응용한다.

2) 미용

(1) 미백(美白)과 주근깨 제거용 약선

피부상의 흑점(黑點), 흑반(黑斑), 색소(色素) 침착자(沈着者) 등에게 백지복령죽(白芷茯苓粥), 진주반평고(珍珠拌平菇) 등을 응용한다.

(2) 윤택한 피부를 위한 약선

중노년층 피부의 노화와 탄력 감소 및 무광택 등의 증상에 항노화와 미용효과를 구비한 사원갑어탕(沙苑甲魚湯), 순소해삼탕(筍燒海蔘湯) 등을 응용한다.

(3) 다이어트용 약선

비만자를 위해 하엽감비차(荷葉減肥茶), 삼기계사동과탕(蔘芪鷄絲冬瓜湯) 등을 응용한다.

(4) 탈모(脫毛) 방지용 약선

조기(早期) 백발(白髮) 및 탈모(脫毛)가 발생하는 사람들에게 흑지마산약미고(黑芝麻山藥米糕) 및 《적선당경험방(積善當經驗方)》에 등장하는 오발밀고(烏髮蜜膏) 등을 응용한다.

(5) 치아(齒牙)를 튼튼하게 하는 약선

노년기에 접어들면서 신체가 허약해짐과 동시에 치아의 흔들림 및 빠짐 현상이 나타나기 쉬운데 이때는 자신고치팔보압(滋腎固齒八寶鴨), 금수전(金髓煎) 등을 응용한다.

3) 치료용과 보조치료용

치료용으로 사용되는 약선의 경우 전문적인 지식이 있는 약선사(藥膳師) 또는 임상의사(臨床醫師)의 지도하에 사용해야 한다. 즉, 환자의 신체상황과 질병의 특징 등을 진단(診斷)한 뒤 변증시선(辨證施膳)의 원칙에 따른 약선을 사용해야만 질병의 치료(治療) 또는 보조치료(輔助治療)의 목적에 이를 수 있다. 특히 약선은 만성질병에 가장 적합한 형태로 일상생활 중의 음식을 통해 질병의 치료 및 예방효과를 볼 수 있다는 장점이 있다.

4) 건강회복용 약선

질병의 후기 및 회복기의 신체는 장부기능(臟腑機能)이 조화롭지 못하고 기혈음양(氣血陰陽)의 균형 상실과 동시에 병리 원인이 깨끗이 제거되지 못한 상태로, 이때 몸조리를 위한 약선이 중요한 역할을 할 수 있다. 이때 사용하는 약선은 주로 보허류(補虛類)의 약선이다.

2 약선의 식품형태별 분류

1) 유동체(流動體)

(1) 즙류(汁類)

신선하고 즙액이 풍부한 식물의 과실(果實), 경(莖:줄기), 엽(葉) 및 괴근(塊根) 등을 갈아서 압축한 액체이다. 일반적으로 신선한 식품을 사용하며 열병(熱病)을 앓고 난 후 갈증과 답답함을 느낄 때 수박즙(西瓜汁), 배즙(雪梨汁) 등이 있으며, 열격(噎膈:식도암의 일종으로 주로 먹은 음식이 위로 들어가지 못하고 토출되는 등의 증상)으로 인한 음식 섭취의 곤란으로 기음양허증(氣陰兩虛證)이 발생할 경우 오즙음(五汁飮) 등을 사용한다. 또한 혈열(血熱)로 인한 출혈시 선하엽즙(鮮荷葉汁) 등을 응용할 수 있다.

(2) 음류(飮類)

약선의 원료가 되는 약물(藥物) 또는 식물(食物)을 분쇄 가공해서 분말로 만든 뒤 뜨거운 물에 타서 복용하는 것이다. 이것은 제조과정에서 끓일 필요가 없어 시간을 절약할 수 있고, 때에 따라서는 차로 마실 수 있다는 점이 특징이다. 예를 들면, 《성제총록(聖濟總錄)》에서 급성위장병의 치료용으로 언급한 강다음(薑茶飮), 《본초회언(本草匯言)》에서 풍한감모(風寒感冒)의 치료용으로 언급한 강당음(薑糖飮) 등이 있다.

(3) 탕류(湯類)

약선에 사용되는 약물 또는 식물에 대해 한의학에서 요구하는 일정수준의 포제(炮製)로 가공을 한 뒤에 맑은 물을 이용해 약한 불로 장시간 끓인 즙을 말한다. 이것은 약선에서 사용하는 가장 일반적인 방법이다. 대부분의 탕액은 한번 끓여 완성하며 탕액의 재료로 사용되었던 것도 식용으로 사용한다.

예를 들면, 《비급천금요방(備急千金要方)》에서 신경쇠약 또는 질병치료 후의 체질 허약자에게 사용하는 것으로 소개한 총조탕(蔥棗湯)과 《음선정요(飮膳正要)》에서 신허(腎虛)로 인한 요배동통(腰背疼痛), 골연(骨軟) 등의 증상에 사용한 지황전계탕(地黃田鷄湯), 그리고 《태평성혜방(太平聖惠

方)》에서 소화계의 출혈증 치료용으로 소개한 쌍하탕(雙荷湯) 등이 있다.

(4) 주류(酒類)

약재에 일정량의 백주(白酒)를 넣어 일정시간 침윤(浸潤)시켜 만든다. 예를 들면, 《음선정요(飮膳正要)》에서 류마티스의 치료용으로 소개한 호골주(虎骨酒)와 《본초강목(本草綱目)》에서 소개한 보신조양(補腎助陽) 공효의 녹용주(鹿茸酒) 등이 있다.

(5) 갱류(羹類)

고기, 계란, 우유 또는 해산물 등을 주원료로 한약재를 가미해서 만든 걸죽한 탕액을 말한다. 《음선정요(飮膳正要)》에서 소개한 보신익기(補腎益氣), 산한지통(散寒止痛) 공효의 양육갱(羊肉羹)과 양기(陽氣)를 보(補)하고 근골(筋骨)을 강하게 만들어 주는 공효의 심금녹용갱(甚錦鹿茸羹) 등이 있다.

2) 반유동체(半流動體)

(1) 고류(膏類)

"고자(膏滋)"라고도 한다. 약재에 식재료와 물을 넣어 끓인 뒤 찌꺼기를 제거하고 농축 후 당(糖)과 정제한 꿀 등을 이용해 반유동체(半流動體) 상태로 만든다.

이것은 몸을 보하는 기능과 윤조(潤燥) 등의 기능을 갖고 있어 만성질병으로 인한 허약체질, 질병 후의 몸조리와 양생보건을 위한 사람 등이 장복할 경우 좋다.

예를 들면, 《음선정요(飮膳正要)》에서 보수첨정(補髓添精)의 공효로 소개하는 양육고(羊肉膏)와 《적선당경험방(積善當經驗方)》에서 탈모 및 모발조백(毛髮早白) 등의 치료용으로 소개한 오빌밀고(烏髮蜜膏) 등이 있다.

(2) 죽류(粥類)

쌀, 좁쌀, 수수, 보리, 밀 등 전분이 풍부한 곡류에 의료작용이 있는 식물 또는 한약재를 가미해서 곡류 부피의 5~10배의 물을 부어 끓여 고아낸 반유동성(半流動性) 식품을 말한다. 한의학에서는 전통적으로 "미죽자양(糜粥自養)"(미음 또는 죽으로 영양을 북돋음)의 표현이 있다. 따라서 특히 노년의 허약 체질자, 만성질병의 치료 후, 해산(解産) 등으로 인한 비위 허약자(脾胃虛弱者)들에게 적합한 방법이다. 예를 들면, 《본초강목(本草綱目)》에서 청간열(淸肝熱) 및 혈압강하의 공효로 소개한 근채죽(芹菜粥)과 《노노항언(老老恒言)》에서 건비(健脾), 개위(開胃), 지사(止瀉)의 공효로 소개한 선우죽(鮮藕粥) 등이 있다.

(3) 응이[응의, 호류(糊類) : 풀 같은 음식]

전분(澱粉)이 풍부한 식재료의 분말 또는 약식양용(藥食兩用)의 약재(藥材)를 초(炒), 자(炙 : 合炒), 증(蒸), 자(煮) 등의 방법으로 법제(法製)한 뒤에 물을 더해 가공한 건조품을 말한다. 녹말(율무, 수수가루)을 물에 풀어 끓인 것으로 죽보다 묽은 상태이므로 마실 수 있으며 농도는 기호에 따라 조절할 수 있다. 이러한 종류는 덱스트린[dextrin : 호정(糊精)]과 당류(糖類)의 성분이 비교적 많이 포함되어 있어 뜨거운 물을 부으면 바로 호화되어 식용으로 사용할 수 있다. 예를 들면, 보신오발(補腎烏髮) 공효의 흑지마호(黑芝麻糊)와 윤폐지해(潤肺止咳) 공효의 행인분(杏仁粉) 등이 있다. 또한 율무죽, 연뿌리죽, 칡죽, 마죽 등이 있다.

3) 고체류(固體類)

(1) 식사류(食事類)

멥쌀, 찹쌀, 밀가루 등을 기본 재료로 삼아 한약재(韓藥材) 중 보익(補益)의 공효와 함께 약의 성미(性味)가 일반적인 약재(藥材)들을 이용해서 만든 쌀밥과 면류 등의 식품으로 세분하면 쌀밥, 과자, 전병, 떡 등의 종류가 있다. 예를 들면, 익비위(益脾胃), 삽정기(澁精氣) 공효의 산약복령포자(山藥茯苓包子), 건비이습(健脾利濕) 공효의 운두권(芸豆卷), 익기양혈(益氣養血) 공효의 삼조미반(蔘棗米飯) 등이 있다.

(2) 과자류(菓子類)

당(糖)을 원료로 삼아 한약재(韓藥材)의 분말 또는 약즙(藥汁)을 섞고 물을 더해 고아서 고체 또는 반고체 상태로 만든 식품을 말한다. 예를 들면, 《본초강목(本草綱目)》에서 소개하는 건비화위(健

脾和胃), 거담지해(祛痰止咳) 공효의 강즙당(薑汁糖)과 《수식거음식보(隨息居飮食譜)》에서 소개하는 청열(淸熱), 윤폐(潤肺), 화담(化痰) 공효의 시상당(柿霜糖) 등이 있다.

(3) 분말류(粉末類)

약선에 사용되는 한약재를 세분(細粉)하여 쌀가루 또는 밀가루에 섞어 뜨거운 물에 타서 식용할 수 있는 것을 말한다. 《음선정요(飮膳正要)》에서 소개한 보중익기(補中益氣) 공효의 나미분(糯米粉)과 성비화위(醒脾和胃), 이기지구(理氣止嘔) 공효의 사인우분(砂仁藕粉) 등이 있다.

3 약선의 조리형태별 분류

1) 반찬류

각종 채소, 육류, 계란, 해산물, 유제품 등에 한약재 또는 약즙을 섞어 다양한 방법으로 요리함으로써 특징적인 색과 향을 가진 반찬을 만드는 것을 말한다. 이러한 종류의 약선음식은 그 종류가 매우 다양한데, 예를 들면 《천주본초(泉州本草)》에서 소개한 청열리습(淸熱利濕) 공효의 니추돈두부(泥鰍炖豆腐)와 《음선정요(飮膳正要)》에서 난비화위(暖脾和胃), 이기관중(理氣寬中)의 공효로 소개한 육미우육포(六味牛肉脯) 등이 있다.

2) 음료류

한약재(韓藥材)를 일정한 포제(炮製)의 원칙에 따라 가공한 뒤 맑은 물을 붓고 약한 불로 끓여 즙을 취한 뒤 일정비율의 용액에 부어서 냉각시킨다. 제조과정에서 일반적으로 다용하는 방법은 신맛과 단맛의 약제 또는 음료를 사용한다. 예를 들면, 생진지갈(生津止渴), 기서(祛暑) 공효의 오매탕(烏梅湯)과 청열해독(淸熱解毒), 생진(生津) 작용의 쌍화음(雙花飮) 등이 있다.

3) 죽류(粥類)

멥쌀, 찹쌀류 등의 곡류에 한약재와 물을 넣고 끓인 뒤 약한 불로 달여 낸다. 예를 들면, 백합죽(百合粥), 의이인죽(薏苡仁粥) 등이 있다.

4) 과자류

쌀가루, 밀가루, 계란류, 우유 등에 일부 한약재 또는 약즙을 이용해 찌거나 구워서 완성한다. 예를 들면, 연자복령고(蓮子茯苓糕), 팔진고(八珍糕), 송화다식 등이 있다.

5) 캔류

육류, 수산물, 과실류 등에 일부 한약재를 첨가해 숙성시킨 뒤 금속 캔이나 유리용기로 포장하는 것을 말한다. 예를 들면, 산사(山楂) 캔, 팔보죽(八寶粥) 등이 있다.

6) 기타류

약선은 종류와 조리형태도 다양하다. 최근에는 젤리 및 사탕형태의 제품까지 각양각색의 제품이 출시되고 있다.

제4장 약선(藥膳)의 응용원칙

한의학에서 질병의 진단과 치료시 가장 중요하게 생각하는 방법은 변증론치(辨證論治)이다. 변증(辨證)은 치료의 전제와 근거가 되고 론치(論治)는 질병치료의 수단과 방법이라 할 수 있다. 변증시선(辨證施膳)은 약선(藥膳)에 대한 변증론치의 구체적 응용방법이라 할 수 있다. 즉, 질병의 진단이 명확해진 뒤 치료원칙을 수립하고 그에 상응하는 약선식품을 선택함으로써 질병에 대한 치료작용을 할 수 있도록 한다. 변증시선의 과정은 약선학(藥膳學)에서 병리(病理), 치법(治法), 처방(處方), 약재(藥材) 가감(加減) 등을 구체적으로 나타내는 표현으로 약선이 치병(治病), 보건(保健), 장수(長壽) 등에서 중요 역할을 할 수 있음을 나타낸다. 따라서 약선치료 전의 변별 핵심은 "증(證)"의 차이로서 "병(病)"과 혼동하지 않도록 해야 한다. 따라서 한의학에서 자주 사용하는 "이병동치(異病同治)" "동병이치(同病異治)"는 약선의 과정에서도 자주 출현하는 단어이다.

1 변증시선(辨證施膳)

약선을 응용해서 보건강신(保健强身), 질병의 예방 및 치료의 목적으로 사용할 경우 각 개인의 체질적 차이와 병증(病症)의 차이 등에 근거한 변증시선(辨證施膳)을 해야 한다.

1) 병성시선(病性施膳 : 병의 성질에 따른 약선)

한의학에서는 병의 성질을 한(寒)과 열(熱)로 구분하는데 음식재료(飮食材料) 역시 한열(寒熱)로 구분할 수 있다. 예를 들면, 식품 중의 밀가루, 생강, 파, 마늘, 양고기, 개고기, 쇠고기 등은 온성(溫性)에 속하며, 좁쌀, 녹두, 배추, 수박, 자라 등은 한성(寒性)에 속한다. 한의학의 치료원칙 중 하나인 "한자열지(寒者熱之 : 한성 증상에는 열성 약을 사용)" "열자한지(熱者寒之 : 열성 증상에는 한성 약을 사용)"는 약선에서도 그대로 적용된다. 따라서 한증(寒證) 환자에게는 열성(熱性) 음식이 적당하며 차고 짠 음식은 금해야 한다. 또한 감기와 같은 외감풍한증(外感風寒證)의 경우 생강, 파, 마늘 등 발산(發散) 작용을 하는 매운 음식이 필요하고, 열성상진(熱性傷津)의 경우 수박, 녹두, 배 등 한량(寒凉)하며 자음(滋陰) 작용이 있는 음식이 적당하다.

2) 병위시선(病位施膳 : 병의 위치에 따른 약선)

약과 음식물은 산(酸), 고(苦), 감(甘), 신(辛), 함(鹹) 등의 오미(五味)로 이루어져 있다.

한의학 최고의 경전인 《황제내경(黃帝內經)》에서는 오미(五味)는 위(胃)에 진입한 뒤 그 맛을 좋아하고 필요로 하는 장부(臟腑) 및 부위(部位)로 귀속되어 각각의 장부를 자양(滋養)하는 기능을 하게 된다고 강조하고 있다. 오미(五味)는 인체에 섭취되어 단독 또는 상호작용(相互作用)으로 자양기능(滋養機能)을 담당한다. 따라서 신체의 서로 다른 부위와 장부의 질병에 대해 오미(五味)와 오장(五臟)간의 상생(相生) 상극(相剋)의 규율에 따라 음식을 조절할 수 있다. 서로 다른 질병에 대한 약선(藥膳) 운용의 원칙은 피차간의 상호자생(相互資生), 상호제약(相互制約), 보편구폐(補偏救弊 : 치우친 것을 바로 잡아 그 폐단을 교정) 등으로 정리할 수 있다. 또한 《황제내경(黃帝內經)》에는 "病在筋, 無飮酸, 病在氣, 無食辛, 病在骨, 無食鹹, 病在血, 無食苦, 病在肉, 無食甘(병이 근육에 있을 때는 신 음식을 금하고, 병이 기에 있을 때는 매운 음식을 금하고, 병이 뼈에 있을 때는 짠 음식을 금하고, 병이 혈에 있을 때는 쓴 음식을 금하며, 병이 육에 있을 때는 단 음식을 금하라)"이라고 강조하고 있다.

3) 보허시선(補虛施膳 : 허약한 증상을 보해주는 약선)

한의학 이론에는 "邪之所湊, 其氣必虛(사기의 침범을 받으면 기가 허해진다)"라는 이론이 있다. 즉, 한의학에서는 복잡한 질병 메커니즘의 속성을 사기(邪氣)와 정기(正氣)의 투쟁으로 해석하는데, 병(病)을 앓고 있는 중간 또는 치료 후일지라도 정기(正氣)는 반드시 일정한 정도의 소모가 불가피하다는 것이다. 따라서 한의학 치료원칙 중 "허즉보지(虛則補之)"(신체가 허한 것은 보해야 한다)의 치료원칙과 함께 음식물의 중요성을 강조하고 있다. 《내경(內經)》에서는 "오곡위양(五穀爲養), 오과위조(五果爲助), 오축위익(五畜爲益), 오채위충(五菜爲充)" 등의 원칙을 적절히 응용함으로써 질병의 치료 및 치료 후의 정기허약증(精氣虛弱證) 등을 해결할 수 있음을 강조하고 있다.

"약보불여식보(藥補不如食補)"(약으로 몸을 보하는 것은 음식으로 보하는 것보다 못하다)라는 표현처럼 약선의 약재들이 협동작용을 발휘함으로써 보익기혈(補益氣血), 익정생수(益精生髓) 등의 목적을 달성할 수 있게 된다. 예를 들면, 당귀생강양육탕(當歸生薑羊肉湯) 등이 있다.

4) 질병치료 후의 몸조리를 위한 약선

질병치료 후의 회복기에는 적절한 음식으로 몸조리를 하지 않으면 질병으로부터의 회복 지연 및 후유증(後遺症) 등으로 고생할 수 있으므로 이 시기의 음식과 약선은 매우 중요한 의미를 갖는다. 따라서 이 시기에는 비위(脾胃)의 운화능력(運化能力)이 비교적 약해지므로 영양도 풍부하고 소화도 잘되는 음식 또는 약선이 필요하다. 또한 적은 양의 음식을 자주 섭취함으로써 무절제한 음식의 섭취로 인한 질병의 재발을 방지해야 한다.

2 삼인제의(三因制宜)

한의학에서는 질병의 치료시에 인시제의(因時制宜 : 계절과 기후를 고려), 인지제의(因地制宜: 지리, 환경 고려), 인인제의(因人制宜: 연령, 성별, 체질을 고려해서 치료방법을 확정) 등의 원칙을 강조하는데, 약선의 응용에서도 역시 위의 삼인제의(三因制宜)에 주의해야 한다.

1) 인시시선(因時施膳)

한의학의 정체관념(整體觀念)은 사람(人)과 천지(天地)를 상응관계로 해석한다. 사계절의 기후변화는 인체의 생리(生理) · 병리적(病理的) 변화에 직 · 간접적인 영향을 미침으로써 사람과 자연계의 밀접성을 강조하고 있다. 따라서 약선을 처방할 때는 자연계의 변화가 인체에 미치는 영향을 최소화시키기 위해 반드시 적절한 방법을 사용해야만 한다. 예를 들면, 장하(長夏: 늦여름)의 계절은 양열(陽熱)이 하강하고 수기(水氣)가 상승함으로써 습기(濕氣)가 충만한 관계로 이 계절에는 습사(濕邪)의 영향을 비교적 많이 받는다. 습사는 음사(陰邪)로서 그 성질은 하부로 향하고 중탁점체(重濁粘滯)의 성질과 함께 주로 기(氣)의 운동을 방해하고 양기(陽氣)를 손상시키는데, 이때 적당한 약선은 해서탕(解暑湯) 등이다. 특히 주의해야 할 점은 "춘하양양(春夏養陽)"이다. 겨울철에는 기온이 급격히 낮아져 쉽게 한사(寒邪)의 영향을 받게 되고 음한(陰寒)의 편성(偏盛)으로 양기가 쉽게 손상되면서 기화(氣化) 작용의 상실로 인해 오한(惡寒), 지체불온(肢體不溫) 등 다양한 신체기능의 감퇴현상을 초래할 수 있다. 한사의 특징인 수축과 응고로 인해 기혈(氣血)의 소통에 장애를 초래해 각종 통증이 유발될 수 있다. 또한 한사가 경락(經絡)과 관절에 침입하게 되면 경맥(經脈) 소통에 장애가 생겨 기혈의 소통에 문제가 발생하고 이로 인해 사지의 굴신작용(屈伸作用) 장애, 차가움 및 마비감 등을 유발하게 된다.

《소문(素問) · 거통론(擧痛論)》에는 "한즉기수(寒則氣收)"(한의 성질은 곧 기를 수축시킨다) "통자한기다야(痛者寒氣多也), 유한고통(有寒故痛)"(통증은 주로 한기의 영향이 크다. 한기가 있으면 곧 통증이 있다)이라는 표현이 있다. 이러한 상황에 적당한 약선은 "한즉온지(寒則溫之)"(한성의 증상에는 온성의 약재를 사용한다)의 치료원칙에 근거해서 천웅양퇴탕(天雄羊腿湯) 등을 선택할 수 있다.

2) 인지시선(因地施膳)

사람은 각자의 출생지, 기후조건 및 생활습관이 서로 다르므로 생리활동과 병리적 변화 역시 큰 차이가 있다. 따라서 약선의 처방 또한 그 차이를 인식해야 한다. 예를 들어, 동일한 온리회양(溫裏回陽)의 약선이라 할지라도 중국 북서쪽의 한랭(寒冷)한 지역 사람들에게는 약량(藥量)을 많이 사용해야 되는 반면, 남쪽의 온열성(溫熱性) 지대의 사람들에게는 약량을 경감해야 한다. 또한 연안지방 등 습기가 많은 지역의 사람들에게는 습열(濕熱)로 인한 병증(病症)이 많이 나타나게 되므로 청화(淸化)시키는 약재를 다용하게 되고, 북서쪽의 건조하고 추운 지방 사람들에게는 신윤(辛潤)한 약재를 많이 사용한다.

3) 인인시선(因人施膳)

사람의 성별, 연령, 체질, 생활습관 등의 차이에 따라 약선을 응용할 때도 각 개체의 차이를 고려해야만 한다. 예를 들면, 부녀자들의 생리(生理) 기간, 임신, 해산 후 등에는 팔진탕(八珍湯), 사물탕(四物湯) 등을 사용하고, 노년의 기허혈쇠(氣虛血衰)로 인한 생리공능의 감퇴는 주로 허증(虛證)에 기인하므로 일반적인 보약인 십전대보탕(十全大補湯), 복원탕(復元湯) 등을 처방한다.

소아는 신체의 기능과 물질적 기초가 불완전하므로 장부의 조직은 부드럽고 기혈(氣血)이 충족된 상태는 아니지만 생기(生氣)는 왕성하다. 따라서 후천적인 기를 고려해서 성장발육을 촉진시킬 수 있는 팔선고(八仙糕) 등의 약선을 상용한다.

비만한 사람들의 경우 담습(痰濕)이 원인인 경우가 많기 때문에 청담화담(淸淡化痰)의 방법을 사용하되 기름기가 많거나 단 음식의 종류는 금한다.

지나치게 마른 사람의 경우 주로 음액(陰液)과 진액(津液)이 부족한 경우가 많으므로 자음생진(滋陰生津)의 방법을 사용하되 신온조열(辛溫燥熱)한 음식의 종류는 금한다.

3 이장보장(以臟補臟)

동물의 장기(臟器)를 이용해서 인체에 상응하는 장부기관의 질병에 대해 보양(補養) 및 치료하는 방법으로 "이장보장(以臟補臟)" "이장치장(以臟治臟)" "이형보형(以形補形)"으로 표현하기도 한다. 한의학에서 동물의 장기는 혈육(血肉)이 포함되어 있으므로 보장(補臟)의 작용은 초목류(草木類)의 한약재보다 우위에 있다는 판단 아래 특히 약선에서 광범위하게 응용하고 있다.

"이장보장(以臟補臟: 동물의 내장으로 인체의 동명 장기의 질병을 치료)"의 이론은 과거 조상들이 질병과의 오랜 투쟁을 통해 터득한 방법이라 할 수 있다. 의료와 보건문제에 관한 반복된 실천경험의 산물로서 동물과 인체의 장기가 해부학적 형태상의 유사성뿐만 아니라 효능 역시 유사하다는데 착안하여 반복적인 관찰과 경험이 축적된 이론이라 할 수 있다.

예를 들면, 한(漢)나라 시대 명의(名醫) 장중경(張仲景)의 《상한잡병론(傷寒雜病論)》에는 수달(水獺)과 양(羊)의 간(肝)을 이용해서 급성열병(急性熱病)을 치료하고 저각탕(猪脚湯)을 이용해서 설사, 이질 등을 치료했으며, 백통탕가저담즙탕(白通湯加猪膽汁湯)으로는 이질(痢疾)로 인해 맥이 극도로 미약한 중병(重病) 환자(患者)를 치료하였다. 또한 당(唐)나라 시대의 명의(名醫) 손사막(孫思邈)은 독신탕(獨腎湯)으로 해산(解産) 후의 허약증(虛弱證)을 치료했으며, 금원사대가(金元四大家)의 한 명인 주단계(朱丹溪)는 대보음환(大補陰丸)으로 허손병(虛損病)을 치료하면서 돼지의 척수(脊髓) 등을 이용하기도 했는데 이는 곧 위의 이론에 대한 구체적인 운용의 예라 할 수 있다. 이밖에도 돼지의 심장을 이용해 보양심혈(補養心血), 안신정지(安神定志), 간(肝)을 이용해서 보간명목(補肝明目), 돼지의 신(腎)을 이용해서 보신익신(補腎益腎), 사슴의 사지(四肢) 인대(靭帶)를 이용해 강근장골(强筋壯骨), 사슴의 외생식기를 이용해서 보신장양(補腎壯陽) 등의 공효로 사용해 왔다.

근대의 각종 연구결과는 동물장기의 생물화학적 특성과 성분의 구성에서 상당부분 인체와 유사한 것으로 밝혀지고 있어 "이장보장(以臟補臟)" 이론에 대한 과학적 근거가 밝혀지고 있다. 또한 각종 동물의 장기에서 추출한 유효성분을 토대로 다양한 제품들이 속속 출시되고 있어 위의 치료법에 대한 발전은 향후에도 계속 될 것이다. 주의할 점은 각종 동물의 장기가 인체에서 작용할 때의 편중성(偏重性)이다. 즉, 보기(補氣), 보혈(補血), 보음(補陰), 보양(補陽)에 대한 구별이 중요하다. 특히 돼지의 부신(副腎), 갑상선(甲狀腺) 등 일부 동물의 샘선과 임파조직은 인체에 유해한 관계로 식용으로 사용하지 말아야 하며, 만약 복용할 경우 중독(中毒) 현상 등을 초래할 수 있다.

4 약선의 치료원칙 및 방법

《황제내경(黃帝內經)》에서는 "기재피자(其在皮者), 한이발지(汗而發之)"(사기가 피모에 있으면 땀으로 해결) "기고자(其高者), 인이월지(引而越之)"(사기가 상부에 있으면 토하는 것으로 해결) "기하자(其下者), 인이갈지(引而竭之)"(사기가 하부에 있으면 설사시키는 것으로 해결) "허자보지(虛者補之 : 허한 증상은 보하고), 실자사지(實者瀉之 : 실한 증상은 사해야 한다)" "열자한지(熱者寒之 : 열증은 한성약을 사용), 한자열지(寒者熱之 : 한증은 열성약을 사용)" 등의 치료원칙을 제시했다. 특히 청(淸)나라 시대 정종령(程鐘齡)은 《의학심오(醫學心悟)》에서 유명한 "팔법(八法)", 즉 "한(汗), 토(吐), 하(下), 화(和), 온(溫), 청(淸), 보(補), 소(消)"의 8가지 원칙을 제시했다. 약선의 응용에서는 체질의 유형과 질병의 증상에 따라 구체적인 치료방법을 확정하는데 이것을 약선치법(藥膳治法)이라 한다. 약선치법(藥膳治法)은 한의학 이론과 임상에서의 약선 사용경험의 실천적 산물이라 할 수 있다. 따라서 약선의 특징 및 사용범위를 근거로 일반적으로 사용되는 치료원칙을 살펴보면 한법(汗法), 청법(淸法), 온법(溫法), 보법(補法), 소식법(消食法), 이기법(理氣法), 거습법(祛濕法), 하법(下法) 등이며 특히 보법(補法)이 가장 광범위하게 사용되고 있다.

1) 한법약선(汗法藥膳)

외부의 사기(邪氣)를 소산(疏散)시키고 표증(表證)을 해결하는 작용의 약선으로 "해표약선(解表藥膳)"이라고도 한다. 주로 감기몸살 초기의 오한발열(惡寒發熱), 두통항강(頭痛項强), 지체동통(肢

體疼痛), 무한(無汗) 또는 유한(有汗) 등의 표증(表證)에 사용한다. 표증(表證)에서도 표한증(表寒證)에는 신온해표(辛溫解表 : 發散風寒) 약선을, 표열증(表熱證)에는 신량해표(辛凉解表 : 發散風熱) 약선을 사용한다. 신온해표(辛溫解表) 약선에는 생강(生薑)과 흑설탕을 끓여 마심으로써 땀을 내는 강당음(薑糖飮) 등이 있고, 신량해표(辛凉解表) 약선에는 상엽(桑葉), 죽엽(竹葉), 백모근(白茅根), 박하(薄荷), 백설탕 등을 끓는 물에 약 2분 정도 담갔다가 복용하는 방법이 있다.

2) 하법약선(下法藥膳)

하법약선(下法藥膳)은 대변을 통창시키고 장내(腸內) 적체된 것과 실열(實熱)을 배출시키는 역할을 하는 약선이다. 약선에서 사용하는 하법(下法)은 주로 윤하법(潤下法)이다. 즉, 음액(陰液)의 과도한 결핍으로 인해 장내의 진액(津液)이 지나치게 부족해짐으로써 발생하는 배변곤란 증상에 사용한다. 주로 상심당(桑椹糖)을 사용하는데, 방법은 백당(白糖)을 문화(文火)로 걸쭉할 때까지 고아낸 뒤 상심자(桑椹子) 분말을 골고루 섞어 다시 손에 붙지 않을 정도로 고아서 참기름을 바른 틀에 부어 식힌 후 길게 썰어서 식용하면 보간신(補肝腎), 자음액(滋陰液)의 공효(功效)와 함께 음혈휴허(陰血虧虛)로 인한 변비(便秘)를 치료할 수 있다.

3) 온법약선(溫法藥膳)

온중거한(溫中祛寒) 작용의 약선을 말한다. 주로 비위허한증(脾胃虛寒證)에 사용하며 상용방법으로는 사인우육(砂仁牛肉)이 있다. 구체적인 방법은 사인(砂仁), 쇠고기, 진피(陳皮), 생강(生薑), 호초(胡椒), 파 등을 함께 삶은 다음, 무화(武火)로 먼저 끓게 한 뒤 문화(文火)로 오래 삶아 쇠고기를 썰어 식용한다.

4) 소식법약선(消食法藥膳)

식체(食滯)에 사용하는 약선으로 주로 과식으로 인한 비실건운(脾失健運), 위실화강(胃失和降) 등으로 신물이 넘어오고 식욕이 없으면서 복부 팽만감이 심할 때 사용한다. 주로 삼소음(三消飮)을 사용하는데 맥아(麥芽), 곡아(穀芽), 초산사(焦山楂), 백당(白糖) 등을 함께 삶아 여과시킨 즙을 복용한다.

5) 보법약선(補法藥膳)

체질을 증강시키고 특히 허약한 신체를 개선시키는 약선으로 일체의 허증(虛證)에 사용한다. 증상에 대한 변증(辨證) 후 각각의 증상에 따라 보기(補氣), 보혈(補血), 자음(滋陰), 보양(補陽) 등의 방법을 사용한다. 보법약선(補法藥膳)은 그 성질이 평(平)하여 장기복용이 가능하며 허약체질의 개선을 위해 남녀노소 모두 사용할 수 있다. 따라서 오늘날 임상에서 가장 광범위하게 사용하는 약선 중 한 가지이다.

6) 이기법약선(理氣法藥膳)

기(氣)의 운동을 원활하게 조정해 주는 약선으로 기(氣)의 흐름이 막히거나 문란해진 증상에 사용한다. 기(氣)의 운동은 승강출입(昇降出入)의 형태로 나타나는데 건강한 신체에서는 전신을 흐르게 된다. 만약 기(氣)의 흐름에 문제가 생기면 기체(氣滯), 기역(氣逆), 기허(氣虛), 기함(氣陷) 등의 질병이 발생한다. 일반적으로 기체(氣滯)와 기역(氣逆) 현상이 많이 나타나므로 행기약선(行氣藥膳)과 강기약선(降氣藥膳)이 보편적이다.

7) 거습법약선(祛濕法藥膳)

습사(濕邪)를 제거하는 작용의 약선으로 일반적으로 외습(外濕)과 내습(內濕)을 구분한다. 외습(外濕)은 주로 비를 맞거나 물가 및 습지에서 생활함으로 인해 습사(濕邪)의 침범을 받아 발생한다. 내습(內濕)은 주로 술, 차, 찬 음식 등을 장기간 섭취함으로 인해 비위(脾胃)의 양기(陽氣)가 손상되어 발생한다. 이때 주로 사용하는 약선은 조습화탁(燥濕化濁), 청열제습(淸熱除濕), 이수삼습(利水滲濕) 등의 방법이다.

8) 청법약선(淸法藥膳)

청법약선(淸法藥膳)은 열사(熱邪)를 제거하기 위한 방법이다. 청법(淸法)은 광범위하게 응용할 수 있는데 주로 청기분열(淸氣分熱), 청영량혈(淸營凉血), 청장부열(淸臟腑熱), 청허열(淸虛熱) 등으로 나눈다.

5 약선의 처방원칙 및 방법

약선의 처방은 단순히 몇 종류의 약재와 음식을 섞는 간단한 과정이 아니고 일정한 원칙하에 처방하는 것이다.

약선의 배오(配伍)는 한의학 개론과 약선학(藥膳學) 이론에 따라 두 종류 이상의 약물(藥物)과 음식재료(飮食材料)를 배합 응용해서 상호협동작용을 유발하는 것이다.

배오(配伍)를 잘함으로써 약물(藥物)과 음식재료(飮食材料)의 성미(性味)와 공능(功能)을 조정할 수 있고 이를 통해 약효가 증강된다. 약선의 처방원칙은 한의학 처방이론과 같이 주(主: 君), 보(輔: 臣), 좌(佐), 사(使)로 이루어진다. 주약(主藥)은 주된 병증에 대한 작용을 하며, 보약(輔藥)은 주약(主藥)의 효과를 증강시키는 협동작용을 한다. 좌약(佐藥)은 주약(主藥)의 겸증(兼證)에 대한 치료효과를 돕거나 주약(主藥)의 지나친 성질을 완화시키는 역할을 한다. 사약(使藥)은 인경약(引經藥) 또는 약성(藥性)의 조화(調和)나 부형제(賦形劑)의 역할 등을 하게 된다.

《소문(素問) · 지진요대론(至眞要大論)》에서는 "주병지위군(主病之謂君), 좌군지위신(佐君之謂臣), 응신지위사(應臣之謂使)"로 표현하고 있다. 약선에서 주약(主藥) 또는 주식(主食), 보약(輔藥) 또는 보식(輔食)은 한 가지 또는 여러 가지 약재들로 이루어질 수 있다. 하지만 약미(藥味)가 적으면서 안전하고 치료효과도 높은 것이 가장 좋은 방법이라 할 수 있다. 예를 들면, 유명한 대건중탕(大建中湯)은 처방 중 인삼(人蔘), 건강(乾薑)이 주약(主藥)이고 천초(川椒)와 이당(飴糖)이 보약(輔藥)이다. 그 중에서 건강(乾薑)은 장위(腸胃)에 일정한 역할을 해서 구토와 설사를 멈추게 하며, 천초(川椒)는 관절(關節)에 작용하고 이뇨(利尿)와 진통(鎭痛) 효과가 있는데 두 가지 약재(藥材)가 배합되어 비위(脾胃)에 작용을 하게 된다. 인삼(人蔘)은 강장(强壯) 작용, 이당(飴糖) 역시 보약(補藥)으로 사용되어 두 가지 약재의 배합으로 보익강신(補益强身)의 효과를 발휘하게 된다. 주로 비위(脾胃)가 쇠약하고 음한내성(陰寒內盛), 완복극통(脘腹劇痛), 구토(嘔吐), 식사곤란 또는 장명음(腸鳴音) 등의 증상을 치료한다.

약선의 배오(配伍)에 대해서는 통일된 원칙이 존재하지만 상황에 따른 융통성이 없는 것은 아니다. 즉, 환자의 음양(陰陽)상태, 병성(病性)의 변화, 체질(體質)의 강약, 연령 및 풍속습관 등에 따라 융통성 있게 운용되어야 한다. 즉, 주약(主藥)과 보약(輔藥)에 대한 변화는 약선의 변화를 초래하여 주요 치료 증후 역시 달라지게 되는 것이다.

약물(藥物) 또는 음식재료(飮食材料)는 각각 그 특유의 성능(性能)이 있는데 그것을 배합할 때 성능의 변화가 발생하게 된다. 선조들은 이러한 배합관계를 "칠정(七情)"학설로 정리했는데 "칠정(七情)" 중 단미(單味)의 약물 또는 음식재료(飮食材料)를 사용하는 "단행(單行)"을 제외한 6가지 배오관계의 구체적인 내용은 아래와 같다.

칠정(七情)은 7가지 정황(情況), 즉 단미약(單味藥)의 응용과 약물간의 6가지 배합(配伍) 관계에 대한 총칭으로 《신농본초경(神農本草經)》 서(序)에 처음 출현한다("藥有單行者, 有相須者, 有相使者, … 有相反者, 凡此七情, 合和視之").

1) 단행(單行)

단미(單味) 약(藥) 또는 음식재료(飮食材料)로 질병을 치료하는 것으로 명(明)나라의 이시진(李時珍)은 "단방불용보(單方不用輔)"(간단한 處方은 輔助藥의 配合이 불필요)로 설명했고, 진가모(陳嘉謨)는 《본초몽전(本草蒙筌)》에서 "단행자불여제약공제이독능공보(單行者不與諸藥共劑而獨能攻補也)"(單行은 其他藥을 配合하지 않고 單獨으로 祛邪 또는 補虛하는 것)으로 설명하고 있는데, 예를 들면 인삼(人蔘)을 사용한 "독삼탕(獨蔘湯)", 길경(桔梗)을 사용한 "독길탕(獨桔湯)", 황금(黃芩)을 사용한 "청금산(淸金散)", 백지(白芷)를 사용한 "도량환(都梁丸)" 등이 있다.

2) 상수(相須 : 互相需要, 互相必須)

약의 성능(性能)과 공효(功效)가 유사한 약물을 함께 배합(配合)하여 원래의 공효를 증강시키는 것으로 평등관계(平等關系)라 한다. 명(明)나라 시대의 이시진(李時珍)은 "상수자(相須者), 동류불가리야(同類不可離也)"(性能과 功效 등이 유사한 약을 함께 사용하면 일반적인 效果 以上의 增强된 效果가 발휘됨)로 설명했다. 예를 들면, 산약(山藥)과 암탉을 배오함으로써 허약한 몸을 보하고 강장(强壯) 작용을 증강시키는 것이 있다.

3) 상사(相使)

성능과 공효에 일정한 공통점이 있는 두 종류 이상의 약물(藥物)을 주약[主藥(君藥)]과 보좌약[輔佐藥(臣, 佐, 使藥)]으로 구분 배합(配合)하여 주약의 치료효과를 제고시키는 것으로 주차(主次) 또는 군신(君臣) 관계라 한다.

예를 들면, 황기(黃耆)와 잉어를 함께 삶아 황기(黃耆)의 익기(益氣)와 이수작용(利水作用)이 잉어의 이수소종(利水消腫) 작용을 증강시킴으로써 상호간의 협동작용을 유발시키는 것이다.

4) 상외(相畏)

두 종류의 약물을 배합(配合)했을 경우, 그 중 하나의 약물(藥物)이 다른 약물에 의해 그 약물의 독성(毒性) 또는 부작용(副作用)이 억제(抑制) 및 감소(減少)되거나 소멸(消滅)하는 작용으로 주로 피동관계(被動關係)라 한다. 명(明)나라의 이시진(李時珍)은 "상외자(相畏者), 수피지제야(受彼之制也)"(자신의 毒 · 副作用이 상대방에 의해 制約 당함)로 설명하고 있다. 예를 들면, 인삼(人蔘)과 무씨를 함께 사용할 경우 무씨의 모기(耗氣) 작용에 의해 인삼의 보기(補氣) 작용이 저하되는 것 등이다.

5) 상쇄(相殺)

하나의 약물(藥物)이 다른 약물의 독(毒) · 부작용(副作用)을 소멸(消滅), 감소(減少)시키는 작용으로 주로 주동관계(主動關係)라 한다. 명(明)나라의 이시진(李時珍)은 "상쇄자(相殺者), 제피지독야(制彼之毒也)"(상대방의 毒性을 충분히 제약)로 설명하고 있다. 예를 들면, 한약의 처방에서 생강(生

薑)은 생반하(生半夏)와 생남성(生南星)의 독(毒) · 부작용(副作用)을 소멸(消滅), 감소(減少)시키는 것 등이다.

6) 상오(相惡)

두 종류의 약물(藥物)을 배합(配合), 응용(應用)했을 경우 한 종류의 약물(藥物)이 다른 한 종류의 본래 약효(藥效)를 저하 또는 상실(喪失)시킬 수 있는 것을 말한다. 이는 황금(黃芩)과 생강(生薑)처럼 작용부위는 동일한데 약성(藥性)이 반대인 경우와 발한약(發汗藥)과 지한약(止汗藥)처럼 작용의 경향이 반대인 경우가 있다.

7) 상반(相反)

두 종류의 약물(藥物)을 배합(配合)했을 경우 상호작용(相互作用)으로 인해 독성반응(毒性反應)이나 극심한 부작용(副作用)을 발생시키는 것을 말한다.

6 배오금기(配伍禁忌) 사항

두 종류의 약물(藥物) 또는 음식재료(飮食材料)를 배오(配伍)시에 약물 또는 음식재료의 보건강신(保健强身) 및 의료(醫療) 효과가 감소될 수 있고, 심지어는 인체에 유해한 작용을 유발시킬 수도 있다. 주로 칠정(七情) 중의 "상반(相反)" "상외(相畏)" 등을 예로 들 수 있으며, 본초학(本草學)에서는 "십팔반(十八反)" "십구외(十九畏)" 등으로 금기사항을 구체화시켜 놓고 있다.

약선학(藥膳學)에서의 배오금기(配伍禁忌)는 약물의 배오 중 "상외(相畏)" "상반(相反)" 이외에 "약식상반(藥食相反)" "사물금기(事物禁忌)" 등이 있다. 역대의 각종 문헌 중에 등장하는 배오금기의 대표적인 내용을 살펴보면 다음과 같다.

1) 약물과 음식재료의 배오금기

"약식동원(藥食同源)"이란 표현에서 알 수 있듯이 약물과 음식재료는 각각 한열온량(寒熱溫凉)의 사성(四性)과 산고감신함(酸苦甘辛鹹)의 오미(五味)를 갖고 있다. 단지 약물은 주로 유독성(有毒性)이 있거나 편성(偏性)이 강하며, 음식재료는 무독(無毒)하고 편성(偏性)이 미약하다. 약물과 식품은 주요 성분이 다르기 때문에 일부 성분은 가공과정에서 상호작용에 의해 인체에 유해하거나 흡수가 어려운 성분이 유발되고, 이로 인해 건강에 장애를 초래하거나 약선효과를 반감시킬 수 있다.

일반적으로 발한성(發汗性)의 약은 차가운 것을 금하며, 비위(脾胃)를 조절하는 약물은 기름기 많은 것을 금하고, 부종(浮腫)을 없애고 기(氣)의 흐름을 소통시키는 약물은 두류(豆類)를 금한다. 또한 기침 천식을 멈추는 약에는 비린내 나는 해산물을 금하고, 지사약(止瀉藥)에는 각종 씨앗 종류를 금한다.

[표1] 음식재료(飮食材料)와 금기약물(禁忌藥物)

음식재료	금기약물
돼지고기	오매(烏梅), 백합(百合), 길경(桔梗), 황련(黃連), 호검황(胡芡黃), 창출(蒼朮), 메밀, 비둘기, 붕어, 황두(黃豆)
돼지 혈(血)	지황(地黃), 하수오(何首烏), 황두(黃豆)
돼지 심장	오수유(吳茱萸)
돼지 간(肝)	메밀, 된장, 잉어 내장, 수산물
양고기	반하(半夏), 창포(菖蒲), 동(銅), 단사(丹砂), 식초(食醋)
개고기	상륙(商陸), 행인(杏仁), 잉어주사(朱砂), 개고기, 천문동
참새고기	백출(白朮), 자두, 돼지 간(肝)
파	상산(常山), 지황(地黃), 하수오(何首烏), 꿀
마늘	지황(地黃), 하수오(何首烏)
무	지황(地黃), 하수오(何首烏), 인삼(人蔘)
식초	복령(茯苓)
차	토복령(土茯苓), 위령선(威靈仙)
붕어	후박(厚朴), 맥문동(麥門冬), 갓, 돼지 간
귀육(龜肉 : 거북고기)	술, 비름나물, 과일
별육(鱉肉 : 자라고기)	토끼고기, 오리고기, 비름나물, 계란, 박하

음식재료	금기약물
은행	마늘, 복숭아, 자두
갈대새싹, 멧돼지	파두(巴豆)
물엿(飴糖), 양고기	반하(半夏), 창포(菖蒲)
상추	세신(細辛), 상산(常山)
배추, 해조(海藻)	감초(甘草)

2) 음식재료간의 배오금기

《음선정요(飮膳正要)》에서 "개식불욕잡(蓋食不欲雜), 잡즉혹유소범(雜則或有所犯), 지자분이피지(知者分而避之)"(이러한 음식은 혼합되지 말아야 하는데 만약 섞이면 해를 유발할 수 있으니 이를 알고 적당히 피해야 한다)라고 설명함으로써 음식재료간에 배오금기 사항이 있음을 설명하고 있다. 각종 문헌에 기록된 금기사항은 다음과 같다.

[표2] 음식재료와 배오금기 음식재료

음식재료	배오금기 음식재료
돼지고기	메밀, 비둘기, 붕어, 황두(黃豆)
양고기	식초, 회, 치즈
양의 간(肝)	후추, 고추
양의 내장	마늘
붕어	갓, 돼지 간
말고기	묵은 쌀, 생강
말젖	회
토끼고기	생강
잉어	개고기
두렁허리(黃鱔)	개고기, 개 혈(血)
참새고기	돼지 간(肝)
오리고기	거북이(龜肉)
오리 알	상심자(桑椹子 : 오디), 자두
닭고기	겨자, 찹쌀, 자두

음식재료	배오금기 음식재료
게	돼지고기, 토끼고기, 오리고기, 비름나물, 계란, 감, 배 등
소고기	밤
소 간(肝)	메기
소 내장	개고기
사슴고기	전복, 새우
고라니	매실, 자두
메추리	돼지고기, 균류(菌類)
꿩	메일, 붕어, 돼지 간, 메기
꿩알	파
검은 닭	붕어, 돼지 간
조기	메밀
양매(楊梅:소귀나무 열매)	생파
꿀	자두, 마름[능각(菱角)열매], 파
상추	치즈
여뀌(蓼)	회
비름나물	거북이(龜肉)
겨자가루	토끼고기

3) 환자의 음식금기

환자의 음식금기(飮食禁忌)에는 두 종류가 있다.

첫째는 병(病)의 금기식품, 둘째는 증(證)의 금기식품으로 구분할 수 있다.

[표3] 병증(病症)별 금기식품(禁忌食品)

병증	금기식품
간병(肝病)	매운 음식
심장병(心臟病)	짠 음식
부종(浮腫)	짠 음식
골병(骨病)	신 음식, 단 음식

병증	금기식품
담병(膽病)	기름기 많은 음식
한증(寒證)	과과(瓜果 : 박종류의 씨앗)
부스럼, 종기	새우 등 수산물
현기증, 불면증	후추, 고추, 차 등
음허내열(陰虛內熱), 담화내성(痰火內盛), 진액모상(津液耗傷)	생강, 고추, 후추, 양고기 등 온조발열성(溫燥發熱性) 음식
외감증(外感證) 미해결상태의 인후염, 눈병, 종기, 홍역 등	갓, 마늘, 게, 계란 등
습열내성(濕熱內盛)	물엿, 돼지고기, 치즈, 곡주 등 습(濕)을 생성하는 식품
중한비허(中寒脾虛), 중병(重病), 해산(解産) 후	수박, 자두, 우렁이, 게, 마합(馬蛤) 등 찬 음식
각종 출혈, 치질, 임산부 등	자고(慈姑 : 쇠귀나물), 후추 등 동혈(動血) 음식
임신부	파혈(破血), 통경(通經), 극독(劇毒), 최토(催吐), 신열(辛熱), 활리(滑利) 성질의 식품

제5장 약선(藥膳)재료의 범위

현재 식품 및 한약재에 관한 규정은 식품의약품안정청에서 관할하고 있으며 식품의 경우 『식품공전』을 근거로 식용가능 여부를 분류하고 있고, 한약재는 『대한약전』과 『대한약전외한약(생약)규격집』에 등재된 520종을 구체적인 관리대상으로 삼고 있다.

약선요리는 일반적인 식품과는 달리 한약재가 혼재된 특별한 음식으로 원재료의 범위를 명확히 설정하는 데에 어려움이 있다.

따라서 본서에서는 현재 식약청에서 규정하고 있는 식품의 재료별 분류에 대한 최근 규정(2008.5)을 소개함과 동시에 국내에 유통되는 각종 한약재의 식용가능 여부에 대한 분류표를 소개함으로써 약선요리의 참고자료로 삼고자 한다.

1 식품원료 판단기준

1) 다음에 해당하는 것들은 식품의 제조 · 가공 또는 조리시 식품원료로 사용하여서는 아니된다. 다만, 이미 보건복지부장관 또는 식품의약품안전청장이 인정한 것은 식품의 원료로 사용할 수 있다.

(1) 식용을 목적으로 채취, 취급, 가공, 제조 또는 관리되지 아니한 것

(2) 식품원료로서 안전성 및 건전성이 입증되지 아니한 것

(3) 기타 식품의약품안전청장이 식용으로 부적절하다고 인정한 것

2) 위의 1)에 해당되지 않는 것은 식품원료로서 사용가능 여부를 식품의약품안전청장이 판단한다. 다만, 안전성과 관련된 새로운 사실이 발견되거나 제시될 경우 재검토하여 식품의 원료로서 사용가능 여부를 판단할 수 있다.

3) 원료에 독성이나 부작용이 없고 식욕억제, 약리효과 등을 목적으로 섭취한 것 외의 식용

근거가 있는 경우 식품의 "원료" 또는 "제한적 사용원료"로 사용가능한 것으로 판단할 수 있다.

4) 다음에 해당하는 것들은 "제한적 사용원료"로 판단할 수 있으며, 사용용도를 특정 식품에 제한할 수 있다.

(1) 향신료, 침출차, 주류 등 특정 식품에만 제한적 사용근거가 있는 것

(2) 독성이나 부작용 원인물질을 완전 제거하고 사용해야 하는 것

(3) 독성이나 부작용 원인물질의 잔류기준이 필요한 것

5) 식품원료 승인을 위한 제출자료

(1) 승인을 위해 자료를 제출하고자 할 경우에는 아래의 「식품원료 사용을 위한 의사결정도」를 참고할 수 있다.

6) 『원료』로 사용가능한 식품원료

(1) "원료"라 함은 식품사용에 제한적 조건이 없이 사용가능한 것을 말한다.

(2) "원료"의 목록은 [별표 4]과 같다.

7) 『제한적 사용원료』로 사용가능한 식품원료

(1) "제한적 사용원료"라 함은 식품 사용에 조건이 있는 식품의 원료를 말한다.

(2) "제한적 사용원료"로 분류된 원료는 명시된 사용조건을 준수하여야 하며, 별도의 사용조건이 정하여지지 않은 원료는 다음의 사용기준에 따른다.

㉮ "제한적 사용원료"로 명시되어 있는 동 · 식물 등은 원료배합시의 기준으로 50% 미만(배합수는 제외한다)을 사용하여야 한다.

㉯ "제한적 사용원료"에 속하는 원료를 혼합할 경우, 혼합성분의 총량이 제품의 50% 미만(배합수는 제외한다)이어야 한다.

㉰ 다만, 다류, 음료류, 주류 및 향신료 제조시에는 제품의 구성원료 중 "제한적 사용원료"에 속하는 식물성 원료가 한 가지인 경우에는 "원료"로 사용할 수 있다.

㉣ "제한적 사용원료"의 배합비율은 가공 전의 원재료를 기준으로 한 것이며, 농축물이나 추출물의 경우에는 가공 전 원재료의 중량을 기준으로 판단한다.

(3) "제한적 사용원료"의 목록은 [별표 5]와 같다.

8) 『식품에 사용할 수 없는 원료』

(1) "식품에 사용할 수 없는 원료"라 함은 식품의 제조 · 가공 · 조리에 사용할 수 없는 것을 말한다.

(2) "식품에 사용할 수 없는 원료"의 목록은 [별표 6]과 같다.

[그림1] 식품원료 사용을 위한 의사결정도

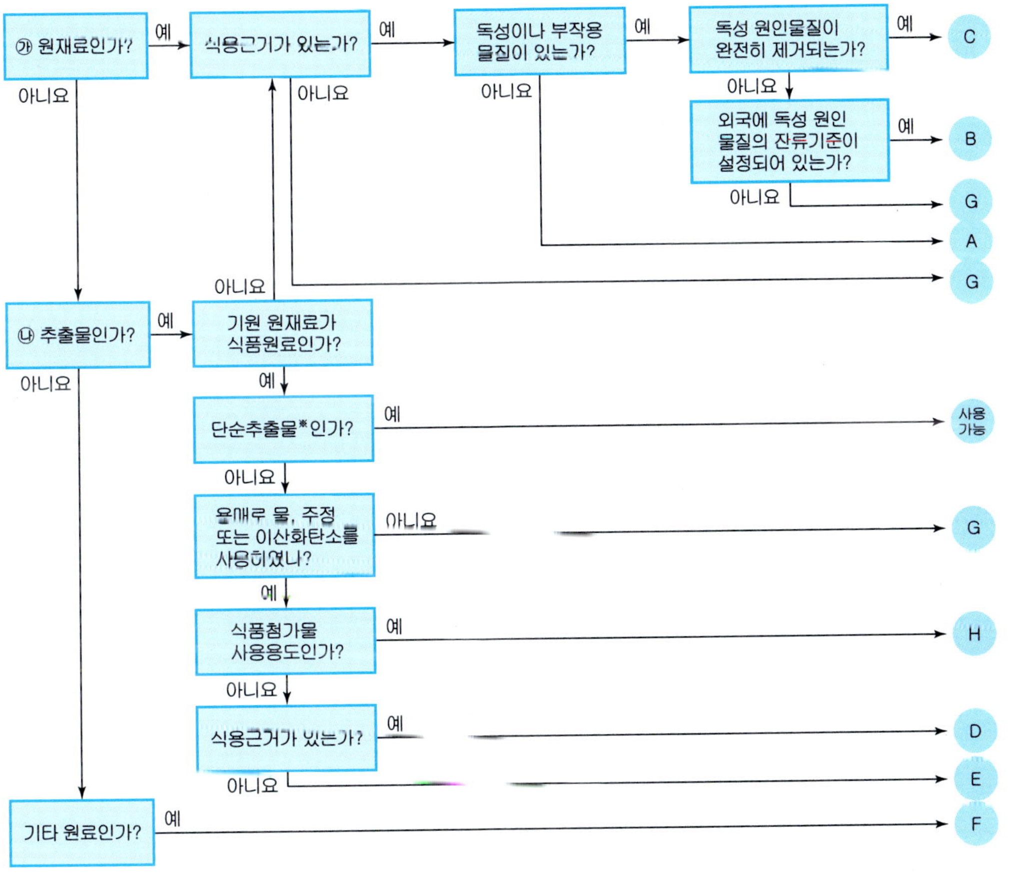

구분	내 용
A	식용근거가 있고, 알려진 독성이나 부작용 물질이 없는 원재료
B	식용근거가 있고, 독성이나 부작용 물질이 있으나, 외국에 독성이나 부작용 원인물질에 대한 잔류기준이 설정되어 있는 원재료
C	식용근거가 있고 독성이나 부작용 물질이 있으나, 원인물질이 완전히 제거되는 원재료
D	식용근거가 있는 추출물
E	식용근거가 없는 추출물
F	기타 원료
G	원료 사용불가
H	식품첨가물로 검토

[표4] "원료"의 목록

1. 식물성 원료

	품 목 명	이명 또는 영명	학 명	사용부위
1	가시여지	Soursop, Guanabana	*Annona muricata*	열매
2	가시연꽃	감실	*Euryale ferox*	열매
3	가죽나무	가중나무	*Ailanthus altissima*	어린잎
4	각시둥굴레	-	*Polygonatum humile*	어린잎, 줄기, 뿌리줄기
5	갈대	-	*Phragmites communis*	어린순, 뿌리(노근)
6	갈랑갈	아시아생강, Galangal	*Alpinia officinarum*	뿌리
7	갈매보리수나무	Sea buckthorn, 비타민나무	*Hippophae rhamnoides L.*	열매
8	갈퀴나물	-	*Vicia amoena*	어린순
9	갈퀴덩굴	-	*Galium spurium*	어린잎, 순
10	갓대	-	*Sasa borealis var. chiisanensis*	잎, 순
11	개미나리	-	*Oenanthe javanica var. japonica*	잎, 줄기
12	개사철쑥	-	*Artemisia apiacea*	어린순
13	개암나무	-	*Corylus heterophylla*	열매
14	개암버섯	-	*Naematoloma sublateritium*	자실체
15	검은 뽕나무	Black Mulberry	*Morus nigra*	열매
16	검은 서양송로	Black Truffles	*Tuber melanosporum*	자실체
17	게박쥐나물	-	*Cacalia adenostyloides*	어린순
18	고수	-	*Coriandrum sativum LINNAEUS.*	열매, 잎
19	고욤나무	-	*Diospyros lotus*	열매, 잎

	품 목 명	이명 또는 영명	학 명	사용부위
20	곤달비	–	*Ligularia stenocephala*	어린잎
21	과라나	Guarana	*Paullinia cupana H.B.K.*	열매
22	구기자나무	–	*Lycium chinensis*	잎, 뿌리(지골피)
23	구스베리	Gooseberry	*Ribes uva-crispa L., Ribes grossularia L.*	열매
24	국화	–	*Chrysanthemum morifolium Ramat.* *Chrysanthemum indicum*	전초
25	그래인 오브 파라다이스	Grains of paradise	*Amomum nelegueta*	씨앗
26	그물버섯	–	*Boletus edulis*	자실체
27	금앵자	–	*Rosa laevigata*	열매
28	기름골	Chufa	*Cyperus esculentus L.*	덩이줄기
29	까마귀쪽나무	–	*Litsea japonica*	열매
30	까무까무CAMU	–	*CAMUMyrciaria dubia*	열매
31	깔라몬딘 오렌지	Calamondin orange	*Citrofortunella microcarpa*	열매
32	껄껄이 그물버섯	–	*Boletus impolitus*	자실체
33	꽃송이버섯	–	*Sparassis crispa*	자실체
34	꿀풀	–	*Prunella vulgaris L.*	어린순, 어린잎
35	나래박쥐나물	–	*Cacalia auriculata*	어린잎
36	나무딸기	Raspberry	*Rubus spp.*	열매, 잎
37	나무토마토	Tree tomato	*Cyphomandra betacea (Cav.) Sendt.*	열매
38	나문재	–	*Suaeda asparagoides Makino*	어린순, 어린잎
39	나한과	–	*Momordicae grosvenori*	열매
40	내복자	나복자, 무씨	*Raphanus sativus L.*	씨앗
41	넓은잎쥐오줌풀	–	*Valeriana dagcletiana*	어린잎
42	노니	Noni	*Morinda citrifolia*	열매
43	노루궁뎅이버섯	–	*Hericium erinacium*	자실체
44	노박덩굴	–	*Celastrus orbiculatus*	어린잎
45	누리장나무	Glory bower, 노나무	*Clerodendron trichotomum*	어린순
46	능이(향)버섯		*Sarcodon asparatus*	자실체
47	니거	Niger	*Guizotia abyssinica (L.f.) Cass.*	씨앗
48	다닥냉이	–	*Lepidium apetalum*	어린순
49	다래나무	–	*Actinidia arguta*	열매, 어린순, 줄기
50	다색벚꽃버섯	–	*Hygrophorus russula Quel.*	자실체
51	달걀버섯	–	*Amanita caesarea*	자실체
52	달단메밀	Tartarian buckwheat	*Fagopyrum tataricum (L.) Gaertn.*	씨앗
53	달맞이꽃	Evening primrose	*Oenothera odorata*	씨앗
54	닭의장풀	Dayflower	*Commelina communis*	어린순

	품 목 명	이명 또는 영명	학 명	사용부위
55	당귤나무	Sweet orange	*Citrus sinensis*	열매
56	당아욱	분홍아욱	*Malva sylvestris L.*	꽃, 잎
57	대잎둥굴레	-	*Polygonatum falcatum*	어린잎, 뿌리줄기
58	덩굴월귤	Cranberry	*Vaccinium macrocarpon*	열매
59	도두	작두콩	*Canavalia gladiatia*	열매
60	동과	-	*Benincasa hispida*	열매, 씨
61	돼지감자	-	*Helianthus tuberosus*	덩이줄기
62	들쭉나무	Bog bilberry	*Vaccinium uliginosum*	열매
63	땅찌만가닥버섯	-	*Lyophyllum shimeji (Kawam.) Hongo*	자실체
64	띠	백모근	*Imperata cylindrica Beauvois*	뿌리
65	라벤더	Lavender	*Lavandula angustifolia* *Lavandula vera* *Lavandula officinalis Chaix.*	꽃, 잎
66	라임블로섬	Lime blossom	*Tilia x europea L.*	꽃, 잎
67	랑삿	Langsat, Duku, Longkong	*Aglaia domestica (Corra em. Jack)* *Pellegrin/ Aglaia aquea (Jack)Kosterm.* *Lansium domesticum Corra* *Lansium javanicum Roem.* *Aglaia dookoo Griff* *Lansium aqueum (Jack) Roem.*	열매
68	레드커런트	Red currant	*Ribes rubrum L.* *Ribes sativum Syme.* *Ribes triste Pall.*	열매
69	레몬그라스	개솔새, Lemon grass	*Cymbopogon citratus*	잎, 줄기
70	레몬밤	Lemon balm	*Melissa officinalis L.*	잎
71	레몬버베나	Lemon verbena	*Aloysia triphylla*	잎
72	레이디스맨틀	Lady' s mantle	*Alchemilla vulgaris L.*	잎
73	로코토	Locoto, Cayenne pepper	*Capsicum baccatum*	열매
74	루로	Lulo, Naranjilla	*Solanum quitoense*	열매
75	루이보스	Rooibos	*Aspalathus lineraris*	잎
76	마가목	Mountoin Ash	*Sorbus commixta*	열매
77	마디풀	-	*Polygonum aviculare*	어린잎
78	마름	Water nut, Water chestnut	*Trapa japonica*	열매
79	마리골드	Marigold, 금잔화, Pot marigold	-	꽃
80	마시멜로	양아욱	*MarshmallowAlthaea officinalis*	꽃, 뿌리
81	마조람	Marjoram	*Origanum majorana*	잎, 줄기

	품 목 명	이명 또는 영명	학 명	사용부위
82	말오줌대	–	*Euscaphis japonica*	어린순
83	망초	–	*Erigeron canadensis L.*	어린순, 어린잎
84	망태버섯	–	*Dictyophora indusiata*	자실체
85	먹물버섯	–	*Coprinus comatus*	어린자실체
86	메도스위트	Meadowsweet	*Filipendula ulmaria (L.) Maxim.* *Spiraea ulmaria L.*	꽃
87	메밀	–	*Fagopyrum esculentum Moench*	잎, 줄기, 꽃, 씨앗
88	멜린조	Melindjo	*Gnetum gnemon*	어린잎, 꽃
89	며느리배꼽	–	*Persicaria perfoliata* *polygonum perfoliatum*	어린순
90	명일엽	–	*Angelica keiskei*	뿌리
91	모시풀	Ramie	*Boehmeria nivea (L.) Gaudich.*	어린순
92	목서	Fragrant olive	*Osmanthus fragrans*	꽃
93	몰로키아	Nalta jute, Tussa jute	*Corchorus olitorius L.*	잎
94	물냉이	Cresson	*Nasturtium officinale*	잎
95	물망초	–	*Myosotis sylvatica Hoffm.* *Myosotis alpestris F.W. Schmidt*	꽃
96	물미모사	Water mimosa	*Neptunia oleracea Lour.*	잎, 줄기, 어린꼬투리
97	미국삼	American Ginseng	*Panax quinquefolius*	뿌리, 잎
98	민들레	포공영	*Taraxacum mongolicum H. Mazz.*	어린순, 어린잎, 뿌리
99	민박쥐나물	–	*Cacalia hastata*	어린순
100	밀크씨슬	Milk thistle	*Silybum marianum L.*	잎, 씨앗
101	바나바	Banaba	*Lagerstroemia speciosa Pers.*	열매, 잎
102	바라밀	Jackfruit	*Artocarpus heterophyllus*	열매
103	바질	나륵풀	*Ocimum basilicum*	잎, 줄기
104	방가지풀	Common Sow Thistle	*Sonchus oleraceus*	어린잎
105	방아풀	–	*Isodon japonicus*	어린잎
106	배초향	–	*Agastache rugosa O. Kuntze*	어린잎
107	백수오	–	*Cynanchum wilfordii*	덩이뿌리
108	뱀딸기	–	*Duchesnea indica*	열매
109	번행초	–	*Tetragonia tetragonoides*	잎
110	벌사상자	–	*Cnidium monnieri*	열매
111	베르가모트	Bergamot, Bergamot orange	*Citrus bergamia*	열매
112	베리골드	Berry gold, LASOORA	*Cordia latifolia*	열매
113	벨벳빈	Velvet bean	*Mucuna pruriens*	어린순, 열매(전처리과정 확인)

	품 목 명	이명 또는 영명	학 명	사용부위
114	별꽃	Chickweed	*Stellaria media*	어린순
115	병꽃풀	연전초	*Glechoma hederacea L.*	어린순, 어린잎
116	병풍쌈	–	*Cacalia firma*	어린잎
117	보라버섯	–	*Russula subdepallens*	자실체
118	보리지	Borage	*Borago officinalis*	잎, 꽃, 씨앗
119	붉은 뽕나무	Red mulberry	*Morus rubra*	열매
120	붉은 토끼풀	Red clover	*Trifolium pratense L.*	어린잎
121	브라질너트	Brazil nut	*Bertholletia excelsa*	견과
122	블래드랙	Bladderwrack	*Fucus vesiculosus*	전체
123	블랙모렐즈	Black Morels	*Morchella elata*	자실체
124	블랙베리	Black berry	*Rubus spp.*	열매, 잎
125	비단그물버섯	–	*Suillus luteus*	자실체
126	비둘기콩	Red gram, Pigeonpea	*Cajanus cajan (L.) Millsp.*	씨앗
127	비자나무	–	*Torreya nucifera S. et Z.*	열매
128	비파	–	*Eriobotrya japonica (Thunb.) Lindl.*	열매 (씨앗 제외)
129	빅나이	Bignay	*Antidesma bunius*	열매
130	빌베리	Bilberry	*Vaccinium myrtillus*	열매, 잎
131	빵나무	Breadnut, kamansi	*Artocarpus camansi*	열매
132	뽕나무	오디나무	*Morus alba L.*	열매, 잎, 어린가지
133	뽕나무버섯	–	*Armillariella mellea*	자실체
134	뿔나팔버섯	–	*Craterellus cornucopioides*	자실체
135	사사파릴라	Sarsaparilla	*Smilax aspera L.*	어린순
136	사철쑥	인진호, 인진	*Artemisia capillaris Thunberg*	지상부
137	산돌배나무	–	*Pyrus ussuriensis*	열매
138	생강나무	–	*Lindera obtusiloba*	어린잎
139	생열귀	–	*Rosa davurica*	열매, 꽃잎, 순
140	서양민들레	Dandelion	*Taraxacum officinale Wiggers*	어린순, 어린잎, 뿌리
141	서양자초	Dill	*Anethum graveolens L.*	열매
142	선인장	–	*Opuntia ficus-indica*	열매, 줄기의 육질
143	섬쑥부쟁이	–	*Aster glehni*	어린순
144	세이지	Sage	*Salvia officinalis L.*	잎
145	소나무	–	*Pinus densiflora Sieb & Zucc.* *Pinus sylvestris L.*	꽃가루, 순, 잎, 가지, 줄기
146	속단	–	*Phlomis umbrosa Turcz.*	어린잎, 뿌리
147	송로버섯	Truffle	*Tuber aestivum (Wulfen) Pers.* *Tuber melanosporum Vittad.*	자실체

	품 목 명	이명 또는 영명	학 명	사용부위
148	쇠뜨기	–	*Equisetum arvense L.*	잎
149	쇠비름	Purslane	*Portulaca oleracea L.*	어린잎, 순, 어린줄기
150	수국	–	*Hydrangea serrata SERINGE*	잎
151	수리취	–	*Synurus deltoides*	어린잎
152	수세미오이	–	*Luffa cylindrica*	어린열매
153	수영	Sorrel	*Rumex acetosa L.*	잎, 뿌리
154	수원그물버섯	–	*Boletus auripes*	자실체
155	숙근초	Shallot	*Allium ascalonicum*	뿌리
156	스타아니스	Staranise, 대회향	*Illicum verum*	열매, 씨앗
157	스테비아	–	*Stevia rebaudiana*	잎
158	시계꽃	Passion flower	*Passiflora incarnata L.*	열매, 잎
159	시트론	Citron	*Citrus medica*	껍질, 열매
160	실유카	Adam's needle	*Yucca filamentosa* *Yucca smalliana Fern.*	꽃잎
161	쓴박하	Horehound	*Marrubium vulgare*	잎, 꽃
162	아그리모니	Agrimony	*Agrimonia eupatoria L.*	잎, 줄기
163	아니스	Anise	*Pimpinella anisum L.*	열매
164	아단	Screw pine	*Pandanus odoratissimus*	열매
165	아라비안자스민	Arabian Jasmine	*Jasminum sambac* *Jasminum auriculatum*	꽃
166	아로니아	Black chokeberry	*Aronia melanocarpa*	열매
167	아마	–	*Linum usitatissimum*	씨(시안배당체제거)
168	아마란스	–	*Amaranthus hypochondriacus* *Amaranthus cruentus* *Amaranthus caudatus* *Amaranthus edulis* *Amaranthus hybridus*	씨앗, 잎
169	아위버섯	–	*Pleurotus ferulae*	자실체
170	아이리쉬 모스	Irish moss	*Chondrus crispus*	진체
171	아티초크	Artichoke	*Cynara scolymus L.*	어린순, 어린잎
172	애기수영	–	*Rumex acetocella L.*	어린순, 어린잎
173	애기우산나물	–	*Syneilesis aconitifolia*	어린잎
174	애플민트	Apple mint, Round-leave mint	*Mentha rotundifolia*	잎
175	야낭	Yanang	*Tiliacora triandra*	어린잎
176	야마유리	산백합	*Lilium auratum*	뿌리

	품 목 명	이명 또는 영명	학 명	사용부위
177	약쑥	애엽	황해쑥 *Artemisia argyi,* 쑥 *Artemisia, princeps Pamp. var. orientlis Hara* 또는 산쑥 *Artemisia montana*	어린잎
178	양하	–	*Zingiber mioga*	화서, 어린잎(순)
179	어리병풍	–	*Cacalia pseudo-taimingasa*	어린잎
180	얼룩조릿대	–	*Sasa veitchii*	어린잎
181	엄나무	–	*Kalopanax pictus*	어린잎, 수피
182	엉겅퀴	–	*Cirsium maackii* *Cirsium japonicum*	어린순, 어린잎
183	엘더	Elderberry, American elder	*Sambucus nigra,* *Sambucuscandadensis*	열매(열처리), 꽃
184	여뀌	–	*Persicaria hydropiper L.*	어린순, 어린잎
185	여주	–	*Momordica charantia L.*	열매
186	연	연근	*Nelumbo nucifera GAERTNER*	뿌리
187	옐로볼레투스	Yellow boletus	*Boletus luteus, Boletus granulatus*	자실체
188	오레가노	Oregano	*Origanum vulgare L.*	잎
189	올리브나무	–	*Olea europaea*	잎
190	올방개	–	*Eleocharis Kuroguwai Ohwi*	씨앗, 뿌리
191	왕그물버섯	–	*Leccinum rugosiceps*	자실체
192	왕둥굴레	–	*Polygonatum involuctatum*	뿌리줄기
193	우산나물	–	*Cacalia krameri*	어린잎
194	유채	–	*Brassica campestris L.*	전초
195	유카	Yucca	*Yucca brevifolia, Yucca schidigera*	뿌리
196	으아리	–	*Clematis mandshurica*	어린잎
197	은빛쓴맛그물버섯	–	*Tylopilus eximius*	자실체
198	이스라지나무	–	*Prunus japonica*	열매
199	이질풀	–	*Geranium nepalense*	어린잎
200	인디안 사사파릴라	Indian sarsaparilla, Hemidesmus	*Hemidesmus indicus (L.) W. T. Aiton*	잎
201	잎새버섯	–	*Grifola frondosa*	자실체
202	잣나무	–	*Pinus koraiensis S. et Z.*	씨앗, 잎
203	장미	–	*Rosa spp.*	열매, 꽃잎, 순
204	저단선	Prickly Pear, Indian fig, 후미푸사	*Opuntia humifusa* *Opuntia compressa*	열매
205	저령	–	*Dendropolyporus umbellatus Fries* *Grifola umbellatus*	균핵

	품 목 명	이명 또는 영명	학 명	사용부위
206	전칠삼	–	*Panax notoginseng*	뿌리
207	제비꽃	–	*Viola mandshurica W. Becker*	어린순, 어린잎
208	제비콩	백편두	*Dolichos lablab L.*	씨앗
209	좁쌀풀	–	*Lysimachia vulgaris L var. davurica Led.*	어린순, 어린잎
210	주목나무	Japanese yew	*Taxus cuspidata Siebold & Zucc.*	열매 (씨앗 제외)
211	죽대	–	*Polygonatum lasianthum*	뿌리줄기
212	줄풀	–	*Zizania latifolia (Griseb.) Turcz. ex Stapf*	어린 잎, 줄기, 씨앗
213	중국 마름	Chinese water chestnut	*Eleocharis dulcis*	열매
214	지치	자초, 자근	*Lithospermum erythrorhizon Siebold et Zuccarini*	뿌리
215	진달래	–	*Rhododendron mucronulatum Turcz.*	꽃
216	진득찰	희첨	*Siegesbeckia glabrescns Makino.*	어린순, 어린잎
217	진피	귤껍질	*Citrus unshiu MARKOVICH*	껍질
218	짚신나물	–	*Agrimonia pilosa*	어린잎
219	찔레나무	–	*Rosa multiflora*	열매, 잎, 꽃잎, 순
220	차풀	–	*Cassia mimosoides var. nomame Makino*	전체
221	참나래박쥐나물	–	*Cacalia koraiensis*	어린잎
222	참나무	Quercus, Oriental chestnut oak	*Quercus acutissima*	열매
223	참빗살나무	물뿌리나무	*Euonymus sieboldianus*	어린잎
224	참중나무	참죽나무	*Cedrela sinensis A. Juss.*	어린순, 어린잎
225	천마	–	*Gastrodia elata*	뿌리
226	첨차	텐차	*Rubus suavissimus S. Lee*	잎
227	청선류	–	*Pterocarya paliurus*	어린잎
228	초석잠	Chinese artichoke	*Stachys sieboldii Miq.*	뿌리
229	층층둥굴레	–	*Polygonatum stenophyllum*	뿌리술기
230	카사바나나	Cassabanana	*Sicana odorifera*	열매
231	카카두플럼	Kakadu plum	*Terminalia ferdinandiana*	열매
232	기피르라임	Kaffir lime	*Citrus hystrix*	잎
233	캐러웨이	Caraway	*Carum carvi. L.*	씨앗
234	캐모마일	Chamomile	*Chamomilla recutita* *Matricaria recutita* *Chamaemelum nobile* *Anthemis nobilis*	꽃, 잎

	품 목 명	이명 또는 영명	학 명	사용부위
235	캘리포니아 블랙베리	California blackberry	*Rubus macropetalus*	과일
236	케이퍼	Caper	*Capparis spinosa*	순
237	코쿠	Cocu, Koku	*Allophyllus edulis*	잎, 어린줄기
238	퀴노아	Quinoa	*Chenopodium quinoa Willd.*	씨앗
239	큰전나무버섯	–	*Catathelasma ventricosum*	자실체
240	클레리	Clary	*Salvia sclarea*	잎
241	타마린드	–	*Tamarindus indica*	열매
242	타임	Thyme	*Thymus vulgaris L.*	잎
243	타히보	Taheebo, Pau D'Arco	*Tabebuia avellanedae* *T. impetiginosa*	껍질
244	퉁퉁마디	함초	*Salicornia herbacea L.*	잎, 줄기
245	파라다이스넛	Paradise nut, Sapucaia nut	*Lecythis zabucajo Aublet*	견과
246	파피 씨드	–	*Papaver przemko, Papaver neuga*	씨앗(가열처리한 것에 한함)
247	팔각향	–	*Cacalia ainsliaeflora*	어린 잎
248	팔랑개비국화	Cornflower, 수레국화, 콘플라워	*Centaurea cyanus L.*	꽃잎
249	페르시아 호두나무	–	*Juglans regia*	견과
250	풀버섯	Staw mushiroom	*Volvariella volvacea*	자실체
251	피나무	Linden, Tilia flower	*Tilia spp.*	꽃, 잎
252	필리핀 레몬	Calamansi	*Citrus microcarpa Bunge*	열매
253	필리핀 렌지	Dalandan	*Citrus nobilis Lour.*	열매
254	하수오	–	*Polygonum multiflorum Thunberg*	덩이뿌리
255	한련,금련	Nasturtium	*Tropaeolum majus L.*	잎, 꽃, 어린순
256	해바라기	–	*Helianthus annuus L.*	씨앗, 잎
257	향기제비꽃	Sweet violet	*Viola odorata*	어린잎
258	향유	–	*Elsholtzia ciliata Hylander.*	어린순, 어린잎
259	허니부쉬	Honey bush	*Cyclopia intermedia*	잎
260	헛개나무	–	*Hovenia dulcis Thunberg*	열매(지구자), 줄기, 잎
261	형개(荊芥)	–	*Schizonepeta tenuifolia var. japonica*	꽃대
262	호로파	Fenugreek	*Trigonella foenum-graecum*	열매, 씨앗
263	호리병박	Bottle gourd, calabash, Yuugao, White-flowerd gourd	*Lagenaria siceraria (Molina) Standl.*	열매
264	홍화	Safflower	*Carthamus tinctorius*	어린잎
265	화살나무	–	*Euonymus alatus (Thunb.)*	어린잎
266	황금	–	*Scutellaria baicalensis Georgi*	뿌리
267	황기	단너삼	*Astragalus membranaceus Bunge*	뿌리

	품 목 명	이명 또는 영명	학 명	사용부위
268	흑호두나무	Black walnut	*Juglans nigra L.*	견과
269	희렴	희첨	*Siegesbeckia pubescens* *S.glabrescens*	어린잎
270	흰 서양송로	White Truffles	*Tuber magnatum*	자실체
271	히비스커스	Hibiscus	*Hibiscus sabdariffa*	꽃잎
272	히솝	Hyssop	*Hyssopus officinalis L.*	꽃, 잎

2. 동물성 원료

	품 목 명	이명 또는 영명	학 명	사용부위
1	녹신	–	–	전체
2	백강잠※	–	–	전체
3	하프물범 (단, 하프물범신세외)	Harp seal	*Phoca groenlandica*	–
4	황소개구리	–	*Rana catesbeiana*	육질

※ 표시된 품목은 대한약전의 한약(생약)규격집의 규격에 적합한 것이어야 한다.

3. 기타 원료

	품 목 명	이명 또는 영명	학명 또는 특성	사용부위
1	눈꽃동충하초	–	*Paecilomyces japonica* *Paecilomyces tenuipes*	전체
2	밀리타리스 동충하초	–	*Cordyceps militaris*	전체
3	트레할로스	Trehalulose	–	–
4	팔라티노스	Palatinose	–	–

[표5] "제한적 사용원료"의 목록

1. 식물성 제한적 사용원료

	품목명	이명 또는 영명	학 명	사용부위	사용조건
1	감나무	–	*Diospyros kaki THUNBERG.*	잎	–
2	구절초	–	*Chrysanthemum zawadskii Herbich var. latilobum (Maxim.) Kitamura*	전초	–

	품목명	이명 또는 영명	학 명	사용부위	사용조건
3	금불초	선복화	*Inula japonica Thunberg* *Inula britannica*	꽃	–
4	노간주나무	노가주, Juniperberry	*Juniperus communis,* *Juniperus rigida*	열매	–
5	노루귀	–	*Hepatica asiatica Nakai.*	뿌리	–
6	단삼	–	*Salvia miltiorrhiza BUNGE*	뿌리	–
7	달개비	–	*Commelina communis L.*	전초	–
8	독활	땅두릅, 땃두릅	*Aralia cordata* *Aralia continentalis Kitagawa*	뿌리	–
9	마가목	–	*Sorbus commixta*	나무껍질	–
10	마카	Maca	*Lepidium meyenii*	뿌리	–
11	만삼	당삼	*Codonopsis pilosula Nannfeldt.*	뿌리	–
12	말굽버섯	–	*Fomes fomentarius*	자실체	–
13	맥문동	–	*Liriope platyphylla* *Wang et Tang.*	뿌리	–
14	배초향	곽향	*Agastache rugosa O. Kuntze*	지상부	–
15	버드나무	Willow	*Salix koreensis*	가지, 가지껍질	–
16	보스웰리아	Boswellia, Indian frankincense	*Boswellia serrata*	검레진 (gum resin)	–
17	복령	–	*Poria cocos Wolf*	균핵	–
18	봉출	–	*Curcuma zedoaria Roscoe*	뿌리(줄기)	–
19	붉은 토끼풀	Red clover	*Trifolium pratense*	꽃	–
20	비파	–	*Eriobotrya japonica*	잎	–
21	사상자	–	*Torilis japonica Decandolle*	열매	–
22	사인	–	*Amomum xanthioides Wallich*	씨	–
23	산사자	–	*Crataegus pinnatifida Bunge*	열매	–
24	산수유	–	*Cornus officinalis S. et Z.*	열매	–
25	산조인	–	*Zizyphus vulgaris Lamarck* *Zizyphus jujuba*	산대추씨	–
26	삼백초	–	*Saururus chinensis BAILL.*	지상부	–
27	삽주(백출)	–	*Atractylodes japonica Koidzumi*	뿌리, 줄기(주피 제거)	–
28	삽주(창출)	–	*Atractylodes lancea*	뿌리, 줄기	–
29	서양산사자	Hawthon berry	*Crataegus oxycantha*	열매	–
30	석창포	–	*Acorus gramineus Soland.*	뿌리(줄기)	–
31	쇠무릅	우슬, 쇠무릎풀	*Achyranthes japonica Nakai*	뿌리	–

	품목명	이명 또는 영명	학 명	사용부위	사용조건
32	야로	Yarrow	*Achillea millefolium L.*	잎	–
33	약모밀	어성초	*Houttuynia cordata THUNB.*	전초	–
34	연	연꽃, 연잎, 연자육	*Nelumbo nucifera GAERTNER*	꽃(화뢰), 잎, 씨	–
35	오리나무	–	*Alnus japonica (Thunb.) Steudel*	수피, 잎	–
36	옥수수(수염)	–	*Zea mays L.*	암술대	–
37	울금	강황, 심황	*Curcuma domestica* *Curcuma longa* *Curcuma aromatica*	뿌리(줄기)	–
38	원지	–	*Polygala tenuifolia Willdenow*	뿌리	–
39	유근피, 유백피	느릅나무껍질	왕느릅나무(*Ulmus macrocarpa*) 참느릅나무(*Ulmus parvifolia*) 비슬나무(*Ulmus pumila*)	나무껍질	–
40	은행나무	Ginko	*Ginko biloba L.*	잎	침출차의 원료로만 사용
41	익모초	육모초	*Leonurus sibiricus L.*	지상부	–
42	익지인	익지의 열매	*Alpinia oxyphylla miquel*	열매	–
43	인동	금은화	*Lonicera japonica Thunberg.*	꽃(봉오리), 잎, 줄기	–
44	자바투메릭	Java(nese) turmeric, Tumulawak, Temu lawak	*Curcuma xanthorriza L.*	뿌리	–
45	작약	백작약, 참작약, Paeny Root	*Paeonia albiflora Pallas var. trichocarpa Bunge,* *Paeonia japonica var. pilosa NAKAI* 또는 동속근연식물	뿌리	–
46	적작약	Paeoniae Radix Rubra	*Paeonia obovata Maximowicz,* *Paeonia albiflora var. hortensis Makino* 또는 동속근연식물	뿌리	–
47	쥐오줌풀	Valerian Root	*Valerian offcinails L.*	뿌리	–
48	지각	광귤나무 열매	*Citrus aurantium L.*	열매	
49	지황	–	*Rehmannia glutinosa Liboschitz*	뿌리	–
50	진흙버섯	–	*Phellinus linteus* *Phellinus baumii*	자실체	–
51	차가버섯	검은자작나무버섯	*Fuscoporia obliqua* *Inonotus obliquus*	자실체	–
52	천궁	–	*Cnidium officinale MAKINO.*	뿌리	–

	품목명	이명 또는 영명	학 명	사용부위	사용조건
53	천문동	–	*Asparagus cochinchinensis*	덩이뿌리	–
54	측백나무	측백엽	*Biota orientalis Endlicher*	잎	–
55	치자나무	–	*Gardenia jasminoides Ellis*	열매	–
56	칡	갈화	*Pueraria thunbergiana Benth.*	꽃	–
57	토사자	–	*Cuscuta chinensis Lamark*	씨앗	–
58	필발	Long pepper	*Piper longum*	열매	–
59	향기제비꽃	Sweet violet	*Viola odorata*	꽃	–
60	황칠나무	–	*Textoria morbifera*	잎, 줄기, 뿌리	–

2. 동물성 제한적 사용원료

	품목명	이명 또는 영명	학 명	사용부위	사용조건
1	구판	귀갑	*Geoclemys reevesii Gray*	남생이복갑	–
2	녹각※	–	*Cervus nippon T.* *Cervus elaphus L.* *Cervus canadensis E.*	골질화된 뿔	–
3	녹용※	–	*Cervus nippon T.* *Cervus elaphus L.* *Cervus canadensis E.*	골질화되지 않았거나 약간 골질화된 어린뿔	–

※ 표시된 품목은 대한약전의 한약(생약)규격집의 규격에 적합한 것이어야 한다.

3. 기타 제한적 사용원료

	품목명	이명 또는 영명	학 명	사용부위	사용조건
1	락툴로즈	Lactulose		–	–

[표6] "식품에 사용할 수 없는 원료" 목록

1. 식물성

	품 목 명	이명 또는 영명	학 명	사용부위
1	갈매나무	Buckthorn	*Rhamnus cathartica*	–
2	골든실	Goldenseal	*Hydrastis canadensis*	뿌리
3	관동화	–	*Tussilago farfara*	꽃봉오리

	품 목 명	이명 또는 영명	학 명	사용부위
4	관중	–	*Dryopteris crassirhizoma*	뿌리줄기와 잎의 잔기
5	다투라	–	독말풀(*Datura stramonium*), 흰독말풀(*Datura metel*) 또는 기타 동속 근연식물	–
6	대복피	–	빈랑(*Areca catechu*)	과피
7	대황	–	*Rheum palmatum* *R.coreanum, R. tanguticum* *R. officinale*	뿌리줄기
8	도인	복숭아씨	복숭아나무(*Prunus persica*) 또는 산복사(*Prunus persica* *Franchet var. davidiana* *Maximowicz*)	씨
9	등황	옥황, 월황	등황나무(*Garcinia hanburyi*)	수지
10	디기탈리스	Digitalis	*Digitalis purpurea*	–
11	마두링	Ma dou ling	*Aristolochia longa*	–
12	마황	–	*Ephedra sinica* 또는 동속식물	–
13	만형자	–	순비기나무(*Vitex rotundifolia*)	열매
14	맥각	–	*Claviceps purpurea*	–
15	멀구슬나무	–	*Melia azedarach*	열매
16	목단피	–	*Paeonia suffruticosa / P. moutan*	뿌리껍질
17	목통	–	으름덩굴(*Akebia quinata*) 및 기타 동속 근연식물	줄기
18	목향	–	*Aucklandia lappa*	뿌리
19	무이라푸아마	–	*Muira puama*	–
20	반하	–	*Pinellia ternata*	덩이줄기
21	방기	–	*Sinomenium acutum*	덩굴성줄기 및 뿌리줄기
22	방풍	–	*Saposhnikovia divaricata*	뿌리 및 뿌리줄기
23	백굴채	–	애기똥풀(*Chelidonium majus*)	–
24	백두구	–	*Amomum cardamomum*	열매
25	벨라돈나	Belladonna	*Atropa belladonna*	–
26	보골지	파고지	*Psoralea corylifolia*	씨
27	보두	여송과	보두나무(*Strychnos ignatii*)	씨
28	부자	–	오두(*Aconitum carmichaeli*)	–
29	붉나무	–	*Rhus chinensis*(=*R. javanica*)	–
30	붓순나무	–	*Illicium religiosum*	–
31	블랙코호시	Black cohosh	*Cimicifuga racemosa*	–

	품 목 명	이명 또는 영명	학 명	사용부위
32	사라시아 오브론가	–	*Salacia oblonga*	–
33	사리풀	Devil's eye	*Hyoscyamus niger*	–
34	사향	Musk	난쟁이사향노루(*Moschus berezovskii*) 산사향노루(*Moschus chrysogaster*) 또는 사향노루(*Moschus moschiferus*)	수컷의 사향선 분비물
35	서양칠엽수	Horse chestnut	*Aesculus hippocastanum*	–
36	석류	–	*Punica granatum*	껍질, 씨
37	세신	–	*Asiasarum heterotropoides* *F. Maekawa var. mandshuricum* *F. Maekawa* 또는 *Asiasarum sieboldi F. Maekawa*	뿌리, 뿌리줄기
38	소태나무	–	*Picrasma quassioides*	–
39	숯	–		–
40	스트로판투스	Strophanthus	*Strophanthus kombe* 또는 기타 동속식물	–
41	승마	–	*Cimicifuga heracleifolia* 또는 기타 동속식물	뿌리줄기
42	시호	–	*Bupleurum falcatum* 또는 그 변종	뿌리
43	쓴쑥	Wormwood	*Artemisia absinthium*	–
44	아도니스	Adonis	*Adonis vernalis*	–
45	아르니카	Arnica	*Arnica montana*	–
46	아마메시바	–	*Sauropus androgynus*	–
47	아왜나무	–	*Viburnum awabuki*	–
48	여정실	여정자	*Ligustrum lucidum, L. japonicum* 또는 기타 동속식물	열매
49	오배자	–	붉나무(*Rhus javanica*)의 잎에 오배자진딧물(*Melaphis chinensis*)의 자상(刺傷)에 의하여 생긴 벌레집	–
50	옻나무	–	*Rhus verniciflua*	–
51	요힘비	Yohimbe	*Coryanthe yohimbe*	껍질
52	유향	–	유황나무(*Boswellia carterii*)	수지
53	육종용	–	*Cistanche deserticola* 또는 기타 동속 근연식물	육질경
54	으아리	–	*Clematis mandshurica*	뿌리
55	저백피(樗白皮)	–	가중나무(*Ailanthus altissima*)	–
56	진교	진범	큰잎용담(*Gentiana macrophylla*)	뿌리

	품 목 명	이명 또는 영명	학 명	사용부위
57	차전자	–	질경이(*Plantago asiatica*)	씨(단, 껍질 제외)
58	챠빌	Chervil	*Anthriscus cerefolium*	뿌리
59	초오	–	놋젓가락나물(*Aconitum ciliare*) 또는 기타 동속 근연식물덩이	뿌리
60	카루썬트리	Karroo thorn tree	*Acacia karroo*	껍질, 잎
61	카바카바	Kava-kava	*Piper methysticum*	–
62	컴프리	–	*Symphytum officinale* *S. asperum, S. xuplandicum*	–
63	택사	–	질경이택사(*Alisma orientale*) 또는 기타 동속 근연식물덩이	줄기
64	파두(巴豆)	–	*Croton tiglium*	씨
65	피마자	–	*Ricinus communis*	–
66	합개	–	*Gekko gecko*	–
67	행인	살구씨	살구나무(*Prunus armeniaca* *Linn. var. ansu Maximowicz*) 및 개살구나무(*Prunus mandshurica* *Koehne var. glabra Nakai*) 또는 기타 동속 근연식물	씨
68	향가피	북오가피	*Periploca sepium*	–
69	향부자	–	*Cyperus rotundus*	뿌리줄기
70	호미카	마전자	마전(*Strychnos nux-vomica*)	씨
71	황련	–	*Coptis japonica* 또는 기타 동속식물뿌리	줄기
72	흰버드나무	White willow bark	*Salix alba*	–

2. 동물성

	품 목 명	이명 또는 영명	학 명	사용부위
1	담즙, 담낭	–	–	–
2	멧돼지쓸개	–	–	–
3	뱀	–	–	–
4	복어알	–	–	–
5	사독	–	–	–
6	사람의 태반	자하거	–	–
7	사람의 혈액	–	–	–

	품 목 명	이명 또는 영명	학 명	사용부위
8	지렁이	–	–	–
9	해구신	–	물개(*Callorhinus ursinus, Otaria ursinus*)	–

3. 기타

	품 목 명	이명 또는 영명	학 명	사용부위
1	땅벌집	–	–	–

2 음식재료의 속성별 분류

동양의학(東洋醫學) 이론의 바탕을 형성하고 있는 음양오행(陰陽五行)의 이론에 입각해서 약선요리(藥膳料理)를 이해할 때 가장 핵심이 되는 이론은 각종 약물과 음식재료의 약성(藥性)과 맛(味)이라 할 수 있다.

약성(藥性)은 차가운 성질(寒), 서늘한 성질(凉), 뜨거운 성질(熱), 따뜻한 성질(溫), 그리고 차갑지도 덥지도 않은 중간 성질(平) 등 5가지로 분류된다.

맛(味)은 우리가 음식을 섭취하면서 느끼는 신맛(酸) · 쓴맛(苦) · 단맛(甘) · 매운맛(辛) · 짠맛(鹹) 등이다. 오장육부에 맞게 사용되어 각각의 장기를 활성화시키거나 또는 지나치게 섭취하면 해를 끼치기도 하는데 이것을 동양철학에서는 상생(相生) 상극(相剋)의 관계라 한다.

즉, 상생(相生)이란 오장육부를 서로 생육(生育)하는 관계로 보고 간(肝) · 심(心) · 비(脾) · 폐(肺) · 신(腎)의 순환관계에 따라 작용한다는 원리이다. 예를 들면, 나무(木)를 문지르면 불(火)이 생기고, 불이 타고 나면 숯, 즉 흙(土)이 되며 흙 속에서 광물, 즉 금속(金)이 발굴된다. 금맥으로부터 물(水)이 솟아 나오고 물은 대지를 윤택하게 해서 나무(木)를 소생시킨다. 이처럼 오행은 상생하면서 순환하며 오미의 관계도 이에 준해서 해석한다. 간(肝)을 보충하는 산미(酸味)는 심(心)을 소생시키고, 심(心)을 보충하는 쓴맛(苦)은 비장(脾臟)을, 비(脾)를 보충하는 단맛(甘)은 폐(肺)를, 폐(肺)를 보충하는 매운맛(辛)은 콩팥(腎)을, 콩팥(腎)을 보충하는 짠맛(鹹)은 간의 움직임을 활성화시킨다. 한편 식품에는 오장육부의 움직임을 억제하는 작용이 있는데 이를 상극(相剋)이라 한다.

다음은 일상생활에서 상용되는 각종 음식재료를 동양의학(東洋醫學)적 관점에서 약성(藥性)을 구분한 것이다.

[표7] 식품의 약성 분류

종류	온(溫)·열성(熱性)	한(寒)·량성(凉性)	평성(平性)
곡식 및 식물성 유지류	남방 소맥, 수수, 콩기름, 찹쌀, 땅콩(기름), 들깨	좁쌀, 북방 소맥, 메밀, 참기름, 보리, 조, 율무, 흑미, 현미	쌀, 검은깨, 옥수수, 고구마, 녹말가루, 참깨, 밀가루, 흰팥
두류	작두콩(刀豆), 편두(불콩), 두시(약전국), 유부, 낫또	녹두, 두부, 숙주나물, 까치콩, 비지, 두유	팥, 강낭콩, 누에콩, 완두, 강두(豇豆), 흑두(黑豆), 황두(黃豆), 콩나물, 두부피(豆腐皮), 가지콩
야채류, 채소 등	부추, 갓, 마늘, 양파, 고추, 달래, 향채, 파, 산파, 호박, 순무, 무말랭이, 생강, 무채, 두릅나무의 싹, 참마, 유채꽃, 당근, 산달래, 피망, 홍화, 쑥, 고추냉이	비름나물, 시금치, 넘나물(金針菜), 사탕무, 감국잎(馬蘭頭), 가지, 쇠귀나물(慈菇), 버섯(蘑菇), 송이버섯, 백합, 고사리, 씀바귀, 죽순, 유채, 냉이, 양배추, 우엉, 순채, 토란줄기, 죽순, 상추, 배추, 브로콜리, 마카로니, 백합뿌리	냉이, 참죽나무, 쑥갓, 부청, 토란, 표고버섯, 목이버섯, 흰참나무 버섯, 마, 감자, 토마토, 무씨, 팽이버섯, 표고버섯, 쑥갓, 미나리, 두릅나무, 연근
가금류, 육류 등	닭, 닭 간, 꿩, 참새, 돼지 내장, 돼지 간, 양고기, 양 내장, 사슴고기, 사슴 생식기(鹿鞭), 개고기, 곰, 큰 구렁이, 염소, 쇠고기	오리알, 거위, 돼지고기, 돼지머리, 돼지껍질, 말고기, 양간, 토끼고기, 개구리, 지렁이	오리, 계란, 메추리(알), 비둘기(알), 햄, 족발, 멧돼지고기, 꿀, 로열제리, 제비집, 돼지 심장
수산물류	해삼, 십소개, 조기, 연어, 연어알, 갈치, 두렁허리(鮮魚), 양어장의 물고기, 농어, 산천어, 송어, 육개장, 대하, 옥돔, 새우, 굴, 전갱이, 말린청어알, 가다랭이, 말린 멸치, 갯가재, 치어(정어리, 은어, 뱅어 등), 도미, 망둥이, 복어, 참치, 왕우럭조개	게, 대합(무명조개), 맛조개, 뱀장어, 우렁이, 마합[방(蚌)], 가물치, 김, 다시마, 디슬기, 장어, 올방개, 파래, 모시조개, 오징어, 정어리, 한천, 미꾸라지, 갯지렁이, 넝새	해파리, 상어, 고등어, 웅어, 쥐치, 은어, 넙치, 가자미, 서대기, 병어, 건어, 붕어, 철갑상어, 전어, 쏘가리, 숭어, 농어, 남생이, 자라, 잉어, 청어, 피조개, 붕장어, 은어, 전복, 가자미, 문어, 소라, 꽁치, 가막조개, 톳, 함박조개, 미역

종류	온(溫) · 열성(熱性)	한(寒) · 량성(凉性)	평성(平性)
과실류	소귀나무 열매(楊梅), 금귤(낑깡), 여지, 호두, 산사, 밤, 잣, 복숭아, 빈랑, 호박, 살구, 앵두, 석류, 용안육, 대추, 자두, 여지, 매실장아찌, 모과, 서양자두(플럼), 사과	사탕수수, 바나나, 감, 홍귤, 배, 오디, 율무, 수박, 동과, 쑤세미, 오이, 참외, 망고, 사과, 키위, 유자, 딸기, 레몬, 오렌지, 자두, 토마토, 파인애플, 밀감, 메론	은행, 비자, 올리브, 해바라기씨, 포도, 검실, 연밥, 비파, 야자, 무화과, 개암, 호박씨, 매실, 자몽, 피넛, 머위, 곶감
조미료 · 음료 · 술 · 음식	생강, 흑설탕, 물엿, 식혜, 식초, 정향, 회향, 팔각회향, 산초나무 열매, 후추, 계피, 연꽃, 해당화, 모리화, 계화, 양유(羊乳), 온천수, 술, 겨자, 흑설탕, 술지게미, 자소, 소주, 소세지, 햄, 된장, 와인	식염, 차잎, 유칼리유, 국화, 장미꽃, 마유(馬乳), 위스키, 우유, 홍차, 얼음사탕, 커피, 소금, 박하, 당면, 맥주, 요구르트	백설탕, 금은화 추출물, 코코아, 우유, 광천수, 우동, 쌀식초, 간장

※ 참고문헌 : 常見疾病的飮食宜忌和中藥的煎服法, 張謨瑞, 人民衛生出版社, 1996/和食薬膳のすすめ, 武鈴子, 三松當印刷株式會社, 2007/ 약선조리학, 鄭求點, 車垠妊, 도서출판 효일, 2005/《東醫寶鑑》, 許浚, 남산당, 2003

[표8] 계절별 약선식품

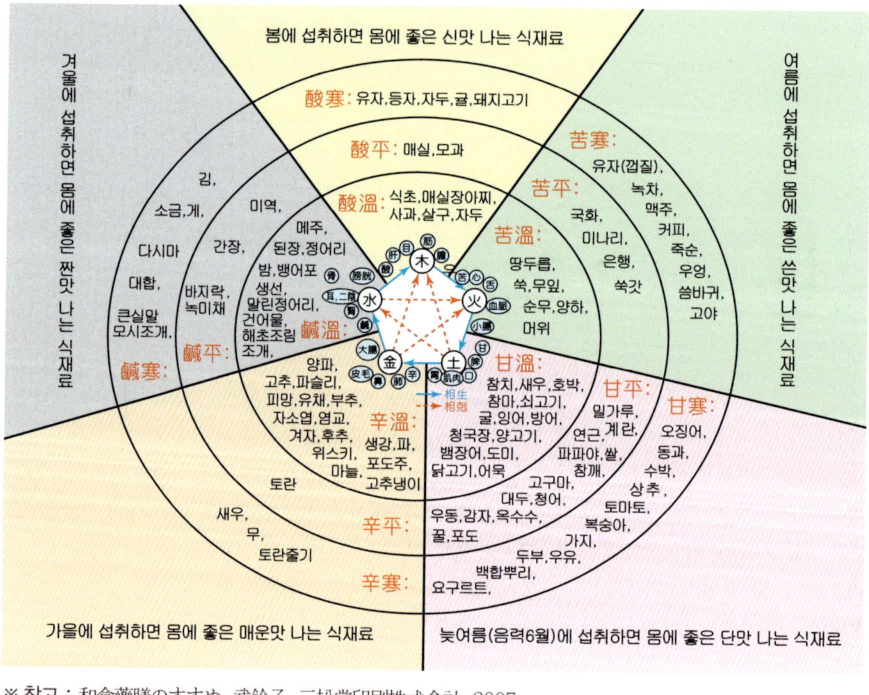

※ 참고 : 和食薬膳のすすめ, 武鈴子, 三松當印刷株式會社, 2007

모든 식재료는 5가지 맛으로 나눌 수 있다. 몸을 시원하게 하는 성질을 가진 식재료와 따뜻하게 하는 성질을 가진 식재료가 있다. 계절에 따라 섭취하면 몸에 이로운 식재료들이다.

3 음식재료의 공효별 분류

전통적으로 동양에서 상용되어온 재료들을 대상으로 음식재료의 입장에서 한약의 공효별 체계로 정리하면 다음과 같다.

[표9] 음식재료의 효능별 분류

	공효 분류	음식재료 명칭
1	해표(解表)류	고수[향채(香菜)], 갓[개채(芥菜)], 생강, 파, 계화
2	청열생진(淸熱生津)류	배추, 연근, 토마토, 사과, 파인애플, 자두, 살구, 복숭아, 사탕수수, 비파, 감귤, 참죽나무, 콩나물
3	청열량혈(淸熱凉血)류	냄새, 가지, 게, 자라
4	청열해독(淸熱解毒)류	호박, 완두, 녹두
5	청열리인(淸熱利咽)류	꽃양배추, 올리브, 망고, 돼지껍질
6	청열해서(淸熱解暑)류	비름나물, 오이, 숙주나물, 수박
7	화담(化痰)류	죽순, 버섯(蘑菇), 무, 수세미, 다시마, 김, 해파리, 양파
8	지해평천(止咳平喘)류	백합, 배, 땅콩
9	건비화위(健脾和胃)류	쑥갓, 옥수수, 고구마, 감자, 대추, 돼지 내장, 소 내장, 강낭콩
10	소식(消食)류	당근, 산사
11	온리(溫裏)류	파, 마늘
12	거풍습(祛風濕)류	앵두, 드렁허리(黃鱔)
13	청열리뇨(淸熱利尿)류	동과, 검은콩, 노란콩, 누에콩, 팥, 잉어, 붕어, 우렁이
14	통변(通便)류	나팔꽃나물, 무화과, 바나나, 해바라기씨, 꿀
15	안신(安神) 및 행기(行氣)류	소맥(밀), 대맥(보리), 연밥, 금귤, 등자(橙子), 유자(柚子), 메밀
16	활혈지혈(活血止血)류	식초, 술, 검은목이버섯
17	수삽(收澁)류	수수, 부소맥(浮小麥), 석류
18	평간(平肝)류	미나리, 말린 원추리꽃, 차잎
19	보기(補氣)류	표고버섯(香菇), 멥쌀, 찹쌀, 조, 우유, 흑설탕, 물엿, 쇠고기, 닭고기, 거위고기, 메추리고기, 갈치, 연어, 은어

	공효 분류	음식재료 명칭
20	보혈(補血)류	시금치, 잣, 돼지 피, 돼지 간, 양 간, 해삼
21	보양(補陽)류	강두(豇豆), 부추, 밤, 호두, 양고기, 개고기, 미꾸라지, 새우
22	보음(補陰)류	여지, 감, 포도, 구기잎, 흰참나무버섯, 싸리버섯[금침고(金針菇)], 참깨, 백설탕, 돼지고기, 닭 간, 오골계, 오리고기, 토끼고기, 계란, 오리알, 개구리, 마합(蚌)

4 사상체질과 식단표

현대사회는 고도로 발달된 서양의 과학문명이 무분별하게 받아들여져 동양의 전통사상에서 출발한 한의학마저도 서양의학의 분류체계를 답습함으로써 동양사상적 특색이 퇴색되고 있는 실정이다. 또한 현대사회의 물질문명이 발달한 것만큼 인체의 질병은 더욱 복잡성을 띠고 있으며, 치료의 수단은 다양해졌지만 불치병은 점점 증가하는 특징을 나타내고 있다.

일찍이 명(明)나라 시대의 명의(名醫) 장경악(張景岳) 선생은 《경악전서(景岳全書)》에서 "병을 진단하고 치료함에 있어 먼저 음양(陰陽)을 구별하는 것이 의도(醫道)의 강령이다. 의도가 비록 복잡하지만 한마디로 나눈다면 음양일 뿐이다. 그래서 징후에 음양이 있고, 맥(脈)에 음양이 있으며 약(藥)에도 음양이 있다. 이러한 이론이 심오하지만 음양을 투철하게 파악했다면 그 절반은 습득한 셈이다."라고 강조하였다.

우리나라에서는 100여년 전 동무(東武) 이제마(李濟馬) 선생께서 음양이론(陰陽理論)을 한층 더 심화시킨 사상의학(四象醫學)을 설파하셨으나, 그 이론이 난해하여 후세의 사상의학 소개서들은 부분적으로 혼란을 가중시켰다고도 할 수 있다. 또한 전문적인 교육을 받은 한의사들조차 그 심오한 뜻을 제대로 이해하지 못해 각인각색의 진단(診斷)을 함으로써 일반인들로 하여금 한의학의 불신을 초래케 하면서 사상의학을 누구나 쉽게 접할 수 있는 의학으로 전락시킨 면이 없지 않다. 따라서 본서에서는 동 · 서양의 철학적 배경에 대한 철저한 이해를 바탕으로 동무 이제마 선생의 심오한 이론을 서양의학(西洋醫學)의 영역으로까지 계승 발전시킨 무이사상학연구소(武夷四象學研究所) 한태영(韓太榮) 소장의 사상체질론(四象體質論)과 식단표를 중심으로 소개한다.

음양(陰陽)은 쉽게 밤과 낮으로 이야기 한다. 또한 해와 달로도 이야기 한다. 사상학에서는 사람을 음인(陰人)과 양인(陽人)으로 나누어 태소음양인(太少陰陽人)을 분류한다. 그런데 사람이란 다양한 성질과 행동으로 표현되기 때문에 체질을 알기가 정말로 어려운 것이 사실이다. 중요한 것은 이러한 성격과 행동 가운데 진정한 체질 분류의 핵심열쇠가 무엇인가를 찾아내는 것이다. 즉, 사람이 할 수 있는 행동 중에도 태음인(太陰人)만이 할 수 있는 행동과 양식이 있고, 태양인(太陽人)만이 할 수 있는 행동이나 마음의 양식이 있는 것이다. 동무(東武)공(公)께서는 이러한 사람의 행태론을 음과 양에서부터 추론하였다. 쉽게 말하면 오그리는 것이 음(陰)이고 펴는 것이 양(陽)이다. 봄과 여름은 천기가 더워지면서 자연은 움추렸던 것을 펴고 활발하게 순환을 하며 움직이게 된다. 가을과 겨울이 되면 천기가 차가워지게 되고 자연은 다시 안으로 수렴(收斂)하고 내장(內藏)하면서 겨울을 지낼 준비를 하게 되는데, 모든 순환은 느려지고 휴식으로 돌아가게 된다. 이러한 휴식과 활동, 한번은 고요하고 한번은 움직이는 것이 태극론(太極論)이다.

인체의 음양은 어디서 생겨나는 것인가. 천지(天地)의 음양은 해와 달에서 비롯된다. 태양에서 나오는 에너지와 달에서 주는 인력이 커다란 음과 양으로 작용하면서 사계를 변화시킨다. 사람의 체내에서는 들숨과 날숨의 호흡이 바로 음양이다.

도가(道家)에서는 호흡을 조절하여 인체의 음과 양을 순환시키고 태식, 복식 등의 선도술을 닦게 하였다. 노자(老子)《도덕경(道德經)》을 보면 '면면약존(綿綿若存)', 즉 호흡을 가느다란 실을 끌고 나가듯이 조심스럽게 끊지 말고 이어서 약하게도 하지 말고 강하게도 하지 않으면서 체내의 음양 두 기운을 다룰 것을 주장하고 있다. 이처럼 음양학(陰陽學)은 춘추시대(春秋時代) 이전부터 깊이 있게 연구되었다.

한의학에서는 약물(藥物)과 침구(鍼灸)의 힘을 빌어 인체를 순환하는 음양의 기운을 조절한다. 넘치는 것은 덜고 모자라는 것은 보태어서 순환이 바퀴가 돌아가게 하는 것이다. 그러나 사상의학은 여기서 한 걸음 더 나아가 사람마다 장부(臟腑)의 크기가 다르고 희노애락(喜怒哀樂)의 성정(性情)이 다르기 때문에 그에 따라 약물뿐만 아니라 수양까지도 음양에 맞추어 장기(臟器)를 보존하는 방법을 설파하고 있다.

문제는 이같이 발전된 형이상학적(形而上學的)인 음양학(陰陽學)을 가지고 구체적인 사람의 체질분류나 병인(病因), 병리(病理), 병증(病證)의 분류에 적용시키는 방법이다. 이 구체적인 방법론이 난해하기 때문에 오늘날 의학도들이 방황하게 되는 것이다.

하지만 사상의학의 분류체계는 이미 양의학(洋醫學)의 신경계나 약물론(藥物論)의 호메오스타

시스[homeostasis : 항상성(恒常性)]를 포괄하고도 남을 만큼 정교한 분류체계임이 입증되고 있다. 이를 정확히 이해하고 적용한다면 결코 서양의학의 객관적인 분류와 한의학이 모순되지 않음을 알 수 있게 된다. 오히려 서양의학의 구체적인 실증체계가 사상의학의 진가를 더욱 밝혀주게 될 것이다. 사상의학의 위대함은 과학사상에서 출발한 서양의학과 만남을 통해서 밝혀지게 될 것이다. 또한 의학을 탐구하고 사람 고치기를 좋아하는 후학들에 의하여서 차츰 그 빛을 드러내게 될 것이다. 따라서 사상의학에 따른 체질적 특성과 그에 따른 식품에 대해 간단히 설명하면 다음과 같다.

이제마(李濟馬) 공(公)께서 창안하신 사상의학은 구한말의 격변기에 탄생하였다. 동무(東武)공(公) 자신이 태양인(太陽人) 체질로서 일반적인 방제(方劑)의 처방으로 병이 낫지 않자 고전을 깊이 연구하였고, 《황제내경(黃帝內經)》이라고 불리는 중국의학의 최초 고전에서 이미 사람의 체질을 태양(太陽) · 소양(少陽) · 태음(太陰) · 소음(少陰)으로 분류하였던 기록을 보게 된 것이다.

이천년 이상의 역사를 가지고 있었던 중국의학은 시작부터 체질의학이 존재하였지만 이를 임상에 응용하고 약물을 규정하지는 못하였다. 주역(周易)에 깊은 이해와 함께 도학적(道學的) 수양이 깊었던 동무(東武)공(公)께서는 문자로만 기술되었던 음양학설(陰陽學說)의 참의미를 깨우쳤기 때문에 생생하게 사상인(四象人)을 묘사하였다. 이는 철학적인 언어 이전에 실사구시의 체험에서부터 이루어진 것이다. 동양학(東洋學)의 뿌리는 음양에 있으며, 음양(陰陽)이란 자연에 존재하는 상대적인 두 힘을 의미한다. 빛과 어두움 그리고 뜨거움과 차가움이 있듯, 만유(萬有)가 이러한 음양을 벗어나지를 못한다.

사상의학은 체질을 태(太) · 소(少) · 음(陰) · 양인(陽人)으로 분류하는데, 이는 춘(春) · 하(夏) · 추(秋) · 동(冬)으로 비유될 수 있다. 폐대간소(肺大肝小)한 체질인 태양인(太陽人)은 봄의 기운을 타고 난 사람이다. 이러한 태양인은 바깥으로 분출하는 힘이 강하기 때문에 의지가 굳고 과단성 있게 일을 추진할 수 있지만 사소한 감정이나 시비에 구애되지 않기 때문에 뭇사람들의 오해를 불러일으킬 때가 많다. 봄의 연초록처럼 이상을 꿈꾸기 때문에 현실적이지 못한 단점이 있지만 자신의 세계를 구축하고 연구하고 발명하는 독창적인 생활방식을 가지고 있다. 고개를 항상 멀리 들기 때문에 앞날을 헤아릴 수 있는 식견을 가질 수 있는 것이 태양인의 장점이다. 목이 강하고 허리가 약하며 열격(噎膈)반위(反胃)나 해역증(咳逆證)이라는 독특한 질환을 가지고 있는데, 이는 오늘날의 뇌종양(腦腫瘍)과 유사한 증상으로 보인다.

사람의 숫자가 드물기 때문에 크게 거론되지는 않지만 오가피(五加皮), 모과(木瓜), 머루, 다래 등 신맛이 나는 식품들과 해물 중에 조개류, 낙지, 오징어, 문어 등이 태양인(太陽人)에게 유익하다.

사상의학(四象醫學)에서 소양인(少陽人)은 여름체질이라고 볼 수 있다. 만물이 무성해지는 여름은 잎새와 꽃을 달고 한껏 외양을 뽐낸다. 바깥을 꾸미고 수식을 더하는 문화는 소양인의 영역이다. 소양인은 비대신소(脾大腎小)한 특징을 가지고 있다. 비장(脾臟)의 기운이 발달하여 소화흡수가 잘된다. 항상 어깨를 들고 다니고 팔을 많이 흔들기 때문에 이와 연결되어 있는 기관인 비장(脾臟), 오늘날로 말하면 위(胃) 기능이 강하다. 반면에 다리가 가늘고 약하여 허리 무릎병이 많고 방광(膀胱)과 콩팥이 약하다.

매운 것 짠 것을 피해야 하는데 석류(石榴), 구기자(枸杞子), 산수유(山茱萸), 복분자(覆盆子) 등은 한의학에서는 신기(腎氣)를 보하고 요슬(腰膝: 허리와 무릎)을 따스하게 하는 약물로써 소양인에게 도움이 된다. 생선으로는 가자미, 복어, 멍게, 해삼, 병어, 쥐치 등이 좋은데 이 같은 생선은 소음인(少陰人)들이 먹으면 반대로 쉽게 소화하지 못하여 체하거나 설사를 유발한다. 이뇨(利尿)를 돕는 녹차나 야채로는 시원한 오이, 상치, 치커리, 토마토, 가지 등의 식품이 좋고, 뒷다리가 튼튼한 돼지고기를 먹으면 기운이 아래로 내려가서 다리와 무릎이 강해진다. 반면에 닭고기, 계란, 맵고 짠 음식은 피하는 것이 좋다.

새는 날개가 발달되고 다리가 약하다. 각력(脚力)이 약한 특징이 소양인과 같기 때문에 만약 닭고기를 먹으면 음양학(陰陽學)적인 원리로는 기(氣)를 위로 집중시키므로 어깨쪽은 더욱 실해지고 다리쪽은 더욱 약해진다고 볼 수 있다.

짐승도 소양체(少陽體)들은 사자, 호랑이처럼 어깨가 잘 발달된 맹수들인데 소금을 매우 적게 주어야만 고혈압이 발생하지 않는다. 반면에 소양인은 다른 체질에 비해서 지방질 흡수가 잘 안되기 때문에 지방질이 많은 돼지고기를 먹어도 크게 콜레스테롤이 높아지지 않는 신체적 특징을 가지고 있다.

사상의학(四象醫學)에서 태음인(太陰人)은 가을체질이라고 할 수 있다. 상승하는 기운이 멈추고 하강하기 시작하며 나무가 물을 뱉어내는 계절이 가을이다. 이같이 태음인은 간대폐소(肝大肺小)한 특징을 가지고 있다. 태음(太陰)은 안으로 끌어당기고 모으고 수렴(收斂)하는 성격을 지니고 있다. 항상 의젓하고 점잖은 성격을 추구한다. 소양인(少陽人)이 행동을 본다면 태음인은 마음을 관찰한다. 태음인은 한 사람 한 사람 깊이 관찰하여 성품을 이해하고 자신과 어울릴 수 있는 사람을 고르게 된다. 이는 사상학(四象學)에서 인륜(人倫)을 냄새 맡는다고 하였으니 효자와 불효자, 부지런한자와 게으른 사람을 분별한다.

하마나 코끼리는 짐승 중에 태음체(太陰體)인데 항상 고개를 숙이므로 숨이 깊이 들어오고 뿜어 나가지 않는다. 태음인이 나이가 들면 고혈압이 오고 당뇨가 잘 오는데 이는 항상 고개를 떨구어서 숨을 끌어당기기 때문인데, 태음인의 수양은 태양체(太陽體)인 사슴처럼 고개를 들고 목을 흔들어 주는 운동이 필요하다. 간의 기능이 발달하여 흡수를 잘하기 때문에 주식(酒食)을 즐기고 게으른 단점도 있지만 한번 결심을 하면 변함없이 밀고 나가는 꾸준함이 있다.

소화흡수는 잘되지만 폐(肺)가 하는 역할인 순환기능이 약하여서 피부가 약하고 양기(陽氣)가 바깥으로 표출되지 못하여 땀이 나지 않으면서 속이 뜨거워지는 생리적인 특징을 가지고 있다. 그러므로 태음(太陰)은 땀을 내는 것이 내부의 열을 해소시키는 방법이므로 사우나 등이 좋고 운동을 통한 땀은 더욱 좋다.

음식으로는 폐(肺)를 돕는 도라지(桔梗), 은행(白果), 살구, 배 등의 식품들과 케일, 고사리, 미나리 등의 식품 등이 있어 다소 향내가 있고 열(熱)을 발산시켜 장(腸)을 운동시키고 변비를 풀어준다. 특히 칡은 위장(胃腸)의 열을 풀기 때문에 술을 즐기는 태음인에게 매우 좋은 식품이 될 수 있다.

폐의 기능은 두경부(頭頸部)의 혈액순환과 연결되어 있는데 태음인은 두경부(頭頸部) 순환이 약하여 이를 보상하기 위하여 혈압이 쉽게 높아진다. 이는 은행과 같은 말초순환개선제나 연근(蓮根)처럼 혈액을 묽게 하는 식품을 통해서 극복될 수 있다.

사상의학(四象醫學)에서 소음인(少陰人)은 겨울체질이라고 할 수 있다. 신대비소(腎大脾小)한 특징을 타고 났는데 비장(脾臟) 기능인 소화기능이 약한 반면에 신(腎) 기능인 배설기능이 강하다. 나

무의 양분이 뿌리로 돌아가듯이 소음인은 어깨가 약하고 엉덩이가 발달되어 있다. 즉, 신(腎) 기능이 발달되어서 출산을 잘하고 다산을 하지만 팔힘이 약해서 들고 다니는 것을 싫어하고 팔을 많이 흔들지 않아 비(脾) 기능이 약해서 소화흡수가 잘 안된다. 겨울이 꽁꽁 얼어붙어서 움직이지 않듯이 소음인은 거처를 좋아하며 바깥으로 외출을 싫어한다. 한적하고 고요함을 즐기며 자신만의 생각을 정리하고 안정된 바탕을 찾는다. 여름의 무성함이 없기 때문에 항상 빙냉(氷冷)하고 혹독한 겨울에서도 살아남아야 하듯이 소음인은 항상 대처를 하고 저장을 하고 준비를 하는 성격이 있다. 만약 소음인에게 이러한 안심할 수 있는 길이 보이지 않으면 불안정한 마음이 패기를 꺾어서 여러 가지 병근(病根)을 키울 수 있다. 너무 정확한 성격이고 자존심이 강하기 때문에 겉으로 표현을 하지 못하고 안으로 상처가 깊을 수가 있는데, 암환자들의 대다수가 소음인인 것은 이러한 소음인의 표출하지 못하는 성격 때문이라고 본다. 그러므로 소음인은 겨울의 특징을 벗으려면 맵고 짠 음식을 즐겨서 몸에 불을 지피고 물을 당겨야 한다. 바다물고기는 항상 소금물을 먹지만 붓지 않는 이유는 몸에서 항시 소금기가 빠져나가기 때문이다. 반면에 소금과 반대되는 포타슘(potassium : 칼륨)을 받아들인다. 자연에서 겨울은 나무가 부러지고 꺾여진다. 이는 수분이 마르기 때문이다. 이같이 소음인의 신체적 생리는 항상 소금기가 달아나기 때문에 혈액량이 줄어들어 왕성한 활력을 가지기가 어렵다. 그리하여 맵고 짠 음식으로 불기운을 돕고 혈액량을 늘리면 평소에 저리고 쥐나고 어지럽고 하는 소음인들의 무기력감이 극복될 수 있다.

인삼(人參)은 소화를 돕고 눈을 밝게 하며 생강, 파, 마늘 등의 향신료가 지방질 소화를 돕는다.

위장(胃腸)이 약한 경우에는 옻이 좋고 땀을 쉽게 흘리는 경우는 열이 많아서가 아니고 허약한 증상으로 판단되므로 황기닭 등을 권한다. 과일 종류는 냉한 성질이 많아서 크게 도움 되는 것이 없지만 귤이나 복숭아 등은 해롭지 않다. 육류는 닭고기, 염소고기, 개고기 등을 권하는데 이는 열물이어서 소화를 돕는다. 당귀(當歸)나 황기(黃芪) 등은 기혈(氣血)을 보하는 데 좋은 식품이고 쑥이나 달래 등 매운맛이 있는 식품은 자궁을 덥게 하여서 부인과 질환에도 유효하다. 그리고 항상 운동이나 목욕을 통해서 수분이 탈수가 되면 소금을 조금 보충해 주어야만 회복될 수가 있다. 사우나에서 많은 땀을 흘리면 쉽게 소금이 빠져나가서 심장박동이 빨라지는 부담이 된다. 조금 맵고 짜게 먹음으로써 소화불량이나 가스가 차는 것을 극복하고 눈이 밝아지고 기운이 생겨날 수 있다.

[표10] 사상체질(四象體質)에 좋은 식품(몸에 좋은 음식)

태양인 (太陽人)	메밀, 현미, 팥, 감자, 붉은 호박, 부추, 상치, 오이, 더덕, 김, 오징어, 문어, 사과, 배추, 골뱅이, 도미, 우럭, 성게알, 잉어, 붕어, 새우, 송이버섯, 향버섯(능이), 감, 후추, 올리브, 감식초, 다래, 키위, 사과, 포도, 머루, 코코아, 커피, 곶감, 초콜릿, 포도주, 솔잎, 모과, 오가피, 옥수수, 땅콩, 양송이, 민어, 식초
소양인 (少陽人)	보리, 녹두, 참깨, 오이, 상치, 우엉, 호박, 두릅, 당근, 질경이, 숙주나물, 청포묵, 완두콩, 치커리, 토마토, 딸기, 바나나, 파인애플, 돼지고기, 소라, 감자, 멍게, 해삼, 굴, 녹차, 다슬기(올갱이), 전복, 맛살(조개), 낙지, 겨자, 가자미, 광어, 복어, 쥐치포, 맥주, 알로에(제품화되지 않은 것), 가지, 비늘 있는 생선류, 느타리버섯, 팽이버섯
태음인 (太陰人)	율무, 콩, 밀가루, 수수, 연근, 토란, 도라지, 취나물, 무, 콩나물, 된장, 두부, 콩비지, 머위, 고구마, 케일, 다시마, 고사리, 양파, 토란, 쇠고기, 명태, 고등어, 가재, 게, 여지, 꽁치, 등푸른생선, 대구, 두유, 은행, 잣, 살구, 수박, 참외, 배, 밤, 매실주, 고량주, 칡, 오미자, 찹쌀, 표고버섯, 결명자, 사향, 웅담, 녹용, 우황청심환, 일체 유제품(우유, 치즈, 버터)
소음인 (少陰人)	좁쌀, 들깨, 시금치, 깻잎, 달래, 쑥갓, 파, 마늘, 생강, 고추, 피망, 미역, 고춧잎, 쑥뜸, 고들빼기, 쏘가리, 메기, 옻닭, 뱀장어, 멸치, 갈치, 참치, 닭고기, 계란, 홍어, 연어, 뱀, 가오리, 꿩, 참새, 귤, 오렌지, 복숭아, 유자, 소주, 양주 등, 미꾸라지, 독주, 인삼, 황기, 대추, 생강차, 계피차, 꿀, 로얄제리, 개고기, 음식을 약간 짜고 맵게 먹어서 소화력을 돋우어야만 눈이 밝아지고 원기가 생김

반룡인수한의원 www.brinsu.com

제6장 약선(藥膳) 요리법

약선(藥膳)은 약식(藥食)과 조리기술이 결합한 것으로 조리의 기술이 약선의 제작에서 차지하는 비중이 큰 것을 알 수 있다.

조리(調理)는 식품재료에 열(熱)을 가해서 맛을 변화시키는 과정으로 요약할 수 있는데 약선의 경우 약의 포제기술(炮製技術)과 조리기술(調理技術), 그리고 현대 과학기술(科學技術)의 결합으로 색(色), 향(香), 미(味), 형태(形態)적인 방면에서 흡인력을 유발시킬 수 있어야 한다.

1 약선요리의 특징

약선식품(藥膳食品)은 약물(藥物)과 음식재료(飮食材料)로 만들어지는 특수한 식품으로 조리과정 역시 약선(藥膳)만의 특징과 품격을 요구하고 있다.

일반적인 음식의 조리과정에서 요구하는 색(色), 향(香), 미(味), 형태(形態)적인 방면 외에 특히 주의해야 할 점은 약선요리 속 약물의 유효성분과 음식재료(飮食材料)의 영양성분이 제대로 발휘되도록 치병(治病)과 보신(補身)의 독특한 효능을 유지시켜야만 "식차약력(食借藥力), 약조식위(藥助食威)"(음식은 약재의 힘을 빌리고, 약재는 음식의 효능을 돕는다)의 효과를 이룰 수 있다.

"약식동원(藥食同源)"의 이론을 이해하면 약물과 음식재료는 모두 한(寒), 열(熱), 온(溫), 량(凉) 등 사기(四氣)와 산(酸), 고(苦), 감(甘), 신(辛), 함(鹹) 등 오미(五味)를 구비하고 있다. 약선(藥膳) 조리(調理)시에는 반드시 "사기(四氣)"와 "오미(五味)"에 근거한 변증시선(辨證施膳)에 주의해야 한다. 특히 약식(藥食)의 공효를 보상한다는 전제하에 미각(味覺)을 동시에 고려해야만 한다.

약선조리(藥膳調理)의 특징은 다음과 같다.

1) 약선(藥膳)의 형식

주로 "탕(湯)"의 형식을 취하고 있다. 이는 약선(藥膳)이 한약의 탕제(湯劑)에서 변화되었으므로 약물과 음식재료를 삶아서 유효성분이 쉽게 용출되어 공효에 상응하는 효과를 얻을 수 있기 때문이다. 예를 들면, 설화계탕(雪花鷄湯), 팔보계탕(八寶鷄湯), 십전대보탕(十全大補湯), 쌍편장양탕(雙鞭壯陽湯) 등이 있다.

2) 약선의 가공방법

일반적으로 약한 불에 오랫동안 삶고(炖), 끓이고(煮), 찌는(蒸) 방법으로 약물이 비교적 긴 시간 동안 가열되는 과정에서 유효성분이 최대한도로 용출(溶出)됨으로써 효과를 증강시키는 것이다.

특히 보약(補藥)류의 약물(藥物)은 대부분 그 성질이 달고(甘) 온(溫)하거나 평(平)한 것이 많아 비교적 장시간 끓이는 것이 좋다.

3) 약선의 맛 조절

성미(性味)와 공효(功效)가 일치한다는 것을 전제로 원재료의 신선도와 맛을 보존할 수 있어야 한다.

불필요한 조미료의 첨가로 맛을 변화시키거나 원래의 신선도를 저하시키지 말아야 한다. 일부 약선의 경우 소금, 후추, 참기름, 기타 조미료 등이 필수적으로 사용되는데, 이때는 대부분 요리가 식탁에 오르기 직전에 첨가한다. 또한 약선의 재료 자체가 자라(鱉), 쇠고기, 양고기, 사슴고기 등처럼 원래 비린내가 있거나 기름기가 많은 경우 재료에 따라 일정한 방법으로 맛을 변화시킬 필요가 있다. 또한 제비집(燕窩)과 해삼(海蔘)처럼 원래 특별한 맛이 없는 약물 또는 음식재료의 경우 반드시 맛을 조절할 필요가 있다.

2 약선요리의 조건

제대로 된 약선요리(藥膳料理)를 만들기 위해서는 먼저 다음 사항을 충족시킬 수 있어야 한다.

1) 약선요리의 전문요리사

약선요리(藥膳料理)를 만드는 사람들은 반드시 한의학의 기본지식과 조리기술을 동시에 습득해야 한다. 약선의 조리기술은 한약재의 포제(炮製)와 음식의 조리기술이 결합된 것이기 때문에 일반적인 조리기술로는 제대로 된 약선요리를 만들 수 없다. 위의 두 가지 측면을 모두 구비해야만 약선조리(藥膳調理)의 수준을 꾸준히 제고시킬 수 있다.

2) 약선요리의 선행조건

약선(藥膳)과 관련한 전문가에 의해 합격 판정을 받은 약물과 음식재료를 규정된 방법에 따라 조리해야 색(色), 향(香), 미(味), 형태(形態) 등의 약선품질을 보장할 수 있다. 그렇지 않으면 약선의 의미가 상실되거나 남용될 수 있다.

3) 약선요리와 위생문제

조리과정에서 반드시 위생법(衛生法)에 준하는 청결과 위생상태를 준수해야 한다. 약선을 이용하는 사람들은 특히 건강하지 않거나 건강문제에 지대한 관심을 갖고 있기 때문에 이를 소홀히 할 경우 약선의 품질과 효과의 하락은 물론 건강에 악영향을 초래할 수도 있기 때문이다.

4) 약선재료의 종합적 이용

약선(藥膳)의 품질을 보장하고 원재료를 충분히 활용한다는 전제하에 약선의 원가를 절감할 수 있는 방법을 찾아 최대한 절약하도록 해야 한다. 약선은 품질에 대한 요구사항이 높은 만큼 재료의 획득단계에서부터 엄격성이 요구된다. 예를 들면, 동물의 머리, 발, 내장, 및 식물(植物)의 뿌리(根), 줄기(莖), 잎(葉), 꽃(花), 열매(果實) 등은 모두 약선에서 부분적으로 사용된다. 따라서 먼저 약선에서 사용하고 남은 부분을 종합적으로 이용할 수 있도록 기타 형식의 약선요리를 개발할 필요가 있다. 또한 약선요리를 만들고 난 뒤의 부산물(副産物)들도 최대한 활용할 수 있도록 노력해야 한다. 예를 들면, 계내금(鷄內金)(닭 모래주머니의 황색 각질의 내막을 벗겨 건조한 것), 별갑(鱉甲:자라의

背甲), 구판(龜板: 남생이의 背甲 및 腹甲) 등은 모두 한방에서 귀중하게 사용하는 약재이다.

3 약선에서 약물과 음식재료를 결합하는 방법

약선(藥膳)은 약물(藥物)과 음식재료(飮食材料)를 사용하여 일정한 방법으로 결합해서 조리하는 것이다. 과거에 민간에서 사용하던 일부 조리법은 단순히 효과적인 측면만 강조하고 색(色), 향(香), 미(味), 형태(形態) 등에서는 크게 고려되지 않았다.

전문적인 약선요리의 제작방법은 전통적인 방법과 민간에서 사용하는 방법 등을 종합적으로 고려한 뒤 최근의 신기술을 적절히 접목시킴으로써 성미(性味), 공효(功效), 색(色), 향(香), 미(味) 및 형태(形態) 등을 고려한 것이다.

약선의 구체적인 조리법은 약물과 음식재료를 동시에 조리하는 방법과 약물과 음식재료를 분리해서 조리한 뒤 다시 섞어서 조리하는 두 가지 방법이 있다.

1) 약물과 음식재료를 동시조리

이 방법은 약물과 음식재료를 동시에 솥에 넣고 조리하는 것으로 일반적인 식이요법(食餌療法)의 가장 전통적인 방법이다. 장점은 비교적 간편하고 약물과 음식재료의 유효성분이 직접적으로 복잡한 상호화학반응을 통해 "식차약력(食借藥力), 약조식위(藥助食威)"(식품과 약물의 상호협조)의 목적을 달성하게 된다. 동시에 일부 지용성(脂溶性) 유효성분의 추출(抽出)이 용이해진다. 또한 요리에서 약재(藥材)가 보이는 것과 보이지 않는 것 두 종류로 구분하고 약재가 보이는 것은 다시 식용(食用) 가능한 약재와 불가능한 약재로 구분한다.

(1) 약재가 보이는 약선

주로 약선 중에서 비교적 귀한 약재 및 신선도나 형태 등이 완전하면서 맛이나 냄새 등에서 특별히 거부감을 초래하지 않는 약재들을 이용할 때 사용한다. 예를 들면, 천마어두(天麻魚頭), 전칠돈계(田七炖鷄), 충초압자(蟲草鴨子) 등의 요리는 약재와 음식재료가 같이 사용된다.

이 방법은 약물과 음식재료의 형태와 청결도 등 위생문제에 대해 특별히 엄격한 기준이 요구된다. 따라서 조리과정에서의 주의점은 아래와 같다.

① **정확한 투입량** : 주로 단일조리법을 사용하게 되는데 반드시 정확한 양을 사용해야만 그 품질을 보증할 수 있을 뿐만 아니라 경제적 가치도 정확한 예측이 가능하다.

② **청결한 위생** : 사용되는 재료는 반드시 이물질을 제거하고 깨끗이 정선(淨選)된 것이어야 한다. 특히 흙, 잔뿌리, 털 등을 철저히 제거함으로써 외관상의 문제도 고려한다.

③ **조리법 준수** : 규범화된 조리법에 따라야 그 효과를 보증할 수 있다.

④ **미관(美觀) 고려** : 요리(料理)가 완성된 후 다시 한번 색(色), 향(香), 미(味), 형태(形態)를 점검함으로써 효과를 높인다.

(2) 약재가 보이지 않는 약선

약물과 음식재료를 함께 조리하는 약선 중에서도 일부는 미관을 고려하여 음식에 약재가 보이지 않게 조리한다. 예를 들면, 십전대보탕(十全大補湯), 팔보계탕(八寶鷄湯) 등은 조리과정에서 약물과 음식재료가 충분히 결합되어 "선차약력(膳借藥力)"(약선에 약의 효력이 흡수됨)이 된 후에 약찌거기를 제거하는 방법을 말한다. 이러한 방법은 약물의 조성이 비교적 많거나 이상한 맛이나 색깔 등으로 거부감을 초래하는 약재를 사용할 때 주로 사용한다. 이러한 종류의 약선요리는 다음과 같다.

① 재료 투입시 약재를 별도의 주머니에 넣어 조리 전에 음식재료와 함께 가공한 뒤 함께 조리하는 것이다.

② 조리과정에서 약성(藥性)이 음식재료 또는 국물 속에 용출(전출:煎出)된 것을 확인한 뒤에 약찌꺼기를 제거한다.

③ 약선 제작 후 그릇에 나누어 담아 각자의 취향에 맞게 조미료를 가할 수 있다.

2) 약물과 음식재료를 별도 조리 후 결합

본 조리법은 약선(藥膳) 조리과정에서 먼저 약물과 음식재료를 각각 서로 다른 방식으로 조리한 뒤에 일정한 규정에 따라 조합하는 방법이다. 장점으로는 약선에 사용되는 재료의 량(量)이 정확하고 품질이 안정적이며, 조리법도 해당 약재에 가장 적합한 것이며 동시에 대량 생산에도 적합하다는 점이다.

구체적인 제조방법은 다음과 같다.

(1) 약선재료 중 천궁(川芎), 숙지(熟地), 오초사(烏梢蛇) 등 거부감을 유발시키는 냄새, 맛, 색 및 형태를 갖고 있는 것이다.

(2) 약선요리 중에 포함된 약재가 지나치게 많은 것으로, 예를 들면 부과보건탕(婦科保健湯), 십전대보탕(十全大補湯), 팔보계탕(八寶鷄湯) 등이 있다.

(3) 약선요리 중에서 약물과 음식재료를 반드시 다른 방법으로 조리해야만 하는 재료로, 예를 들면 두충요화(杜仲腰花) 중의 두충(杜仲), 수오간편(首烏肝片) 중의 하수오(何首烏), 산사핵도차(山楂核桃茶) 중의 산사(山楂) 등이다.

① 약즙의 추출

약선에 사용되는 약물을 현대의 과학적인 방법으로 유효성분을 추출해서 미리 준비한다. 일반적으로 단미(單味)로 사용되는 약재의 경우는 단미로 추출하며, 복방(複方)을 사용하는 약재는 혼합추출의 방식을 사용한다. 동시에 추출하는 약물의 성질과 함유하고 있는 유효성분의 차이는 각각 상응하는 용매(溶媒)와 추출방법을 사용하여 필요한 양(量)만큼의 약즙(藥汁)을 미리 준비한다.

② 음식재료의 조리

약물과 음식재료를 별도 조리 후 결합하는 약선에서는 한약재는 보이지 않고 음식재료만 볼 수 있는 경우가 많다. 따라서 음식재료의 조리방법은 약재의 성질에 대한 제한을 받지 않으므로 다양한 변화가 가능하다.

먼저 음식재료를 간단히 가공한 뒤에 음식재료에 필요한 조리방법으로 조리를 진행한다. 이때 중점적으로 고려해야 할 부분은 약선의 색(色), 향(香), 미(味), 형태(形態) 등이다.

예를 들면, 두충요화(杜仲腰花)의 경우 조리법은 주로 볶는 것(炒)인데 두충(杜仲)의 경우 짧은 시간 볶아서는 그 약효(藥效)가 쉽게 전출(煎出)되지 않고 또한 약재 자체를 식용(食用)할 수 없다. 따라서 먼저 두충(杜仲)의 약즙을 추출한 뒤에 적당량을 요화(腰花)에 섞어 볶는 방법을 사용해야 한다.

③ 약물과 음식재료의 결합

약즙을 추출하고 음식재료를 조리하여 일정한 순서에 따라 배합해서 약선을 완성한다.

ㄱ. 조리 전에 약즙을 섞음 : 음식재료에 약즙을 섞은 후 조리해서 약선(藥膳)을 완성시키는 방법이다. 예를 들면, 정향압(丁香鴨), 진피계(陳皮鷄), 옥죽심자(玉竹心子) 등이 있는데, 간수를 사용하기 전에 먼저 약즙을 이용해서 음식재료를 60% 정도 익힌 뒤 다시 간수를 솥에 넣어 완성시킨다.

ㄴ. 조리 중에 약즙을 섞음 : 음식재료를 조리하는 과정 중에 약즙을 함께 넣어 완성한다. 예를 들면, 취피선사(翠皮鱔絲), 수오간편(首烏肝片) 등은 모두 조리과정 중에 약즙을 넣고 조리한다.

ㄷ. 조리 후에 약즙을 섞음 : 음식재료를 조리한 뒤에 직접 약즙을 섞어 약선을 완성시키는 방법이다. 예를 들면, 오계백봉탕(烏鷄白鳳湯), 설화계탕(雪花鷄湯) 등은 모두 음식재료에 대한 조리가 완성된 뒤에 일정량의 약즙을 섞어 완성한다.

4 약선의 형태와 맛의 조절

약선은 단순한 한약이 아니라 약재의 공효와 동시에 식용으로 가능한 특수한 식품이다. 따라서 약선의 조리과정 중에 약선의 형태와 맛의 조절문제는 약선의 공효(功效)가 아무리 좋아도 색(色), 향(香), 미(味), 형태(形態) 등에서 식욕을 일으키지 못한다면 약선 본래의 효과를 발휘하기 어렵다. 따라서 약선의 조리과정에서 식욕의 중요성을 고려해서 그 형태와 맛에 특별한 주의를 필요로 한다.

1) 약선의 형태

약선의 형태는 3단계로 구분할 수 있는데, 조리 전의 기본 형상(形狀)과 조리 중의 가공 형상(形狀), 그리고 조리 후의 형상(形狀)으로 나눌 수 있다.

(1) 조리 전의 기본 형상

약선의 원료를 조리하기 전에 먼저 약선요리(藥膳料理)의 형태를 구상하는 단계로 기본형(基本

形)이라고도 한다. 이 단계에서는 원료의 모양을 결정해야 한다. 편상(片狀), 사상(絲狀), 또는 분말(粉末)로 하거나 잔털을 처리해야 하고 칼을 사용하는 방법에 따라 모양이 변하므로 닭이나 오리 또는 어류(魚類)를 전체적으로 사용할 경우에도 복개(腹開) 방식에 따라 약선의 기본적인 형상이 결정된다.

(2) 조리 중의 가공 형상

조리를 진행할 때 반드시 고려해야 할 점은 약선요리 완성 후의 형상으로 조리과정에서 그 형태를 연상하면서 조리에 임해야 한다. 특히 가금류(家禽類)나 채소류 등은 조리과정에서 그 형태가 변하기 쉽다. 그러므로 이 과정에서는 불의 세기를 잘 조절하는 것이 중요하다.

(3) 조리 후의 형상

조리를 완성한 뒤의 약선은 반드시 정형(整形) 과정을 거쳐야 한다. 이는 위의 두 가지 항목을 기초로 다시 한번 완성품을 대상으로 정형하는 것으로 주로 접시, 국물, 색깔, 기름기 등 전반적인 부분을 점검해야 한다. 따라서 약선요리의 형태, 색깔 및 용기의 조화가 가장 중요한 단계이다.

2) 약선의 맛 조절

약선의 맛을 조절하는 것은 3단계로 구분할 수 있는데, 가공 초기 약재와 음식재료 원래의 신선한 맛을 유지하는 단계와 가공 중간에 비린내와 노린내를 제거하는 단계, 그리고 약선의 형태를 완성한 뒤에 보조적으로 맛을 조절하는 단계로 나눌 수 있다.

(1) 가공 초기에는 약재의 청결성과 음식재료의 신선도가 보장되어야 하며, 조금이라도 이상이 있는 것은 사용을 금해야만 약선의 미관과 맛을 보장할 수 있다. 따라서 가공 초기에 반드시 원재료의 신선도를 확보하는 데 세심한 주의를 기울여야 한다.

(2) 약선의 가공 중간에 양고기와 쇠고기의 누린내와 비린맛 등을 제거하기 위해 생강, 파, 후추, 산초나무 열매(花椒) 등을 가미하는 것과, 개고기나 사슴고기를 삶을 때 측백나무(柏木)를 넣

음으로써 비린내나 누린내 등을 제거하는 방법 등과 같이 다양한 재료에 대해 각종 조미료를 적당히 이용해 맛을 변화시키는 것을 말한다.

(3) 약선을 완성한 후에도 맛의 조절이 필요하다. 이는 주로 약선 제조과정에서 조미료를 첨가할 경우 약선의 효과가 감소될 위험이 있는 종류에 사용한다.

5 약선의 조리방법

약선의 조리방법은 약선의 특징에 따라 결정된다. 약선의 형식은 주로 탕위주이기 때문에 약재와 음식재료 원래의 신선도와 맛을 유지시키는 데 주력해야 한다. 약선의 조리방법은 돈(燉), 민(燜), 외(煨), 자(煮), 오(熬), 초(炒), 로(鹵), 작(炸), 소(燒), 죽(粥), 음료(飮料) 등 12종류가 있다.

1) 돈법(燉法 : 약한 불에 장시간 고는 방법)

돈법(燉法)은 약물과 음식의 원료를 동시에 또는 약간의 시차를 두고 솥(일반적으로 철제와 알루미늄류를 제외한 질그릇 류)에 넣은 뒤 적당량의 물과 조미료를 넣고 화력이 센 불(武火)에 끓이기 시작하여 거품이 나면 거품을 제거한 뒤 약한 불(文火)에 오랜 시간 조리하는 방법이다. 돈법은 일반적으로 보약류(補藥類)의 약선에서 상용되는 방법으로 가장 간단한 방법 중 한 가지이다.

돈법의 구체적인 조리방법은 먼저 원료를 물이 끓는 솥에 넣고 데쳐서 피(血) 찌꺼기와 비린내 및 누린내 등을 제거한 뒤 장시간 고을 솥에 옮겨 넣는다. 사용되는 약재는 면으로 된 자루에 넣거나 스테인리스로 된 찜통 쟁반에 얹은 뒤에 맑은 물에 잠시 담갔다가 솥에 넣어 다시 적당량의 생강, 파, 후추 및 맑은 물 등을 넣고 먼저 화력이 센 불로 끓어오르게 한 뒤 거품을 제거하고 불을 약하게(文火, 小火, 細火) 하여 고기가 무르도록 장시간 곤다. 일반적으로 돈법을 이용할 때 시간은 약 2~3시간 정도이며, 돈법을 이용한 약선의 특징은 음식이 부드럽고 약선(藥膳) 고유의 맛을 느낄 수 있는 것이다. 예를 들면, 설화계탕(雪花鷄湯), 십전대보탕(十全大補湯) 등이 있으며, 돈법 중에는 "격수돈법(隔水燉法)" 도 있다.

2) 민법(燜法 : 약한 불로 뜸들이듯 볶거나 삶는 방법)

민법(燜法)은 먼저 약물과 음식재료를 기름에 살짝 볶은 다음 즙(汁)을 넣고 약한 불에 바삭하도록 조리하는 방법이다. 구체적인 조리방법은 먼저 원료를 깨끗하게 씻은 다음 작은 조각으로 썰어 솥에 넣고 60% 정도 익었을 때 식용유로 볶은 뒤 다시 약물(藥物), 조미료(調味料), 탕액(湯液) 등을 넣고 뚜껑을 닫은 뒤 약한 불로 익힌다.

민법으로 조리한 약선의 특징은 바삭한 맛, 진한 즙, 뛰어난 맛 등으로 조행민계(棗杏燜鷄)와 삼기압조(蔘耆鴨條) 등이 있다.

3) 외법(煨法 : 약한 불에 굽거나 부드럽게 만드는 방법)

외법(煨法)은 약한 불 또는 여열(餘熱)을 이용해 약물과 음식재료에 비교적 장시간 가열해서 조리하는 방법으로 다음 두 종류가 있다. 첫째는 약물과 음식재료에 대해 일정한 포제(炮製)를 진행한 뒤 질그릇에 넣고 조미료와 일정량의 물을 넣어 장시간에 걸쳐 천천히 부드럽게 만드는 방법이다. 외법으로 만든 약선의 특징은 국물이 진하고 걸쭉하며 맛이 좋다. 두 번째 방법은 일반적으로 민간에서 많이 사용하는 방법으로 약물과 음식재료를 먼저 일정한 방법으로 처리한 뒤에 활엽수잎이나 눅눅한 종이에 싸고 방금 태운 초목(草木)의 재 속에 묻어서 그 여열(餘熱)을 이용해 익힌다. 이 방법은 비교적 긴 시간이 걸리며 중간에 몇 차례 재를 덮어서 일정한 온도를 유지해야 한다. 예를 들면, 천초외리(川椒煨梨), 황정외주(黃精煨肘) 등이 있다.

4) 증법(蒸法 : 찌는 방법)

증법(蒸法)은 수증기를 이용해서 가열시켜 조리하는 방법이다. 그 특징은 100℃가 넘는 고온을 이용하며 원래의 형태를 비교적 완벽하게 보존할 수 있는 장점이 있다. 조리방법은 약물과 음식재료를 일정한 규정에 따라 포제(炮製) 가공(加工)한 뒤에 그릇, 쟁반, 또는 질그릇 등에 넣고 조미료와 탕액(湯液), 맑은 물(때에 따라서는 탕액이나 물을 넣지 않을 수 있다)을 넣고 수증기를 이용하여 찐다. 이때 불의 세기는 원료의 성질에 따라 결정된다. 예를 들면, 수증기로 쪄 냈을 경우 모양이 무르지 않는 약선의 경우 센 불을 이용할 수 있으나, 약선요리가 일정한 형태의 유지를 요구하는 경우는 중간 세기의 불로 천천히 쪄야만 원래의 형태와 색 등이 유지될 수 있다. 증법의 종류도 구체적으로 분증(粉蒸), 포증(包蒸), 봉증(封蒸), 구증(扣蒸), 청증(淸蒸) 및 기과증(汽鍋蒸) 등으로 세분한다.

5) 자법(煮法 : 짧은 시간동안 삶거나 끓이는 방법)

자법(煮法)은 약물과 식물재료를 탕즙(湯汁)이나 맑은 물에 넣고 화력이 센 불로 끓어 오르게 한 뒤 다시 약한 불로 자숙(煮熟)시키는 것을 말한다. 구체적인 조리방법은 약물과 원료에 대해 초보적인 가공을 마친 뒤에 솥에 넣고 조미료와 함께 적당량의 탕즙 또는 맑은 물을 넣어 센 불로 끓어오르게 한 뒤 다시 약한 불로 익히는 것이다. 본 방법은 재료의 크기가 비교적 작고 연한 원료에 많이 사용된다. 자법의 약선요리는 맛이 담백하고 신선하며 돈법(燉法)보다 조리 시간이 짧다. 예를 들면, 석곡화생(石斛花生) 등이 있다.

6) 오법(熬法 : 돈법(燉法)보다 오래 끓여서 걸쭉한 죽처럼 조리하는 방법)

오법(熬法)은 약물과 음식재료에 대해 초보적인 가공을 한 뒤에 솥에 넣고 맑은 물을 부어 화력이 센 불로 끓어오르게 한 뒤 다시 약한 불로 오랫동안 삶아 재료가 걸쭉한 죽처럼 물러지도록 조리하는 방법이다.

구체적인 조리방법은 먼저 원료를 물에 불려 이물질을 제거한 뒤 깨끗이 씻어 작은 조각으로 썬 다음 맑은 물과 함께 솥에 넣고 조미료를 가미(加味)한다. 화력이 센 불로 끓어오르게 한 뒤 거품을 제거하고 약한 불로 걸쭉한 죽처럼 될 때까지 고아낸다. 오법의 조리시간은 돈법보다 훨씬 길어 일반적으로 3시간 이상 소요되며 주로 아교질(阿膠質)이 풍부한 재료를 요리할 때 사용하며, 오법으로 요리한 약선의 특징은 걸쭉한 국물과 진한 맛이다. 예를 들면, 빙당은이(氷糖銀耳) 등이 있다.

7) 초법(炒法 : 볶는 조리법)

초법(炒法)은 먼저 약물에서 일정 비율의 약즙을 추출한 뒤에 음식재료와 함께 섞어 볶는 방법이다. 구체적인 조리방법은 먼저 약즙과 음식재료를 섞거나 약즙을 직접 솥에 넣거나 약선이 완성된 뒤에 약즙을 섞는 등의 방법이 있다. 볶을 때는 먼저 솥에 예열(豫熱)을 가하고 알맞은 온도로 유지시킨 뒤 음식재료를 넣는다. 조리과정에서 국자 또는 주걱 등으로 뒤집어야 하는데, 이때는 동작이 민첩해야 하고 요리된 것은 즉시 내려놓아야 한다. 일부 맛도 좋고 신선해서 직접 식용할 수 있는 약재는 음식재료와 동시에 볶을 수도 있다. 그러나 향기가 진한 방향성(芳香性)의 약재는 대부분 요리를 시작하는 시점에서 약즙을 가미(加味)해야만 그 향과 맛을 보존할 수 있다. 초법은 일반적으로 생초(生炒), 숙초(熟炒), 활초(滑炒), 건초(乾炒) 등 4종으로 세분한다.

8) 노법(鹵法 : 소스로 삶는 것)

노법(鹵法)은 음식재료를 간단히 가공한 뒤 먼저 일정한 방식에 따라 약물과 결합시킨 뒤에 노즙[鹵汁:육수, 술(黃酒), 팔각회향, 계피 등으로 만든 액체]을 섞어 중간 불로 가열시켜 노즙이 서서히 침투해 들어가도록 조리하는 방법이다. 노법으로 조리한 약선의 특징은 맛과 향이 좋다는 것이다.

9) 작법(炸法 : 기름에 튀기는 방법)

작법(炸法)은 화력이 센 불에 많은 기름을 넣고 튀기는 방법을 말한다. 일반적으로 소요되는 기름의 양은 튀김재료의 몇 배에 해당한다. 구체적인 조리방법은 먼저 튀길 약재와 음식재료를 준비한 뒤에 솥에 적당량의 식용유를 넣고 열을 가한 뒤에 약물과 음식재료를 넣어 센 불로 튀긴다. 이때 화력이 너무 세면 튀김이 검게 탈 수 있음에 주의해야 한다. 좋은 향과 바삭바삭한 식감이 작법의 특징이며, 약물과 음식재료의 특징에 따라 청작(淸炸), 건작(乾炸), 연작(軟炸), 수작(酥炸) 등으로 세분한다.

10) 소법(燒法)

소법(燒法)은 일반적으로 먼저 음식재료를 살짝 볶거나 끓임 또는 튀겨낸 뒤에 맛과 색을 조절해서 한약재나 국물 또는 맑은 물을 넣는다. 먼저 화력이 센 불(武火)로 끓인 다음 약한 불(文火)로 천천히 데쳐 맛이 스며들도록 익혀서 국물이 걸쭉하도록 만드는 방법이다. 소법으로 조리한 약선은 국물이 걸쭉하면서 신선한 맛을 유지한다. 예를 들면, 삼기홍소웅장(蔘杞紅燒熊掌) 등이 있다. 조리 시 주의할 점은 조리과정에서 국물이나 맑은 물을 더할 때 반드시 한번에 적당량을 가함으로써 국물이 모자라거나 넘치지 않도록 신경써야 한다.

11) 죽법(粥法)

약죽(藥粥)은 약선의 중요한 부분이다. 《본초강목(本草綱目)》에서 소개한 약죽도 수십 종에 달하며 《죽보(粥譜)》에서 소개한 약죽(藥粥)은 200여 종에 달한다. 이들 약죽은 대부분 약선 매뉴얼의 이론에 충실한 것으로 엄선된 약재와 곡류들로 만들어진다. 특히 질병에서 회복 중인 신체 허약자에게 몸조리에 가장 이상적인 조리법이며 동시에 일부 질병에 대해서는 직접적인 치료 또는 보조작용을 한다.

약죽의 특징은 흡수가 빨라 비위(脾胃)를 손상시키지 않으며, 제자법이 비교적 간단해서 남녀노소 누구에게나 잘 어울리고 장복할 경우 신체의 신진대사를 원활하게 유지시켜 건강증진을 도모할 수 있다. 약죽의 품종만큼이나 그 공효 역시 다양하다. 약죽의 제작방법은 다음 두 종류로 구분할 수 있다.

(1) 약물과 곡물을 동시에 끓임

이 방법은 앞에 소개한 약물과 음식재료를 동시에 조리하는 방법과 유사한 방법으로 주로 식용 가능한 약재와 곡물류를 동시에 솥에 넣고 조리한다. 이러한 종류의 약죽은 효과가 확실할 뿐만 아니라 죽의 색과 형태면에서도 약죽 고유의 특색을 유지시키는 장점이 있다. 예를 들면, 연실죽(蓮實粥), 의인조죽(薏仁棗粥) 등이 있다.

(2) 약물과 곡물을 나누어서 조리하는 방법

이 방법은 구체적으로 다음 두 종류로 나누어진다.

① 약즙(藥汁) : 먼지 약물에서 진한 즙(汁)을 추출한 뒤에 다시 곡물과 끓여 죽을 만드는 방법이다. 이 방법으로 조리하는 것은 "즙자죽(汁煮粥)"과 "죽참즙(粥滲汁)" 두 종류가 있다. "즙자죽(汁煮粥)"은 먼저 약물에서 즙을 추출한 뒤에 다시 곡물류와 동시에 끓여 죽을 만드는 방법으로 주로 직

접 식용할 수 없는 약재 또는 곡물류와 동시에 끓이기에 부적합한 약재를 조리할 때 사용한다. 예를 들면, 감자죽(甘蔗粥), 죽엽죽(竹葉粥) 등이 있다.

죽참즙(粥摻汁)은 먼저 곡물류를 끓여 죽을 만든 뒤에 약물의 즙을 추출해서 다시 약즙을 섞는 조리법으로 주로 신선하고 부드러운 약즙에 사용한다. 예를 들면, 생지황죽(生地黃粥) 등이 있다.

② **분말(粉末)** : 약재(藥材)로 분말을 만든 뒤 죽 위에 뿌리거나 섞어 약죽(藥粥)이 걸쭉하게 되도록 조리하는 것을 말한다. 주로 오래 끓일 수 없는 약재 또는 식용이 가능한 약재에 사용한다. 예를 들면, 필발죽(蓽撥粥) 등이 있다.

12) 약선음료(藥膳飮料)

약선(藥膳) 중의 음료는 일반적으로 물, 술 및 당분 등을 원료로 제조해서 약물의 유효성분과 기타 유효성분 등이 함유된 액체상태를 말한다. 그 중 특히 물을 용매(溶媒)로 사용한 보건음료(保健飮料)와 술을 용매(溶媒)로 사용한 약주(藥酒)가 대표적이다.

(1) 보건음료(保健飮料)

약물과 물, 그리고 당분 등을 원료로 제조된 것으로 일정한 보건(保健) 및 치료작용(治療作用)을 하며 동시에 해열(解熱) 및 갈증(渴症) 해소 등의 작용을 한다.

구체적인 제조방법은 먼저 약재를 깨끗이 씻어 적당한 크기로 분쇄한 뒤에 맑은 물로 끓여 내거나 뜨거운 물에 담그는 방법 또는 증류법(蒸溜法) 등을 이용해서 약즙을 추출한다. 다시 여과과정을 거친 뒤 당분(糖分)이나 꿀 등의 조미료를 넣어 완성시킨다. 예를 들면, 쌍화음(雙花飮), 오신탕(五神湯) 등이 있다.

(2) 약주(藥酒)

약물을 고량주(高粱酒)에 침윤(浸潤)시켜 제작한다. 주로 술의 힘을 이용해 약성을 전신 각 부위에 고르게 전달하는 역할을 하여 각종 신경통 및 기혈(氣血)의 순환장애 등에 사용한다. 구체적인 제조방법은 먼저 약물을 적당한 크기로 분쇄한 뒤에 고량주에 넣고 침전시키거나 여과시키는 방법 또는 기타 적당한 방법을 이용해서 일정한 시간 이후 여과시켜 약주를 완성시킨다. 일부 제조방법은 여과시킨 뒤 설탕이나 꿀 등을 가미하기도 한다.

현재 약선 전문식당에서 대부분 사용하는 방법은 약물을 술에 담그는 방법을 사용하고 대량 생산하는 공장에서는 주로 침전(沈澱) 후 여과법(濾過法)을 사용한다. 예를 들면, 인삼구기주(人蔘枸杞酒), 삼사주(三蛇酒) 등이 있다.

제2부
각론

제7장 병증약선(病證藥膳)

1 감 기

감기회복에 있어 음식조절은 매우 중요한 요소이다. 인체는 바이러스에 감염된 뒤 병원체의 독소에 저항하기 위해서 각종 대사활동을 항진(亢進)시키므로 대량의 에너지를 소모하게 된다. 이때 부족한 에너지를 보충하기 위해서는 반드시 충분한 휴식과 음식의 섭취가 필요하게 된다. 또한 바이러스에 감염된 뒤 인체 내의 비타민은 급격히 감소하여 비타민의 섭취가 무엇보다 중요하다. 비타민 A는 인후(咽喉), 비강(鼻腔), 폐부(肺腑)의 점막을 증강시켜 주고, 비타민 C는 아드레날린의 합성에 관여하게 된다. 감기에 걸렸을 때는 특히 비타민 C를 보충해야 한다. 일반적으로 비타민 A가 풍부한 야채는 유채, 시금치, 상추, 부추, 당근 등 녹황색 야채들이고, 비타민 C가 풍부한 야채는 녹황색 야채 이외에 숙주나물, 콩나물, 소귀나무 열매(楊梅), 고추, 레몬, 포도, 유자 등이다.

마늘은 옛날부터 감기치료의 특효 식품으로 사용되어 왔다. 마늘에는 바이러스를 억제하는 강력한 힘이 있어 마늘을 복용하는 과정 중에 그 유효성분은 인후(咽喉)와 비강(鼻腔) 등의 세균이나 바이러스가 소재한 점막부위에 병원체를 억제시키고 기침과 담 등을 경감시킨다. 마늘을 하루에 2~3개 복용하면 효과를 볼 수 있으며 식초, 파, 생강 등 매운 조미료를 사용함으로써 식욕 증진뿐만 아니라 발한작용까지 증진된다. 일반적으로 가벼운 감기의 경우 생강탕(生薑湯) 정도만 복용해도 효과가 있다. 식초, 레몬즙, 매실 등 신맛의 식품들은 식욕을 증진시키는 작용이 있어 적당한 조화가 필요하다. 또한 소량의 음주도 때로는 식욕을 증진시키고 한기(寒氣)의 제거에 도움을 주는데, 옛날에는 계란과 고량주로 만든 단주(蛋酒)를 감기치료제로 사용하기도 했다.

감기에 걸렸을 때는 다음과 같은 음식의 섭취를 금하는 것이 좋다. 오리고기, 돼지고기, 양고기, 개고기, 자라, 마합[방(蚌)], 식초, 감 등의 식품은 외감(外感) 질병에 해당하는 감기의 치료원칙[소산해표(疏散解表)]에 배치되기 때문이다.

또한 흡연은 호흡기의 점막을 자극함으로써 기침을 가중시키고 담량(痰量)을 증가시키면서 위장(胃腸)에 자극을 초래하므로 절대적으로 금해야 된다. 이밖에 추위로 인한 감기의 경우 목욕 등을 자제하며 최대한 몸의 보온에 신경써야 병(病)이 심해지는 것을 방지할 수 있다.

생강국화죽(生薑菊花粥)

효능

소풍(疏風), 산한(散寒), 명목(明目), 해독(解毒), 풍한(風寒) 감기로 인한 두통, 어지러움증, 안구 충혈, 가슴 답답함 등을 호소하는 환자용으로 사용한다.

재료

국화(菊花:乾品) 6g, 생강(生薑) 25g, 멥쌀 150g, 백설탕 15g, 물 1500ml

조리법

01 마른 국화를 깨끗이 씻고, 생강은 씻어 자르고, 멥쌀을 깨끗하게 씻는다.

02 국화, 생강, 멥쌀 및 물 1500ml을 넣어 죽을 끓인다.

03 죽에 설탕을 넣어 한소끔 끓인다.

방풍죽(防風粥)

효능

풍한(風寒)에 의한 감기몸살, 즉 오한(惡寒), 발열(發熱), 두통(頭痛), 코막힘, 콧물, 기침, 묽은 가래, 무한(無汗), 무갈증(無渴症) 등의 증상에 좋다.

재료

방풍(防風) 15g, 총백(葱白) 2뿌리(뿌리를 포함한 파의 밑부분), 생강(牛薑) 10g, 멥쌀 100g, 물 1250ml

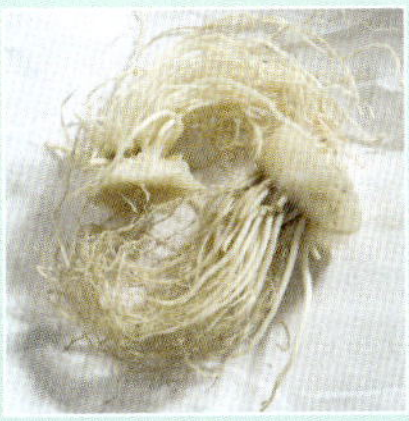

조리법

01 방풍과 총백을 깨끗이 씻는다. 생강은 씻어 자른다.

02 방풍, 총백, 생강에 물 1000ml를 붓고 끓으면 약한 불에서 다시 10분 정도 더 끓인다.

03 멥쌀과 물 250ml를 더하여 끓여 죽을 만든다.

산사상국차(山楂桑菊茶)

효능

매일 2회에 걸쳐 복용하면 풍열(風熱) 감기, 고혈압, 고지혈증, 현기증 등의 증상에 좋다.

재료

산사(山楂) 20g, 상엽(桑葉:뽕잎) 10g, 국화(菊花:건조국화) 10g, 결명자(決明子) 10g, 물 2000ml

조리법

01 약재를 모두 깨끗이 씻는다.

02 약재에 물 2000ml를 넣어 끓기 시작하면 약한 불에서 1시간 더 끓인다.

2 기 침

마른기침의 경우 가래가 섞여 쉽게 제거되지 않을 때 배, 무, 꿀, 목이버섯, 백합 뿌리 및 비파엽 등을 이용할 수 있다. 비파엽의 경우 잎에 있는 작은 털을 제거한 뒤 차로 음용하거나, 습성(濕性)이 있는 기침과 가래에는 진피(陳皮)와 유자(柚子) 등을 식용할 수 있다.

몸에 열이 있으면서 가래가 황록색일 때를 일반적으로 열성기침(熱咳)이라 하는데, 이때는 무, 동과, 배, 미역류, 비파엽 및 감 등 차가운 성질의 음식을 식용할 수 있다. 무의 경우 생것을 썰어 직접 먹는 것이 익혀 먹는 것보다 효과가 좋다.

만약 몸이 차가우면서 자주 추위를 타고 묽은 가래가 있을 경우 한방에서는 한성(寒性) 기침으로 분류한다. 이때 적합한 것은 마늘, 생강, 파, 진피(陳皮), 은행, 호두 등이며, 특히 약간의 생강을 썰어 따뜻한 물에 타서 마시는 것도 좋은 방법이다. 은행은 기침과 천식의 치료에 사용되지만 날것을 식용할 경우 현기증이나 경련 등을 유발시킬 수 있어 반드시 불에 굽거나 삶아야 한다. 성인의 경우 하루에 10개, 소아의 경우는 5개 정도가 적당하다.

쉽게 담(痰)이 생기는 환자나 열이 나는 환자의 경우 돼지고기를 과식할 경우 담(痰)이 생길 수 있어 가급적이면 피하는 것이 좋으며 담이 많은 환자의 경우 해삼도 과식하지 말아야 한다. 천식이 있거나 자주 기침을 하는 사람이 생선회를 먹게 되면 발열(發熱), 담(痰), 구토(嘔吐) 등의 증상을 유발시킬 수 있다. 불에 익힌 경우는 생선회보다는 안전하지만 역시 소량이 안전하며, 이밖에 찹쌀과 죽순도 천식과 기침을 가중시킬 수 있어 피하는 것이 좋다.

산약행인죽 : 산약행인호(山藥杏仁糊)

효능

행인(杏仁)은 성질이 따뜻(溫)하면서 약간의 독성이 있고, 특히 기침과 천식을 멎게 해주며 대변을 수월하게 하는 효능이 있다. 산약(山藥)은 비(脾)와 폐(肺)를 보하면서 신(腎)의 정기를 보해주는 효능이 있다. 특히 가래와 기침이 있는 환자가 따뜻하게 식용하면 좋고 만성기관지염의 환자에도 좋은 효과가 있다.

재료

산약(山藥:마) 500g, 옥수수 250g, 행인(杏仁 : 살구씨) 100g, 매회 꿀 10g

조리법

01 산약의 외피를 제거한 뒤 삶아서 다진다.

02 옥수수를 깨끗이 씻어 향기가 날 때까지 볶아 분말을 만든다.

03 행인을 깨끗이 씻어 볶아서 외피를 제거한 뒤 분말을 만든다.

04 위의 3종 분말을 골고루 섞는다. 삶은 산약, 옥수수 분말, 행인 분말에 물을 넣어 죽을 끓인다.

05 죽에 10g의 꿀을 넣고 복용한다.

상엽사삼리파차(桑葉沙蔘梨杷茶)

효능

약즙을 매일 1첩씩 3~5일 정도 따뜻하게 복용하면 양음윤조(養陰潤燥), 지해(止咳), 건조한 사기(邪氣)로 인한 마른기침, 갈증, 설홍소태(舌紅少苔), 맥세(脈細) 등의 증상에 좋다.

재료

상엽(桑葉) 12g, 남사삼(南沙蔘) 12g, 배 1개, 자비파엽(炙枇杷葉) 12g, 물 1000ml

조리법

01 배를 깨끗이 씻어 작은 조각(2×2×2cm)으로 자른다.

02 배와 나머지 약재에 물 1000ml를 넣고 끓으면 약한 불로 20분 정도 더 끓여 찌꺼기를 제거한 차를 만든다.

감초행인죽 : 감초첨행죽(甘草甛杏粥)

효능

매일 1첩을 아침, 저녁으로 약 1주일간 복용하면 폐의 기능을 윤활(潤滑)하게 하면서 기침과 가래를 멈추게 한다. 오랜 기침과 가래로 인해 숨이 가쁘고 설태가 엷은 백색을 띠면서 맥이 약한 사람들에게 좋다.

재료

감초(甘草) 10g, 행인(杏仁 : 살구씨) 12g, 멥쌀 60g, 물 900ml

조리법

01 감초에 물을 500ml를 넣고 센 불에서 물이 끓으면 약한 불에서 20분간 달여 찌꺼기를 제거한 약즙을 만든다.

02 행인과 멥쌀을 씻은 후 물 400ml를 넣어 죽을 만든다.

03 죽이 완성될 시점에 감초즙을 넣어 더 끓여 완성한다.

3 인후염(咽喉炎)

인후염 환자는 일상생활 중에 균형잡힌 음식의 섭취가 특히 중요하다. 가능하면 담백하면서 즙이 많은 각종 신선한 야채나 과일위주로 섭취함으로써 폐(肺)와 위(胃)의 열을 내리면서 음액(陰液)을 보충하고 허열(虛熱)을 식힐 수 있는 음식(飮食)들이 좋다.

예를 들면, 감람(橄欖), 곶감의 흰 가루, 무화과, 올방개, 박하(薄荷), 반대해(胖大海), 나한과(羅漢果), 딸기, 석류(石榴), 무, 동과(冬瓜), 감, 배, 비파, 사탕수수, 미나리, 비름나물, 나팔꽃나물, 쑥갓, 시금치, 가지, 죽순, 수세미, 다시마, 김, 오이, 두부, 상추, 마합[방(蚌)], 우렁이, 백합(百合), 서양삼(西洋蔘), 맥문동(麥門冬) 등이다.

금기 음식으로는 맵고 자극성이 강한 음식으로 식물의 속성상 온열(溫熱)한 음식과 튀긴 음식, 그리고 기름기가 많은 느끼한 음식들이다. 예를 들면, 팝콘, 개고기, 양고기, 닭고기, 거위고기, 귤, 용안육(龍眼肉), 부추, 고추, 후추, 계피(桂皮), 소회향(小茴香), 인삼(人蔘), 생강(生薑), 파, 마늘, 정향(丁香), 양파, 참죽나무, 갓, 산초나무 열매, 여지(荔枝), 앵두, 대추, 돼지비계, 새우, 해삼, 황기(黃芪), 자하거(紫河車), 동충하초(冬蟲夏草), 담배, 고량주, 식혜 등이다.

감초길경박하죽 : 감길박하죽(甘桔薄荷粥)

효능

하루 1~2회 차갑게 복용하면 몸의 풍열(風熱)을 제거하면서 인후(咽喉)가 원활하도록 돕는다. 특히 풍열로 인해서 인후가 붓고 아프면서 두통과 눈의 충혈이 있는 환자에게 적합하다.

재료

감초(甘草) 6g, 길경(桔梗) 10g, 건박하(乾薄荷) 15g(또는 生薄荷 30g), 멥쌀 100g, 올리고당 10g, 물 2000ml

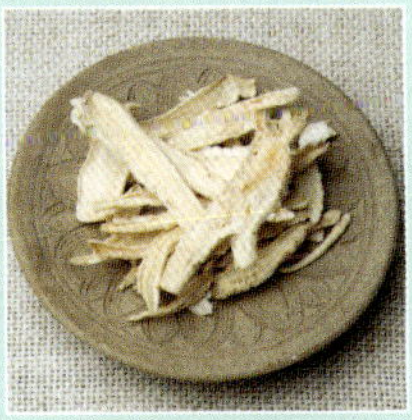

조리법

01 감초, 길경, 박하를 깨끗이 씻어 물 1000ml를 넣어 약한 불에서 1시간 끓여서 약즙을 만든다.

02 멥쌀에 물 1000ml를 넣어 죽을 만드는데 죽이 완료될 시점에 약즙을 넣어 다시 2~4차례 끓어 오르면 식힌다.

03 기호에 따라 올리고당을 넣는다.

금은화국화차 : 방역청인차(防疫淸咽茶)

효능

열을 내리면서 해독작용이 있어 만성인후염(慢性咽喉炎)에 적합하다.

재료

금은화(金銀花) 15g, 국화(菊花) 10g, 판람근(板藍根) 20g, 맥문동(麥門冬) 10g, 길경(桔梗) 15g, 감초(甘草) 3g, 차엽(茶葉) 6g, 꿀 소량

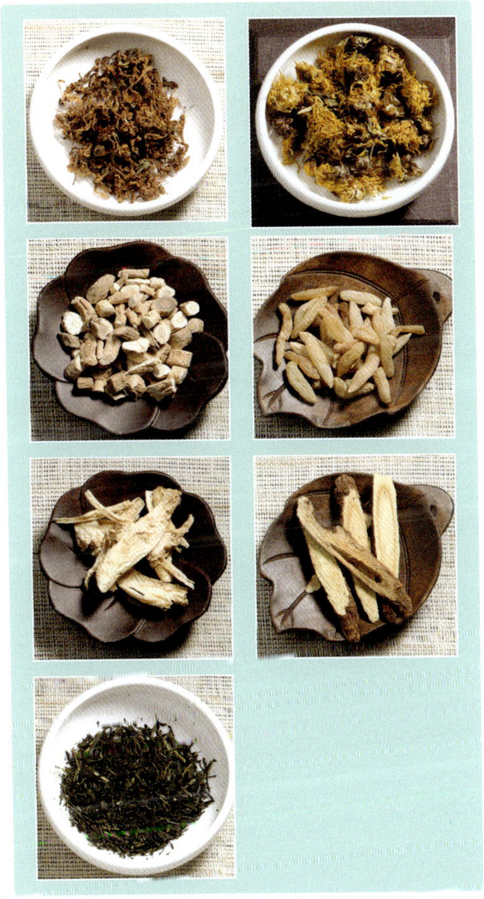

조리법

01 재료를 모두 분말로 만든 뒤 잘 섞어서 매회 3g씩 하루에 1~2회 정도 차처럼 마신다.

02 기호에 따라 꿀을 넣는다.

쌍근대해차(雙根大海茶)

효능

열을 내리고 해독(解毒)을 시키며 인후(咽喉)가 원활하도록 돕는다. 특히 만성인후염(慢性咽喉炎)으로 인해 인후 통증이 심한 환자에게 좋다. 하루 1첩 분량으로 음용한다.

재료

판람근(板藍根) 15g, 산두근(山豆根) 10g, 감초(甘草) 10g, 반대해(胖大海) 5g

조리법

01 씻은 약재를 보온병 속에 넣고 뜨거운 물을 부은 뒤 뚜껑을 닫고 20분 정도 후에 차처럼 마시면 된다.

02 또는 깨끗이 씻은 약재를 모두 넣고 물 1000ml를 넣어 센불에서 끓으면 약한 불에서 30분 동안 끓여 마신다.

4 기관지염(氣管支炎)

기관지염의 환자들은 음식으로 영양을 보충하고 몸조리하는 것에 특별히 신경을 써야 한다. 기관지염 환자들은 특히 단백질과 비타민을 많이 섭취해야 한다.

만성기관지염의 경우 비교적 장기간 반복적으로 발작하면서 단백질의 소모가 비교적 많다. 만약 단백질이 부족하면 기관지 점막의 회복에 영향을 미칠 뿐만 아니라 체내의 항체와 면역세포의 형성 및 신진대사 활동에도 심각한 영향을 초래한다.

비타민 A와 C는 기관지 점막의 상피세포의 방어능력을 증강시키며 기관지 점액의 정상적인 분비를 유지시켜 준다. 만약 비타민 A와 C가 결핍된다면 기관지 상피세포의 방어능력이 하강되면서 점액의 분비가 억제되고 기관지 섬모의 활동이 약해지면서 감염이 가중되게 된다.

기관지염 환자의 경우 비교적 장시간의 질병으로 인해 지속성 기침과 함께 체질적으로도 비교적 약한 경우가 대부분이다. 따라서 배추, 시금치, 유채, 무, 당근, 토마토, 오이, 능과 등 신선한 야채를 많이 섭취하게 되면 각종 비타민과 무기염(無機鹽)을 공급받을 수 있을 뿐만 아니라 담(痰)을 제거하고 화기(火氣)를 내리며 대변을 수월하게 하는 효과가 있다.

콩으로 만든 제품들은 인체에 필요한 단백질을 함유하고 있어 기관지염으로 인한 인체의 영양 소모를 보충하면서 동시에 담이 쌓여 화기로 변하지 않게 된다.

대부분의 환자는 오랜 질병으로 인해 정기(正氣)가 소모되고 폐(肺)와 비(脾)가 허약하게 된 경우는 평소 폐(肺)와 비위(脾胃) 및 신(腎)을 건강하게 하고, 기(氣)를 잘 순환시키고 담(痰)을 제거시켜 주는 음식, 예를 들면 돼지, 소, 양의 폐, 비파엽(枇杷葉), 귤, 배, 백합(百合), 대추, 연밥(蓮肉), 행인(杏仁), 호두, 꿀 등을 섭취해서 체질의 증강 및 개선을 도모해야 한다.

기관지염 환자는 비린내 나는 수산물과 기름기 많은 음식을 금해야 한다. 예로부터 한의학에서는 "어생화(魚生火), 육생담(肉生痰)"(수산물은 화기를 생성시키고, 육류는 담을 생성시킨다)라는 표현이 있다. 따라서 기관지염 환자의 경우 조기, 갈치, 새우, 게, 살코기 등을 지나치게 섭취하지 말아야 한다. 또한 고추, 후추, 마늘, 파 등 자극성이 있는 음식도 호흡기의 증상을 가중시킬 수 있으며 지나치게 짜거나 단 음식을 피해야 한다.

특히 기관지염 환자의 경우 가장 중요한 것은 흡연을 금하는 것으로, 흡연은 기관지염과 직접적인 상관관계가 있기 때문이다. 매일 20개비의 담배를 피우는 사람의 경우 비흡연자에 비해 약 10배 이상 기관지염에 노출될 위험이 있다.

방풍행인죽(防風杏仁粥)

효능

매일 1첩으로 아침, 저녁 2회에 걸쳐 3일간 따뜻하게 복용하면 효과를 볼 수 있다. 폐(肺)의 기능을 활성화시켜 기침을 멈추게 한다. 특히 풍한(風寒)에 의한 기침으로 오한(惡寒)과 코가 막히고 콧물이 흐르며 설태(舌苔)가 엷은 백색이면서 맥이 부긴맥(浮緊脈)을 나타내는 급성기관지염에 복용하면 좋다.

재료

방풍(防風) 12g, 행인(杏仁) 10g, 파 2뿌리, 멥쌀 50g, 물 500ml

조리법

01 방풍과 행인에 물 500ml를 넣어 약한 불에서 20분간 끓여 약즙을 만든다.

02 멥쌀에 물 250ml를 넣고 끓여 죽이 완성될 시점에 약즙과 파를 넣어 약간 더 끓이면 된다.

국화비파죽(菊花枇杷粥)

효능

아침, 저녁으로 3일간 복용하면 풍열(風熱)로 인한 기침, 발열(發熱), 갈증(渴症) 및 인후통(咽喉痛) 등의 증상이 있고 설태(舌苔)가 엷은 황색이고 맥은 부맥(浮脈) 또는 부삭맥(浮數脈)을 나타내는 급성기관지염에 좋다.

재료

국화(菊花) 12g, 밀자비파엽(蜜炙枇杷葉) 15g, 멥쌀 50g, 물 1500ml

조리법

01 국화와 비파엽을 물 1000ml에 넣고 약한 불에 1시간 끓여서 약즙을 만든다.

02 멥쌀에 물 500ml를 넣어 죽을 만들어 죽이 완성될 시점에 약즙을 넣어 한소끔 끓여 완성한다.

백합호두죽 : 백합핵도죽(百合核桃粥)

효능

폐(肺)와 신(腎)을 보(補)함으로써 숨이 차면서 기침이 나는 증상을 완화시킬 수 있다. 특히 폐(肺)와 신(腎)의 음허(陰虛)로 인한 만성기관지염(慢性氣管支炎)에 좋다.

재료

백합(百合) 30g, 호두 12g, 대추 10개, 멥쌀 50g, 물 500ml

조리법

01 백합은 깨끗이 씻는다.

02 겉껍질을 깐 호두는 뜨거운 물에 넣었다가 속껍질을 벗겨 내고 다진다.

03 백합, 호두, 멥쌀에 물 500ml를 넣어 죽을 끓인다.

5 폐결핵(肺結核)

폐결핵은 일종의 소모성 질병이라 일상생활 중 음식에 특별히 신경을 써야 한다. 약물치료와 고열량, 고단백 및 비타민 함량이 풍부한 음식을 섭취하도록 한다. 예를 들면, 우유, 어간유(魚肝油), 닭, 오리, 수산물, 육류, 해삼, 섭조개, 콩류, 땅콩, 참깨, 호두 및 각종 신선한 과일을 섭취해야 한다.

각혈(咯血) 환자의 경우 가능하면 신선한 연뿌리즙[우즙(藕汁)], 백합련자탕(百合蓮子湯), 흰참나무버섯 등을 달여 복용함으로써 화기(火氣)를 내리고 지혈(止血)시키는 작용을 하도록 한다.

조열(潮熱 : 규칙적인 땀)과 도한(盜汗 : 수면시의 땀) 환자의 경우 오리고기, 자라, 계란, 수세미, 백합, 연뿌리, 사탕수수, 배, 올방개, 산약(山藥), 연밥(蓮肉), 사과 등이 좋다.

기침 환자의 경우 비파(枇杷), 배, 호두, 감, 백합(百合), 무, 두유, 우유 등과 돼지 폐를 함께 사용함으로써 "이장보장(以臟補臟)"의 효과를 기대할 수 있다.

폐결핵 환자의 경우 흡연, 음주 및 맵고 자극성 있는 음식을 금해야 한다. 또한 고추, 생강, 양파, 부추, 개고기, 돼지머리, 수탉, 새우, 게 등의 담(痰)을 생성시키고 화기(火氣)를 일으키는 음식을 금해야 한다.

천패자라탕 : 천패갑어(川貝甲魚)

효능

음액(陰液)과 폐(肺)를 보(補)하는 효능이 있다. 음허(陰虛)로 인한 기침, 호흡곤란, 미열, 수면 중의 땀흘림 등의 증상이 있는 환자에게 좋으며, 일반인도 식용할 경우 폐결핵을 예방할 수 있다.

재료

자라 1마리, 천패모(川貝母) 5g, 닭고기 육수 1000ml, 청주, 소금, 산초나무 열매, 생강, 파 등 저당량

조리법

01 자라를 잘 씻어서 내장과 피를 제거한 후 자라육을 1×1×1cm 크기로 자른다.

02 닭고기 육수와 파를 제외한 나머지 재료를 넣고 1시간 정도 끓인다.

03 파를 넣어 한소끔 끓여서 완성한다.

백급자라탕 : 백합별육탕(百合鱉肉湯)

효능

매일 또는 격일로 하루에 2~3회씩 약 3개월간 장복하면 폐결핵(肺結核) 중 음액(陰液)이 부족함으로 인해 발생하는 각종 기침, 가래, 토혈(吐血) 등의 증상에 효과가 있다.

재료

백합(百合) 15g, 백급(白及) 30g, 지골피(地骨皮: 구기자나무 뿌리) 12g, 생지(生地) 30g, 지모(知母) 15g, 자라육 200g, 소금 10g

조리법

01 백급을 제외한 나머지 약재를 깨끗이 씻어 물 2000ml를 넣고 약한 불에서 1시간 끓인다.

02 자라고기를 썰어 약즙에 넣고 고기가 연하게 될 때까지 고아 낸다.

03 백급은 분말을 만들어 소금 10g과 함께 위의 탕에 넣고 걸쭉하게 될 때까지 끓인다.

마늘백부죽 : 대산백부죽(大蒜百部粥)

효능

폐결핵(肺結核) 기침 및 수면 중의 땀 흘림 증상에 좋다.

재료

자피마늘(외피가 붉은색) 30g, 백부(百部) 20g, 멥쌀 50g, 물 1350ml

조리법

01 백부에 1000ml의 물을 넣고 약 30분간 약한 불에서 끓인 뒤 약 찌꺼기를 제거한다.

02 약즙에 멥쌀과 물 350ml를 더 넣고 죽을 만든다.

03 죽이 완성될 시점에 마늘을 넣고 5분 정도 더 끓인다.

6 고지혈(高脂血)

고지혈증 환자의 음식은 정상체중을 유지할 수 있도록 해야 한다. 일반적으로 음식을 절제하면서 적당한 운동으로 체중을 줄임으로써 고지혈증을 개선시켜 나가는 것이 합리적이다.

고지혈증 환자에게 적합한 음식은 담백한 채소위주로 육류를 약간 곁들이는 것이 좋다.

채소류에서는 곡물류(穀物類), 건과류(乾果類), 두류(豆類) 및 각종 콩 가공제품 등이 좋으며, 육류로는 수산물 및 일부 동물의 살코기를 소량 섭취함으로써 단백질 등 필요한 영양소를 보충하면서 고지혈증의 개선을 유도할 수 있다. 하지만 고지혈증 환자가 장기간 채식만 할 경우 단백질 등의 영양소가 결핍되므로 주의해야 한다. 따라서 고지혈증 환자는 각종 콩제품, 살코기, 껍질을 제거한 가금류, 수산물 등을 적당량 섭취하여 필요한 단백질을 보충해야 한다.

고지혈증 환자에게는 야채기름이 적합한데, 예를 들면 콩기름, 유채기름, 참기름, 옥수수기름, 미강유(米糠油) 등이 있으며, 돼지기름, 닭기름, 오리기름 등 동물성 지방은 적합하지 않다. 또한 유지(油脂) 성분이 풍부한 버터, 크림, 치즈 등이 첨가된 식품도 좋지 않다.

고지혈증 환자에게 적합한 당류(糖類)는 흑설탕, 옥수수당, 꿀 등이며, 백설탕은 적합하지 않다. 어떤 경우에도 당류를 과다 섭취하지 않도록 하며 일반적으로 전체 열량 중 55~60% 범위가 적당하다. 당을 비교적 많이 함유한 케이크, 캔 식품 등을 금하고 특히 우유나 콩물 등을 마실 때 설탕을 넣지 않도록 습관화시켜야 한다.

고지혈증 환자가 반드시 금기해야 할 사항은 폭음, 폭식, 기름기 많은 음식, 콜레스테롤이 높은 음식 및 고지방의 음식을 금하는 것이다. 예를 들면, 돼지고기, 양고기, 개고기 등의 비계 및 내장 등이다. 이들 식품은 엄격히 제한해야 하며, 그렇지 않을 경우 고지혈증을 개선할 수 없다. 또한 고지혈증 환자는 술, 담배를 끊어야만 정상상태로의 회복에 유리하다.

죽순꿩고기냉채 : 동순폭계편(冬笋爆鷄片)

효능

신(腎)의 정기(精氣)를 보하면서 혈압 및 고지혈증(高脂血症)을 하강시킨다. 따라서 각종 유형의 고지혈증 환자에게 적합하다.

재료

꿩고기 150g, 죽순(竹筍) 75g, 오이 100g, 당근 100g, 배 100g, 겨자 20g, 식초 25g, 설탕 10g, 소금 7.5g, 간장 2g, 얼레짓가루(生粉) 1g, 잣 3g

조리법

01 꿩고기를 덩어리째 삶아서 폭 1.5cm, 가로 5cm, 두께 3mm 크기로 썬다.

02 죽순과 오이, 당근, 배 역시 깨끗이 씻어 같은 크기로 썰고, 오이와 당근을 얼음물에 담가서 싱싱하게 해 놓는다.

03 겨자를 미지근한 물에 되게 개어 매운맛을 낸다.

04 매운맛을 낸 겨자에 소금, 설탕, 식초, 간장, 얼레짓가루를 넣어 겨자소스를 만든다.

05 재료들을 차게 준비하였다가 그릇에 담고, 겨자소스에 고명으로 잣을 올린다.

결명수오상택차(決明首烏桑澤茶)

효능

매회 50ml씩 1일 3회 약 1개월간 복용하면 각종 고지혈증, 혈압강하, 원활한 배변 및 다이어트 등에 효과가 있다.

재료

결명자(決明子) 100g, 제하수오(製何首烏) 100g, 상기생(桑寄生) 100g, 택사(澤瀉) 100g, 생산사(生山楂) 100g, 꿀 30g, 물 1000ml

조리법

01 약재를 깨끗이 씻어 물 1000ml를 넣어 끓어 오르면 약한 불에서 15~20분 정도 끓인다.

02 약 찌꺼기를 제거하고 2회에 걸쳐 끓인 500ml 정도의 약즙에 꿀을 넣어 음용한다.

산사찰편 : 산사고(山楂糕)

효능

어혈(瘀血)과 담(痰)을 제거하고 혈액순환을 원활하게 함으로써 어혈로 인한 혈액순환 장애형 고지혈증(高脂血症)에 효과가 있다.

재료

산사분(山楂粉) 250g, 의이인분(薏苡仁粉) 100g, 찹쌀가루 250g, 설탕 100g, 소금 3g, 물 20ml

조리법

01 찹쌀은 깨끗이 씻어 물에 12시간 정도 담궜다가 건져서 소금을 넣고 빻아 체에 내린다.

02 찹쌀가루에 물 20ml를 넣어서 체에 한 번 더 내린다. 설탕을 25g 넣어서 고루 섞는다.

03 약재 분말에 나머지 설탕 75g을 넣어서 고루 섞는다.

04 떡찜기에 찜기 밑을 깔고 약재 분말을 한켜 놓고, 그 위에 찹쌀가루를 3cm 두께로 켜켜로 번갈아 넣어서 센 불에서 찌다가 김이 오르면 약 15~20분 정도 쪄 낸다.

7 당뇨병(糖尿病)

질병의 고통에서 벗어나기 위해서는 어떤 질병이든 양호한 음식습관이 중요한데 이는 건강한 사람도 예외가 아니다. 특히 당뇨병 환자의 경우 음식에 특별한 주의를 요하게 되는데, 합리적인 식습관은 당뇨병의 악화를 방지하며, 비교적 초기 당뇨병 환자인 경우 약물치료보다 식이요법(食餌療法)이 더욱 중요하다.

초기 당뇨병 환자가 음식조절에 성공할 경우 정기(正氣)를 보(補)함으로써 신체의 면역기능을 증강시켜 각종 질병으로부터의 저항력을 증강시키며 합병증의 발생을 예방할 수 있다.

당뇨병 환자는 1일 총열량을 조절해야 하는데 이는 환자의 체중과 표준체중 및 병의 정도를 근거로 산출한다. 즉, 병이 중(重)한 성인비만 환자일 경우 하루에 500kcal 정도를 감소시킨다. 몸이 마른 편인 환자는 하루의 총열량을 높여야 한다. 총열량을 조절한다는 전제하에 탄수화물, 단백질 그리고 지방 등의 섭취량간에는 적당한 비율을 유지시켜야 한다. 아동, 임신부, 수유자, 마른 사람 또는 소모성 질환을 앓고 있는 사람의 경우 단백질의 비율을 적당히 증가시켜야 한다. 특히 마른 체형의 환자는 지방의 섭취량을 적당히 증가시켜야 한다.

당뇨병 환자의 경우 저지방 음식, 달지 않은 음식 및 염분이 적은 음식을 섭취함으로써 체중, 혈당, 혈압, 고지혈 및 혈액의 점도 등을 낮출 수 있다.

당뇨병 환자가 과일을 섭취할 경우는 환자 상태와 과일의 당량을 고려해서 과일을 섭취해야 한다. 만약 당뇨병의 혈당(血糖), 뇨당(尿糖)이 조절되지 않고 높은 상태에서는 과일을 섭취하지 않는 것이 좋다. 중증(重症)일 경우 과일을 많이 섭취하면 상황을 악화시킬 수 있다. 만약 평소 환자가 과일을 좋아하고 병의 상황이 비교적 잘 조절되고 있을 경우 적당량의 과일 섭취는 가능하다. 또한 과일을 식사하기 1시간 전에 섭취하면 과일 속의 과당이 음식과 완충작용을 하므로 유리하다.

당뇨병 환자는 소금을 철저히 제한해야 한다. 많은 연구 결과에서 나타난 것처럼 염분은 전분효소의 활성을 증가시키고 소장(小腸)의 포도당 흡수작용을 촉진시켜 혈중 당의 농도를 증가시킴으로써 병을 악화시킬 수 있기 때문이다. 만약 장기간 과다한 염분을 섭취했을 경우 고혈압으로 이어질 수 있고 이는 당뇨병과 심혈관계 질환의 합병증을 가속화시킬 수 있는 요인이 된다. 따라서 당뇨병 환자는 반드시 염분섭취량을 조절하며 일반적으로 1일 5g 이하를 권장하고 있다.

음주와 흡연 역시 당뇨병 환자가 금기해야 할 부분인데 장기간 음주를 즐긴 사람의 경우 당뇨병은 여러 방면에 영향을 미치게 된다. 과음(過飮)은 고지혈을 유발시키고 영양결핍을 초래하기도 하며 간장에 좋지 않은 영향을 주어 다양한 합병증을 유발시켜 당뇨병을 제어할 수 없게 만든다.

돼지내장죽 : 저이갱미죽(猪胰粳米粥)

효능

한의학의 전통 이론인 "이장보장(以臟補臟)"의 원리에 따라 당뇨병의 보조치료제로 사용할 수 있다.

재료

돼지 췌장 1개, 멥쌀 100g, 생강, 소금, 참기름 약간, 물 1000ml

조리법

01 돼지 췌장을 깨끗이 씻어 삶아서 잘게 썬다.

02 씻은 멥쌀에 물 1000ml를 넣어 죽을 만든다.

03 죽이 완성될 때 잘게 썬 췌장, 생강, 소금 및 참기름을 넣고 걸쭉하게 끓인다.
위의 분량을 하루 한 그릇씩 1~2회에 걸쳐 2일간 복용한다.

구기산약차 : 구기화분산약음(枸杞花粉山藥飮)

효능

간(肝)과 신(腎)을 보하고 진액을 생성시킴으로써 갈증을 멎게 해준다. 당뇨병 환자의 식욕부진, 이명(耳鳴), 시력저하, 허리와 무릎의 통증 등과 함께 입이 마르고 갈증이 나면서 설태(舌苔)는 없이 혀가 붉고 맥이 세(細)한 경우에 효과가 좋다.

재료

구기자(枸杞子) 30g, 천화분(天花粉 : 하늘타리 뿌리) 30g, 산약(山藥 : 신선한 마) 120g, 물 1000ml

조리법

01 산약을 깨끗이 씻어 찐다.

02 구기자와 천화분에 물 1000ml를 넣어 센 불에서 끓기 시작하면 약한 불에서 30분간 끓인 뒤, 약 찌꺼기를 버리고 약즙을 만든다.

03 약즙과 함께 산약을 복용하는데 위의 분량을 하루 양으로 계산하여 1개월간 복용한다.

둥글레매실차 : 옥죽오매차(玉竹烏梅茶)

효능

음액(陰液)을 보충해 줌으로써 진액(津液)의 생성으로 갈증이 멎는다. 따라서 당뇨병 환자 중 중소(中消 : 과도한 음식섭취자)형의 환자에게 적합하다.

재료

옥죽(玉竹 : 둥글레) 9g, 북사삼(北沙蔘) 9g, 석곡(石斛) 9g, 맥문동(麥門冬) 9g, 대오매(大烏梅) 5개, 물 2000ml

조리법

01 약재를 깨끗이 씻어 물 2000ml에 넣어 1시간 동안 끓인 뒤, 약 찌꺼기를 제거하고 약즙을 만든다.

02 만든 약즙을 차처럼 마신다.

8 관상동맥경화증(冠狀動脈硬化症)

고지방(高脂肪) 음식 및 당(糖) 함량이 많은 음식들은 동맥혈관벽에 콜레스테롤의 침적(沈積)을 촉진시킬 수 있어 동맥경화증을 가속화시키므로 특별히 주의해야 한다.

가급적 야채와 과일 등 주로 담백하고 소화가 잘되는 음식위주로 섭취해야 하며 하루 중 식사는 소식다찬(少食多餐)의 습관이 중요하고 특히 저녁식사량을 적게 함으로써 심장의 부담을 경감시킬 필요가 있다.

관상동맥경화증(冠狀動脈硬化症) 환자의 전반적인 식이요법(食餌療法)은 열량의 균형을 유지하고 이상적인 체중을 유지하며, 지방과 콜레스테롤 및 탄수화물의 과다한 섭취를 제한하고 비타민 또는 식이섬유의 섭취를 증가시켜야 한다. 따라서 관상동맥경화증(冠狀動脈硬化症) 환자의 경우 잡곡류, 야채, 각종 호박류, 과일 및 콩 종류 등의 음식을 자주 섭취할 필요가 있다. 이들 식품의 식이섬유는 콜레스테롤을 흡착시키는 작용이 있어 콜레스테롤이 장점막에 흡수되지 못하고 대변으로 배설되는 것을 가속화시킴으로써 혈중 콜레스테롤의 함량을 감소시킬 수 있다. 대두단백질 및 각종 콩제품을 많이 섭취할 경우 콜레스테롤의 함량을 낮추는 데 유익하다. 이밖에 환자는 양파, 마늘, 표고버섯, 검은목이버섯, 다시마, 김 등의 식품을 섭취하는 것이 좋다.

관상동맥경화증(冠狀動脈硬化症) 형성의 원인 및 그 특징에 따라 환자가 금해야 할 음식물은 각종 동물의 지방 및 비계, 뇌, 척수, 내장, 계란 노른자, 어란(魚卵), 연체류 및 패각류 등이며 이밖에 술과 진한 차(濃茶) 등이 있다. 술의 경우 알코올 함량이 높을수록 심장박동을 증가시키면서 혈청 중의 지단백(脂蛋白)을 증가시켜 관상동맥경화증(冠狀動脈硬化症)을 가중시킬 수 있다. 진한 차의 경우 과다한 카페인 함량으로 인해 대뇌(大腦)를 흥분시켜 수면에 영향을 초래함으로써 관상동맥경화증 환자에게 불리한 요인을 제공할 수 있다.

또한 흡연 역시 심근경색(心筋硬塞)과 중풍의 중요 요인이므로 절대적으로 금연해야 한다. 알코올 함량이 낮은 술을 즐기는 소량의 음주는 혈액의 순환과 기혈(氣血)의 조화를 촉진시킬 수 있다.

원호산사주(元胡山楂酒)

효능

양기(陽氣)를 소통시키고 어혈(瘀血)과 담(痰)을 제거함으로써 기(氣)의 순환을 원활하게 하여 어혈(瘀血)과 기체(氣滯) 및 담(痰)이 뭉쳐 가슴이 답답한 관상동맥경화증(冠狀動脈硬化症) 환자에게 적합하다.

재료

원호(元胡) 50g, 산사(山楂) 50g, 단삼(丹蔘) 50g, 과루인(瓜蔞仁) 30g, 해백(薤白) 10g, 소주 1000ml

조리법

01 약재를 깨끗이 씻어 물을 뺀다.

02 약재를 술에 넣고 밀봉한 뒤 20일 후부터 복용한다.
매일 10ml씩 2~3회 복용하거나 약간의 통증이 발생할 때 수시로 복용할 수 있다.

산사쇠고기탕 : 산사돈우육(山楂炖牛肉)

효능

기(氣)와 혈(血)을 보(補)하면서 어혈(瘀血)을 제거함으로써 심장의 통증을 호소하는 관상동맥경화증(冠狀動脈硬化症) 환자에게 적합하다.

재료

산사(山楂) 15g, 홍화(紅花) 6g, 대추 10개, 숙지(熟地) 6g, 쇠고기 200g, 당근 200g, 청주, 파, 생강, 소금 적당량

조리법

01 산사를 깨끗이 씻어 씨를 제거하고 홍화를 씻어 이물질을 제거하며 숙지를 적당한 크기로 자른다.

02 쇠고기를 깨끗한 상태에서 끓는 물에 살짝 데쳐 약 3×3cm 정도로 납작하게 썰고 파와 생강을 잘게 썬다.

03 쇠고기, 청주, 소금, 파, 생강을 솥에 넣고 물 1000ml를 넣어 중불에 20분 정도 끓인 뒤 다시 1000ml의 물을 넣고 끓으면 당근, 산사, 홍화, 숙지 등을 넣고 약한 불로 50분 정도 더 끓인다.

04 매일 1회 50g 정도의 쇠고기를 식용하고 당근 및 국물은 수시로 복용한다.

해백죽 : 해백갱죽(薤白粳粥)

효능

매일 1첩으로 아침, 저녁 2회에 걸쳐 식용하는 방법으로 10일간 지속하면 기(氣)의 순환이 원활해지고 담(痰)이 제거되면서 탁한 담으로 인한 관상동맥경화증(冠狀動脈硬化症) 환자에게 효과가 있다.

재료

해백(薤白) 15g, 파 6g, 멥쌀 50g, 물 600ml

조리법

01 해백과 파를 깨끗이 씻어서 잘게 썰어 둔다.

02 해백, 파에 물 600ml를 넣고 약즙을 만든다.

03 약즙에 멥쌀을 넣고 함께 끓인다.

9 고혈압(高血壓)

고혈압 환자는 가능하면 콩기름, 땅콩기름, 유채유, 참기름 등 식물성 기름을 사용하고 동물성 지방은 제한해야 한다. 또한 적합한 음식으로는 돼지 살코기, 거위 살코기, 요구르트, 수산물 등과 토마토, 시금치, 유채, 배추, 상추, 귤, 대추, 레몬 등 비타민 C가 풍부하게 함유된 식품을 섭취하는 것이 좋다. 이밖에 미나리, 당근, 올방개, 오이, 바나나, 수박 등은 혈압강하와 고지혈증(高脂血症) 해소에 유리하며 전분, 좁쌀, 수수, 메밀, 두류(豆類) 및 가공품은 복합당류(複合糖類)로서 단당류(單糖類)보다 좋다.

고혈압 환자는 정제된 쌀과 면보다는 현미, 잡곡, 옥수수 등의 섭취가 좋으며 요리에 사용하는 당류도 정제당이나 백설탕보다는 흑설탕이나 꿀 등이 좋다.

이렇게 함으로써 신체에 필요한 크롬을 보충할 수 있을 뿐만 아니라 아연, 카드뮴 등의 비율을 개선시켜 동맥경화를 억제시키고, 카드뮴의 축적을 감소시켜 고혈압의 예방 및 치료에 유익하다.

고혈압 환자는 과식과 고열량의 식품(고지방, 고열량, 고콜레스테롤 식품)을 피해야 정상적인 체중과 혈압을 유지하는 데 유리하다. 음주량은 하루 50ml 이내로 제한해야 하며 알코올 함유량이 많은 술은 금해야 한다.

현대 의학의 각종 연구보고서에 의하면 염분의 과다 섭취는 특히 노인의 심혈관계와 혈액의 점도를 높이게 되어 고혈압으로 인한 질병의 주요 요인이 될 수 있다. 따라서 일반적인 환자의 경우 혈압을 조절하기 위해서는 하루 염분섭취량을 4g 이하로 제한하는 것이 중요하다.

결명자국화죽(決明子菊花粥)

효능

공복에 하루 2회씩 1주일 정도 복용하면 간(肝)의 열(熱)을 제거하고 음액(陰液)을 보충함으로써 눈이 맑아질 수 있다. 특히 고혈압으로 인한 두통, 어지러움증, 옆구리의 불쾌감 및 통증, 긴망증, 가슴 두근거림 등의 증상에 사용할 수 있다. 현대 의학에서도 결명자와 들국화는 혈압강하작용이 있음을 보고하고 있다.

재료

볶은 결명자(決明子) 15g, 건조 들국화(野菊花) 9g, 멥쌀 50g, 물 1000ml

조리법

01 결명자와 국화를 씻어서 물 1000ml를 넣고 끓인다.

02 물이 끓기 시작하면 약한 불로 15~20분 정도 더 끓여서 약 찌꺼기를 제거하고 약즙을 만든다.

03 약즙에 멥쌀을 넣어 죽을 끓인다.

하고초돼지고기편육 : 하고초보저육(夏枯草煲猪肉)

효능

하고초(夏枯草)는 간(肝)의 열(熱)을 내리게 하면서 막힌 것을 뚫어주는 기능이 있어 혈압강하에 좋으며 돼지고기는 성질이 한(寒)하고 풍부한 동물성 단백질을 함유하고 있어 혈(血)을 보(補)하는 효능이 있다. 따라서 둘을 혼합함으로써 두통, 이명, 갈증, 답답함, 불면증, 충혈, 변비 등 고혈압으로 인한 제반 증상의 환자에게 유효한 역할을 할 수 있으며 특히 저녁 반찬으로 좋다.

재료

하고초(夏枯草) 100g, 돼지목살 500g, 무 100g, 다시마 30g, 대파 50g, 마늘 5쪽, 생강 5g , 흑설탕 10g, 청주 20ml, 진간장 50ml

조리법

01 돼지목살에 하고초, 무, 다시마, 대파, 마늘, 생강, 흑설탕, 청주, 진간장과 함께 돼지고기가 충분히 잠길 정도의 물을 부어 40분 정도 삶는다.

02 익힌 고기는 꺼내어 식힌 뒤 5mm 두께로 썰어 접시에 담고 김치를 곁들인다.

과루해백천마죽(瓜蔞薤白天麻粥)

효능

과루(瓜蔞)는 탁한 담(痰)을 제거하며, 해백(薤白)은 양기(陽氣)를 소통시켜 기(氣)의 순환이 원활하게 되어 전체적으로 기혈(氣血)의 순환을 돕고 간기(肝氣)를 조절해서 고혈압으로 인한 두통, 현기증, 건망증, 가슴 두근거림, 불면증 등의 증상을 완화시킨다.

재료

과루(瓜蔞) 15g, 해백(薤白 : 돌달래 비늘줄기) 15g, 천마(天麻) 10g, 멥쌀 100g, 올리고당 10g, 물 2000ml

조리법

01 과루, 해백, 천마를 깨끗이 씻는다.

02 약재에 물 2000ml를 넣고 센 불에서 끓이다가 끓으면 약한 불에서 1시간 더 끓여 약즙을 만든다.

03 약즙에 멥쌀을 넣어 죽을 만든 다음 올리고당을 넣는다.

10 동맥경화(動脈硬化)

동맥경화(動脈硬化)는 선진국 국민들의 주요 사망원인 중 하나이다. 우리나라도 이미 동맥경화로 인한 사망률이 큰 폭으로 증가하고 있는데, 그 주요 원인으로는 식생활 습관의 변화와 밀접한 관련이 있다.

동맥경화의 예방을 위해서는 표준체중을 유지하는 것이 가장 이상적이다. 만약 표준체중을 초과한다면 섭취하는 열량을 감소시키거나 활동량을 증가시켜야만 한다.

육류나 수산물은 튀김보다는 찌거나 오븐을 이용한 요리가 지방과 콜레스테롤의 섭취량을 낮출 수 있다.

계란 노른자, 동물의 내장 등에는 지방과 콜레스테롤의 함량이 높으므로 과식하거나 자주 섭취하는 것은 좋지 않다. 조리할 때도 동물성 지방이나 버터보다는 식초, 간장, 식물성 기름을 사용함으로써 소화능력도 향상시키고 열량의 섭취도 줄일 수 있다. 또한 치즈, 사탕, 탄산음료, 정제당 등을 가급적 피하고 커피나 진한 차(濃茶) 등 카페인 함량이 높은 음료도 조절하여야 한다. 이러한 음료들은 대뇌, 심장, 순환계통 및 위산의 분비를 자극해서 공복감을 쉽게 느끼게 하므로 카페인 함유 음료보다는 천연과즙, 탈지우유, 물 등이 좋다.

해백산사죽(薤白山楂粥)

효능

매일 1~2회 복용하는 방식으로 1개월간 복용하면 기(氣)의 순환이 원활하지 않거나 어혈(瘀血)이 있는 동맥경화(動脈硬化) 환자에게 좋은 효과가 있다.

재료

해백(薤白) 10g, 산사(山楂) 15g, 멥쌀 50g, 물 1000ml

조리법

01 약재를 깨끗이 씻어 물 1000ml를 넣고 20분간 끓인다.

02 약 찌꺼기를 여과하여 약즙을 만든다.

03 약즙에 쌀을 넣고 죽을 끓인다.

고지혈증개선차 : 소지연맥대차음(消脂軟脈代茶飮)

효능

산사(山楂)는 혈액순환과 함께 막힌 것을 풀어주어 소화를 촉진시키며, 홍화(紅花)는 어혈(瘀血)을 풀어주고 경락(經絡)의 소통을 원활하게 한다. 결명자(決明子)는 간(肝)의 열(熱)을 내려주면서 눈을 밝게 하고 대변이 수월하도록 돕고, 연잎은 습과 탁한 기운을 제거한다. 이러한 약재들의 결합으로 어혈(瘀血)과 탁한 담(痰)을 제거함으로써 기혈(氣血)의 순환이 원활하게 이루어질 수 있도록 한다.

재료

산사(山楂) 15g, 홍화(紅花) 10g, 결명자(決明子) 10g, 하엽(荷葉 : 연잎) 6g, 물 1000ml

조리법

01 약재를 깨끗이 씻은 다음 산사, 결명자에 물 1000ml에 넣고 20분간 끓인다.

02 홍화와 하엽을 넣고 다시 끓여 매일 1첩씩 차처럼 마신다.

하수오미나리죽 : 수오근채죽(首烏芹菜粥)

효능

매일 아침, 저녁으로 복용하면 간(肝)과 신(腎)을 보(補)하고 정혈(精血)이 증진되며 혈압이 내려가는 효과가 있다.

재료

하수오(何首烏) 15g, 미나리(芹菜) 100g, 돼지 살코기 50g, 멥쌀 50g, 소금, 물 1000ml

조리법

01 하수오에 물 1000ml를 넣고 20분간 약한 불에서 끓여 약즙을 만든다.

02 멥쌀과 약즙으로 죽을 만드는데 죽이 완성되었을 때 돼지 살코기, 미나리를 함께 넣어 계속 끓인다.

03 걸쭉하고 부드럽게 되었을 때 소금을 넣어 준다.

11 류머티즘(풍습병 : 風濕病)

류머티즘 환자는 고단백, 비타민 함량이 높은 식품 및 물에 쉽게 용해되는 음식을 섭취해야 한다. 류머티즘의 치료 및 예방을 위해서는 신체에 영양과 에너지의 보충을 위해 조리법을 합리적으로 개선시킬 필요가 있다. 따라서 류머티즘 환자의 경우 과일류, 수산물, 돼지고기, 비타민, 꿀 등을 섭취하는 것이 좋다. 또한 일부 환자의 경우 약주(藥酒)를 애용하기도 하는데 약주는 혈액순환과 통증을 멎게 해주는 역할과 부종을 가라앉게 하는 역할 등이 있다. 하지만 약주는 개인적인 체질과 병의 상태에 따라 선택적으로 사용되어야만 한다. 술의 성질이 신열(辛熱)한 관계로 한사(寒邪)를 제거시키는 힘이 있어 한습(寒濕)체질 또는 한습으로 인해 순환에 장애가 생긴 환자에게는 약주가 효력이 있다. 하지만 습열(濕熱)이 심한 지역에 사는 환자가 습열체질이면 약주는 금해야 한다. 왜냐하면 술의 원래 성질이 습열성(濕熱性)이기 때문에 열(熱)이 중(重)하면 간(肝)과 비(脾)를 손상시킬 수 있고 여기에 부자(附子), 천오(川烏), 세신(細辛) 등의 열성 약재를 더하게 되면 내열(內熱)과 부종(浮腫)은 더욱 심해질 수 있기 때문이다.

당류(糖類)와 지방(脂肪)도 제한해야 하는데 이 식품들을 과식하거나 장기간 섭취할 경우 비위(脾胃) 손상으로 인해 담습(痰濕)의 생성이 용이해져 병이 악화되기 때문이다. 또한 급성류머티즘으로 인한 관절부종 환자의 경우 염분의 섭취량이 정상인보다 적어야 한다. 이는 소금의 과다 섭취로 관절부종을 악화시킬 수 있기 때문이다.

류머티즘 환자의 약선은 한의학의 "급즉치표, 완즉치본(急則治標,緩則治本: 급할 때는 겉에 나타난 증상을 치료하고 급한 증상이 어느 정도 완화된 뒤에는 근본을 치료한다)"의 원칙을 따라야 한다. 즉, 병의 상황에 따라 허(虛)한 사람은 보(補)해주고, 지나치게 실(實)한 사람은 사(瀉)해주어야 하며, 한증(寒症)은 열성(熱性) 약으로, 열증(熱症)은 한성(寒性) 약으로 치료해야 한다.

일반적으로 한의학의 류머티즘(風濕病) 중 풍사(風邪)가 주요 원인인 경우를 행비(行痺)라 하는데, 이 경우에는 파, 생강(生薑) 등 신온(辛溫)한 식품으로 발산(發散)시키는 것이 중요하다. 또한 한사(寒邪)가 주요 원인인 경우를 통비(痛痺)라 하는데, 이 경우에는 후추, 건강(乾薑) 등 온열(溫熱)한 식품을 사용하고 아이스크림 같은 찬 음식은 금한다.

또한 습사(濕邪)가 주요 원인인 경우를 착비(着痺)라 하는데 복령(茯苓), 동과(冬瓜), 율무 등 비(脾)를 보(補)하고 습(濕)을 제거시킬 수 있는 식품을 주로 사용하며, 열사(熱邪)에 의한 열비(熱痺)의 경우는 녹두, 동과(冬瓜) 등의 식품을 주로 사용하고 술이나 맵고 자극성이 있는 음식은 금한다.

목과장어탕 : 목과돈만어(木瓜燉鰻魚)

효능

경락을 소통시기고 풍습(風濕)의 사기(邪氣)를 제거함으로써 허(虛)한 몸을 보(補)하는 기능이 있다. 따라서 풍습(風濕)으로 인한 통증(痛症) 및 풍진(風疹), 각기병(脚氣病) 등의 환자에 효과적이다.

재료

목과(木瓜) 30g, 장어 500g, 생강 5g, 청주 10ml, 파 10g, 소금 3g, 후추 3g, 물 2000ml

조리법

01 목과를 깨끗이 씻어 자르고, 장어의 아가미와 내장을 제거한다. 파와 생강은 잘게 썬다.

02 목과, 장어, 생강, 파, 청주, 물 2000ml를 넣고 센 불에서 끓이다가 끓으면 약한 불에서 40분간 더 끓인다.

03 소금과 후추를 넣는다.

쇠고기죽순장조림 : 홍민우근(紅燜牛筋)

효능

식사 반찬으로 먹으면 풍한습비(風寒濕痺)로 인한 관절염(關節炎)에 특히 좋다.

재료

쇠고기(熟牛筋) 500g, 죽순편(竹筍片) 25g, 진간장 50ml, 청주 10ml, 마늘 10쪽, 흑설탕 10g, 꽈리고추 10개

조리법

01 쇠고기가 충분히 잠길 정도로 물을 부어 1시간 정도 삶는다.

02 익힌 쇠고기를 3cm 크기로 자른 뒤 죽순, 진간장, 흑설탕, 청주를 넣고 끓인다.

03 마늘과 꽈리고추를 넣고 약한 불에서 살짝 졸인다.

목과미꾸라지탕 : 목과자니추(木瓜煮泥鰍)

효능

경락(經絡)을 소통시키고 습사(濕邪)를 제거함으로써 풍습(風濕)의 사기(邪氣)로 인한 각종 통증과 성기능 장애 및 전염성 간염 등의 환자에게 좋다.

재료

목과(木瓜) 30g, 미꾸라지 300g, 생강 5g, 청주 10ml, 파 10g, 소금 3g, 후추 3g, 물 1500ml

조리법

01 목과를 깨끗이 씻어 자르고, 미꾸라지를 소금물에 넣어 장내 이물질을 제거한다. 생강과 파는 잘게 썬다.

02 목과, 미꾸라지, 파, 생강, 청주, 물 1500ml를 넣고 센 불에 끓여 물이 끓으면 약한 불에 40분간 더 끓인다.

03 소금과 후추를 넣는다.

12 골다공증(골질소송증 : 骨質疏松症)

평소 음식 중 칼슘, 인 등의 성분이 많이 함유된 음식을 섭취하면 골다공증(骨多孔症)에 걸릴 위험이 상대적으로 적다. 칼슘과 인 이외에 아연, 마그네슘, 망간, 구리, 철 등 미량원소의 식품을 충분히 섭취해야 한다. 미량원소를 다량 함유한 식품은 수산물, 콩류, 야채류, 계란류, 유제품 등이다. 골다공증은 한의학적 이론으로는 신기(腎氣)의 쇠약(衰弱)으로 이해하고 호두, 참깨, 검은목이버섯, 개고기, 비둘기, 새우, 섭조개 등을 섭취함으로써 신기를 보할 수 있다. 칼슘이 풍부한 식품으로는 우유 등 각종 유제품과 녹색 야채, 어류 등이며, 연령대별 소화기능에 따라 음식의 횟수와 섭취량을 적절히 조절함으로써 식욕을 잃지 않도록 한다.

주의사항은 맹목적으로 돼지뼈탕, 자라탕 등 각종 기름진 음식을 장기간 섭취하지 않도록 한다.

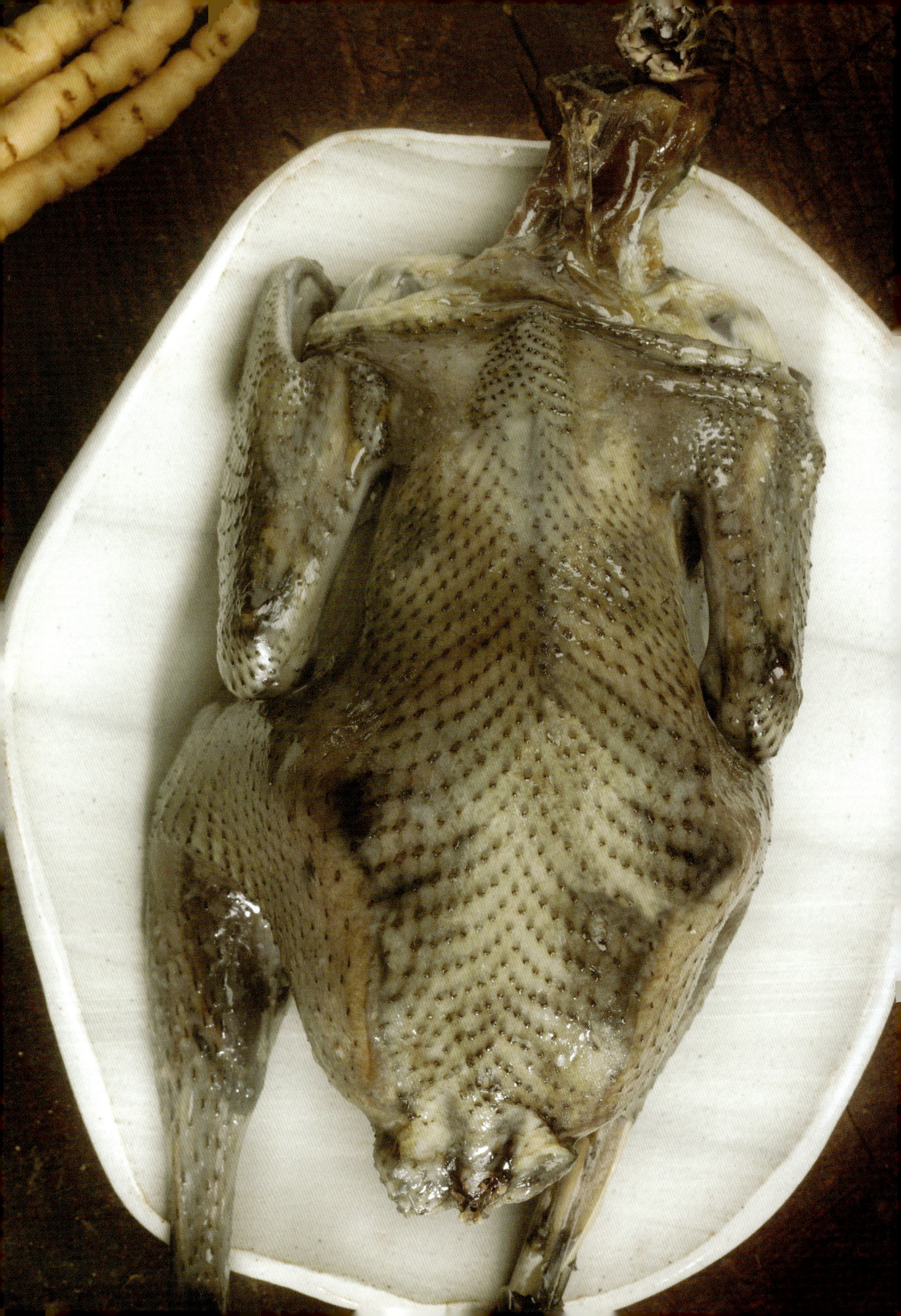

생지황오골계찜 : 상심우골탕(桑椹牛骨湯)

효능

허약한 신(腎)의 정(精)을 보(補)하고 골수(骨髓)의 생성을 촉진함으로써 뼈를 튼튼하게 할 수 있다. 따라서 허리, 무릎의 시큰거림이나 통증, 발 뒤꿈치의 통증, 이명(耳鳴), 현기증 및 심한 피로감 등을 보이는 골다공증(骨多孔症) 환자에게 효과가 있다.

재료

오골계(烏骨鷄) 1마리, 생지황(生地黃) 250g, 올리고당 100g

조리법

01 오골계의 내장을 제거한 뒤 깨끗이 씻는다.

02 생지황과 올리고당을 오골계의 뱃속에 넣고 봉합한 뒤 찜솥에서 살이 부드럽게 될 때까지 찐다.

두충양내장탕 : 두중돈양요(杜仲燉羊腰)

효능

간(肝)과 신(腎)을 보(補)하고 근육과 뼈를 튼튼하게 한다. 따라서 신허(腎虛)로 인한 요통(腰痛), 무릎 및 허리가 무력(無力)하거나 골절상(骨折傷)을 입은 경우 또는 골다공증(骨多孔症) 등의 환자가 식용하면 좋다.

재료

두충(杜仲) 15g, 양의 콩팥 4개, 물 950ml, 청주 10ml 파 10g, 생강 5g, 소금 3g, 후추 3g, 물 1000ml

조리법

01 두충을 잘게 썰어 소금물에 담궜다가 건져서 볶은 뒤 물 200ml를 붓고 25분간 끓여 50g의 약즙을 만든다.

02 양의 콩팥을 두 쪽으로 잘라 백색의 비린내 나는 부위를 제거한 뒤 자른다.

03 생강, 파를 잘게 썬다.

04 양의 콩팥, 약즙, 생강, 파, 청주 및 물 800ml를 넣고 센 불에서 끓으면 약한 불에서 30분간 더 끓인 뒤 소금, 후추를 넣어 완성한다.

산약자라탕 : 회기갑어탕(淮杞甲魚湯)

효능

허약한 신(腎)의 음액(陰液)을 보(補)하고 기(氣)를 북돋으며 비위(脾胃)를 튼튼히 한다. 따라서 신음(腎陰)의 부족으로 인한 허리와 무릎의 통증, 가슴이 답답하면서 수면 중 땀을 흘리고 현기증, 이명(耳鳴), 갈증, 혀가 붉고 약간의 설태가 있는 증상 등을 수반하는 골다공증(骨多孔症) 환자에게 적합하다.

재료

산약(山藥:마) 15g, 구기자(枸杞子) 10g, 골쇄보(骨碎補) 15g, 자라 1마리, 청주 10ml

조리법

01 자라를 뜨거운 물에 넣은 뒤 내장을 제거하고 깨끗이 씻는다.

02 약재들을 약주머니에 넣어 자라와 함께 넣고 물을 붓는다.

03 생강, 소금, 청주 등을 넣고 자라고기가 부드럽게 될 때까지 끓인다.

13 요퇴통(腰腿痛 : 허리 및 다리 통증)

허리와 다리 통증은 주로 행동의 제약, 보행 곤란, 앉고 서기의 곤란, 허리와 등 부위의 통증 및 부종과 함께 손으로 누를 경우 통증을 느끼는 등의 증상을 수반하며 일반적으로 주변에서 쉽게 접할 수 있는 증상이다. 환자에 따라 차이가 있지만 주요 원인은 다음 몇 가지로 설명할 수 있다.

급 · 만성 손상, 선천성 발육부진, 염증성 변화, 장부의 질병 및 종류(腫瘤) 등이며 그 원인에 따라 선택해야 될 약선도 다르다. 예를 들면, 노년에 간(肝)과 신(腎)의 허약으로 인해 발병한 환자는 보신(補腎)위주로 처방하며 호두, 검은콩, 오징어, 두충(杜仲), 토사자(菟絲子), 참깨, 쇠고기, 돼지고기 등이 좋다.

풍한(風寒)의 사기(邪氣)로 인한 환자는 창이자(蒼耳子), 백화사(白花蛇), 오초사(烏梢蛇), 두렁허리(黃鱔), 미꾸라지, 지렁이(地龍) 등이 좋으며, 기침과 심호흡 또는 옆으로 누울 때 통증을 수반하게 되는 환자의 경우에는 자두, 복숭아, 양혈(羊血), 계혈(鷄血), 귤, 유자 등이 좋다.

허리와 다리의 통증이 있는 환자의 경우에는 찬 음식, 시고 떫은 음식, 점성이 강한 음식이나 혈액과 기(氣)의 순환을 돕는 음식(活血行氣)을 과식하는 것도 피해야 한다.

구기삼칠만두 : 구기전칠계(枸杞田七鷄)

효능

간신(肝腎)을 보(補)하고 혈액순환과 함께 어혈(瘀血)을 제거함으로써 빈혈, 어지러움증, 허리와 다리 통증 및 하지마비 등의 환자에게 적당하다.

재료

구기자(枸杞子) 15g, 삼칠(三七) 10g, 씨암탉 1마리, 돼지고기 100g, 배추 250g, 밀가루 200g, 청주 30g, 후추 5g, 생강, 파, 소금 약간, 만두피용 물 100ml, 소금 3g

조리법

01 암탉의 내장과 털을 제거하고 닭발은 씻어 잘게 다진다. 돼지고기를 잘게 썬다. 구기자는 깨끗이 씻고, 삼칠(三七) 4g은 갈아 분말을 만들며 나머지 삼칠 6g은 물에 담궜다가 얇게 썬다.

02 배추는 씻어 끓는 물에 데친 후 잘게 썬다. 파를 씻은 후 작은 부분은 잘게 썰고 나머지는 길쭉하게 썬다. 생강은 갈아 즙을 만든다.

03 밀가루에 물을 넣어 만두피를 만든다.

04 닭을 끓는 물에 삶아 찬물로 씻어 건진 뒤 구기자, 삼칠, 생강, 파 등을 닭의 뱃속에 넣고 물, 후추, 청주, 삼칠 분말 등과 함께 센 불에서 1시간 정도 삶는다.

05 닭을 삶은 뒤에 소금, 후추, 청주, 생강즙, 약간의 물, 배추를 넣어 1시간 정도 더 삶아 만두소를 한다.

06 만두피에 소를 넣어 만두를 만들고, 닭 육수에 만두를 익힌다.

요퇴삼계탕 : 장요계(壯腰鷄)

효능

요추(腰椎) 추간반돌출증(椎間盤突出症)으로 인한 허리와 다리의 통증과 노인성 골질증생(骨質增生: hyperosteogeny)과 관절염으로 인한 허리와 다리의 통증의 예방 및 치료용으로 섭취할 수 있다. 닭고기와 국물을 섭취한 후 이불을 덮고 약간의 땀을 내는 방식으로 2일에 한번씩 20일간 복용하는 것을 한번의 치료과정으로 한다.

재료

천마(天麻) 15g, 백출(白朮) 15g, 인삼(人蔘) 15g, 보골지(補骨脂) 12g, 적작약(赤芍藥) 10g, 상기생(桑寄生) 10g, 목과(木瓜) 10g, 신근초(伸筋草) 10g, 속단(續斷) 10g, 씨암탉 1마리

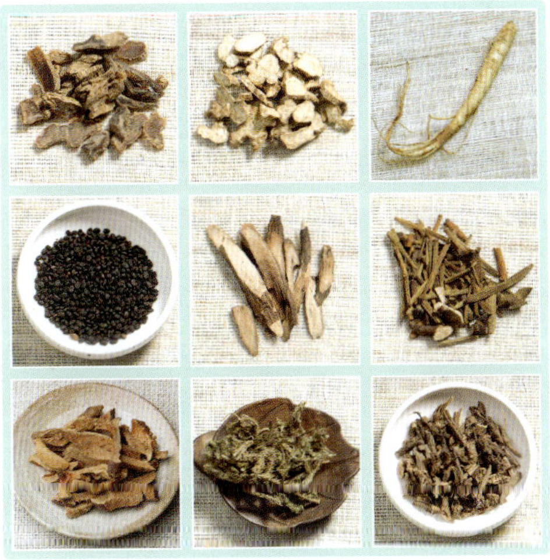

조리법

01 닭의 털과 내장을 제거한 뒤 깨끗이 씻는다.

02 약재는 약주머니에 넣는다.

03 닭의 뱃속에 약주머니를 넣어 2시간 정도 삶아 삼계탕처럼 먹는다.

돼지족발탕 : 건보저제(健步猪蹄)

효능

신(腎)을 보(補)하고 뼈를 튼튼히 해서 허리와 다리를 강하게 함으로써 사지에 힘이 없고 특히 허리에 힘이 부족한 사람에게 좋다.

재료

돼지족발 2개, 돼지고기 50g, 우슬 3g, 계지 1g, 오가피 1g, 청주 20ml, 소금, 물 2000ml

조리법

01 돼지족발과 돼지고기를 씻고 우슬(牛膝), 계지(桂枝), 오가피(五加皮)를 약주머니에 넣는다.

02 01에 물 2000ml와 청주 20ml를 넣고 약한 불에 돼지족발과 고기가 물러질 때까지 삶는다.

03 소금을 넣어 완성한다.

14 부종(浮腫)

부종이 생겼을 때는 반드시 담백한 음식을 주로 섭취해야 한다. 예를 들면, 동과(冬瓜), 팥, 녹두, 율무, 옥수수 등이 부종에 좋다. 부종이 감소하는 시점에서는 저염 음식으로 바꿔야 하며, 기타 금기음식들을 섭취하지 말아야 한다. 병의 경중에 따라 닭, 오리, 붕어, 살코기, 돼지의 간 등 단백질과 비타민이 풍부한 음식을 적당히 섭취할 필요가 있다.

부종의 발작기에는 특히 소금의 섭취를 철저히 제한해야 한다. 새우, 게, 청주, 담배, 자극성 및 기름진 음식들은 제한하도록 해야 한다. 차가운 과일과 냉차도 가급적 주의해야 한다.

해삼팥밥 : 적소두돈해삼(赤小豆燉海蔘)

효능

허약한 신(腎)과 정(精)을 보(補)하고 탁월한 이뇨(利尿)작용으로 인해 부종(浮腫)을 제거하는 효능이 있어 신장성(腎臟性) 부종 환자에게 적당하다.

재료

팥 30g, 율무 30g, 대추 30g, 연밥 30g, 검실(芡實) 30g, 찹쌀 150g, 해삼 250g, 생강 5g, 청주 10ml, 파 10g, 소금 3g

조리법

01 팥, 율무, 대추, 연밥, 검실 등을 깨끗이 씻고 연밥은 심을 제거한다.

02 해삼은 내장의 불순물을 제거한 뒤 넓이 2cm, 길이 4cm로 썰고 생강과 파도 썰어둔다.

03 쌀, 팥, 율무, 대추, 연밥, 검실, 찹쌀, 청주, 생강, 파, 물을 적당량 넣은 뒤, 센불로 끓여서 물이 끓어 오르기 시작하면 약한 불에서 가열한 뒤 해삼을 넣고 익힌다.

04 소금, 후추를 넣어 완성한다.

양갈비무국 : 라복해대양배탕(蘿菔海帶羊排湯)

효능

몸속에 딱딱하게 뭉친 것을 풀어주고 담을 제거하면서 기침을 멈추게 한다. 또한 기의 순환을 원활하게 하고 소화를 촉진시키며 진액의 생성을 유발시켜 지나치게 건조한 것을 막아 준다. 따라서 갑상선종(甲狀腺腫), 기침, 가래, 헛배부르고 체하면서 몸이 붓는 각기병(脚氣病) 또는 동맥경화(動脈硬化) 환자 등에게 좋다.

재료

양갈비 250g, 무 250g, 다시마 30g, 생강, 소금, 청주 약간, 물 1500ml

조리법

01 양갈비를 잘게 썰고, 무와 다시마도 잘게 썬다.

02 양갈비, 물, 소금, 생강 및 청주를 넣고 10분 정도 끓인다.

03 무와 다시마를 넣고 약한 불로 양갈비와 다시마가 물러질 때까지 끓인다.

율무돈족탕 : 이인돈저제(苡仁燉猪蹄)

효능

기혈(氣血)을 보(補)하고 습(濕)을 제거함으로써 부종(浮腫)을 없앤다. 따라서 사지가 붓고 통증이 있는 풍습성(風濕性) 통증 환자가 식용하면 좋다.

재료

율무 200g, 돼지족발 2개, 청주, 생강, 파, 소금 적당량, 물 4000ml

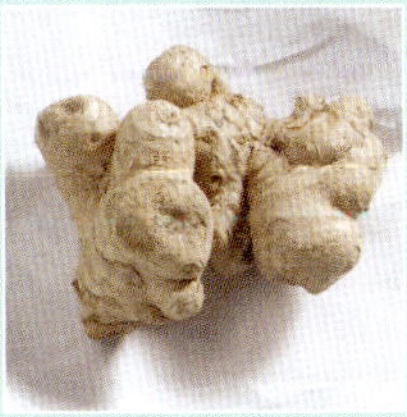

조리법

01 돼지족발을 깨끗이 씻어 다듬은 뒤 율무, 물 4000ml, 청주, 생강, 파 및 소금을 넣는다.

02 센 불에서 끓으면 약한 불에 2시간 정도 돼지족발이 물러질 때까지 삶는다.

15 갑상선(甲狀腺) 질환

갑상선은 인체의 최대 내분비기관으로 약 25~30g 정도이다. 갑상선 질환은 갑상내분비기관의 질병 중 당뇨병 다음으로 흔한 질환이며, 그 종류로는 다음과 같은 것들이 있다.

갑상성항진은 내분비기관에서 호르몬의 과다 분비에 의한 질환으로 각종 영양성분의 소모가 증대되며 고단백, 저지방, 고당류, 비타민 B 등 충분한 열량 섭취가 필요하다. 예로, 자라, 닭, 오리, 물고기, 토마토, 백합(百合), 사과 등이 있다. 질환자가 가슴이 답답하고 옆구리에 통증이 수반되며 우울한 경향을 보이는 경우에는 해조류(海藻類), 흑설탕, 굴, 귤, 시호(柴胡), 울금(鬱金), 불수(佛手) 등을 사용하며, 더위를 싫어하고 섭취하는 음식량에 비해 쉽게 허기를 느끼고 간(肝)의 화기(火氣)가 성(盛)하게 될 때에는 음액(陰液)을 보(補)하고 간(肝)의 화기를 식히는 처방을 한다. 예로, 구기자(枸杞子), 떫은 감, 목단피(牧丹皮), 도마뱀, 남생이, 현삼(玄蔘) 등이 있다. 또한 땀이 많고 불면증과 함께 체력이 떨어지는 심음휴손(心陰虧損)자가 많은데 이때는 양음안신(養陰安神)하면서 음액을 보하고 진액을 생성시켜 주는 두부, 목이버섯, 겨울 죽순, 붕어, 용안육(龍眼肉), 연자심(蓮子心), 백자인(柏子仁), 산조인(酸棗仁) 등을 사용한다.

갑상선기능감퇴증(甲狀腺機能減退症)은 한의학에서는 주로 양허증(陽虛證)에 속하므로 동물의 신(腎 : 콩팥), 양고기, 참새고기, 개고기, (물고기)부레, 해삼, 새우, 대하, 검실(芡實), 부추, 산약(山藥 : 마), 호두, 구기자 등의 보신온양(補腎溫陽) 음식을 섭취하고 찬 음식은 금한다.

갑상선염(甲狀腺炎)은 급성화농성 갑상선염과 만성임파성 갑상선염으로 구분한다. 급성화농성 갑상선염(急性化膿性甲狀腺炎)은 양증(陽證), 실증(實證), 열증(熱證)에 속한다. 따라서 담백한 저지방 음식, 섬유소가 풍부한 음식과 함께 물을 많이 마시는 것은 열을 내리고 해독시키는 데 유리한 반면, 맵고 비리거나 단 음식 및 고지방 음식은 금한다. 만성임파세포성 갑상선염(慢性淋巴細胞性甲狀腺炎)은 갑상선기능항진증이 나타나면 이 질병에 준해서 음식을 섭취한다.

갑상선종(甲狀腺腫)은 단순성 갑상선종, 지방성 갑상선종, 고요오드성 갑상선종 등을 포함한다. 음식 중 요오드의 결핍은 지방성 갑상선종을, 신체에 요오드가 과다하게 섭취되면 고요오드성 갑상선종을 일으킨다. 일반적으로 요오드가 풍부하게 함유된 음식은 다시마, 김, 해파리 등이다.

당귀생강양고기탕 : 당귀생강양육탕(當歸生薑羊肉湯)

효능

보혈약(補血藥)인 당귀(當歸)와 보양양혈(補陽養血)의 양고기 및 온양(溫陽) 효과의 생강이 결합됨으로써 음양(陰陽)이 모두 허약(虛弱)한 갑상선기능저하(甲狀腺機能低下) 환자에게 좋다.

재료

당귀(當歸) 150g, 생강 250g, 양고기 500g, 물 2000ml

조리법

01 당귀와 생강은 깨끗이 씻는다.

02 생강을 썰어 둔다.

03 양고기는 2×2×0.5cm로 썰어 둔다.

04 당귀, 생강, 양고기, 물 2000ml를 넣어 약한 불에서 40분간 끓인다.

산수유숙지죽 : 유육숙지죽(萸肉熟地粥)

효능

1첩을 죽으로 만들어 아침, 저녁으로 작은 종지로 한 그릇씩 식용하는 방법으로 1개월간 복용한다. 간(肝)과 신(腎)을 보(補)하면서 체내의 음액(陰液)을 보충해 주고 지나친 땀의 배출을 방지시켜 줌으로써 심(心) · 간(肝) · 신(腎) 기능이 허약해진 갑상선기능항진증(甲狀腺機能亢進證)으로 인해 인후(咽喉) 건조, 안구건조증으로 인한 불편, 무릎과 허리에 힘 없음, 잦은 현기증 및 불면증(不眠症) 등을 수반하는 증상에 적합하다.

재료

산수유(山茱萸) 15g, 숙지(熟地) 20g, 멥쌀 100g, 올리고당 10g, 물 1000ml

조리법

01 약재와 쌀을 깨끗이 씻어 물 1000ml를 넣은 뒤 함께 끓여서 죽을 만든다.

02 죽이 완성될 시점에 올리고당을 넣어 완성한다.

다시마오징어국 : 해조묵어탕(海藻墨魚湯)

효능

음액(陰液)을 보(補)하고 열을 식히며 몸속의 딱딱한 부분을 부드럽게 하면서 부종(浮腫)을 제거하는 효능이 있어 갑상선암(甲狀腺癌) 환자에게 적합하다.

재료

바닷말 20g, 오징어(뼈 포함) 100g, 다시마 100g, 돼지 살코기 100g, 황금(黃芩) 10g, 은화(銀花) 10g, 당귀(當歸) 10g, 황련 6g, 해표초(海螵蛸) 6g, 황화(黃花:국화) 15g, 청주, 생강, 파, 소금 약간, 물 2000ml

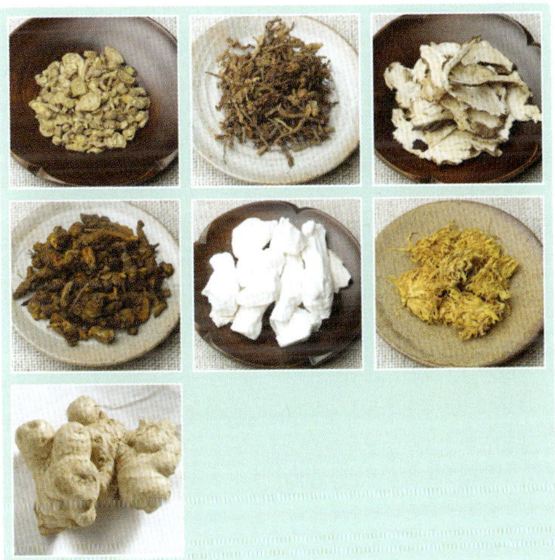

조리법

01 오징어를 깨끗이 씻고 칼집을 내어 폭 1cm, 길이 4cm 정도의 크기로 자른다.

02 약재를 약주머니에 넣어 봉한다.

03 돼지고기도 깨끗이 씻어 얇게 썰고, 생강과 파도 잘게 썬다.

04 오징어, 돼지고기, 약주머니, 생강, 파, 청주 등을 물 2000ml를 넣어 센 불에서 끓기 시작하면 약한 불에서 35분간 더 끓인다.

05 소금으로 간을 한다.

16 위(胃) 및 십이지장(十二指腸) 궤양(潰瘍)

위(胃) 및 십이지장(十二指腸) 궤양은 위산, 위단백효소의 소화작용과 밀접한 관계가 있으며 주 발병부위는 위와 십이지장이다. 위 및 십이지장 궤양은 유전, 지리환경적 요인, 정신적 자극, 식습관 및 약물 등의 원인으로 발병할 수 있으며, 주로 청장년(青壯年)층에서 많이 나타난다. 한의학에서는 위완통(胃脘痛)으로 부르며 발병의 주요 원인은 적절하지 못한 식습관이므로 식이치료(食餌治療)를 강조한다.

위 및 십이지장 궤양 환자는 소화가 잘되면서 열량과 단백질 및 비타민이 풍부한 음식을 섭취해야 한다. 예를 들면, 죽, 면, 우유, 두유, 계란, 살코기, 두부, 각종 콩제품 및 비타민이 풍부한 신선한 야채와 과일 등이다. 이러한 음식은 신체의 면역력을 증강시키며 손상된 조직을 회복시키고 궤양부위를 치유하는 데 도움을 준다.

위 및 십이지장 궤양 환자는 자극성이 강한 음식과 위산(胃酸)의 분비를 자극할 수 있는 음식들을 금해야 하는데, 예를 들면 육수, 생파, 생마늘, 생과일주스, 커피, 술, 진한 차(濃茶) 및 지나치게 달거나 시고, 짜고, 맵고, 찬 음식 및 딱딱한 음식 등이다. 왜냐하면 단 음식은 위산(胃酸)의 분비를 증가시켜 위궤양(胃潰瘍)을 자극함으로써 병을 악화시킬 수 있고, 지나치게 열성(熱性)인 음식은 궤양 부분의 통증을 가중시키고 출혈을 유발할 수 있다. 매운 음식 또한 궤양부분을 자극해 위산의 분비를 증가시킬 수 있으며, 지나치게 차가운 음식 및 딱딱한 음식은 소화장애를 초래해 궤양을 악화시킬 수 있다. 튀김, 미나리, 부추, 콩나물, 소시지, 육포, 말린 고기 등 질이 거친 음식도 주의해야 하는데,이러한 음식은 쉽게 소화되지 않고 위액의 과다분비를 유발시킴으로써 위에 부담을 가중시킨다. 하지만 잘게 다진 음식은 섭취가 가능하며 환자의 원활한 배변을 위해 한천, 바나나, 꿀 등을 섭취하는 것이 중요하다. 이밖에 궤양병(潰瘍病) 환자는 반드시 금주와 금연이 필수다. 흡연의 경우 니코틴이 위액의 산성과 알칼리성의 균형에 변화를 주기 때문에 위 유문(幽門)의 정상적 활동을 방해하거나 궤양을 악화시킬 수 있다.

이처럼 위 및 십이지장 궤양 환자는 음식 조절이 가장 중요한데, 특히 식사시간과 식사량의 조절, 오래 씹고 천천히 삼키며 식사 중 대화를 적게 하고 TV나 신문 등을 보지 않으며 유쾌한 정서상태를 유지하는 것이 중요하다. 특히 궤양의 활동기에는 풍부한 영양을 함유하면서도 쉽게 소화될 수 있는 죽을 섭취하는 것이 좋다.

고량강마죽 : 량강산약죽(良薑山藥粥)

효능

매일 한 그릇씩 2~3회 복용하는 것으로 1주일간 지속하는 것을 하나의 치료과정으로 한다. 허약해진 비(脾)를 보(補)하고 기(氣)의 순환을 도우면서 진통의 효과와 함께 비위(脾胃)를 따뜻하게 하는 효능으로 인해 소화성궤양으로 인한 위통, 식욕부진, 설태(舌苔)가 백색이면서 맥은 침맥(沈脈) 또는 현맥(弦脈) 등의 증상에 좋다.

재료

고량강(高良薑) 10g, 산약(山藥 : 신선한 마) 100g, 멥쌀 100g, 흑설탕 20g, 소금 5g, 물 1800ml

조리법

01 고량강은 깨끗이 씻어 물 1000ml를 넣고 1시간 동안 약한 불에서 끓여 약즙을 만든다.

02 산약을 깨끗이 씻어 껍질을 벗긴 뒤 얇게 썰어 쌀, 물 800ml를 넣어 죽을 만든다.

03 죽이 완성되었을 때 고량강 약즙을 넣는다.

04 흑설탕이나 소금을 적당량 넣어 완성한다.
(위산과다의 경우 소금을, 위산이 부족한 사람의 경우 흑설탕이나 소금 둘다 첨가하지 않는 방법 등이 있다.)

백급우유 : 백급봉밀내(白及蜂蜜奶)

효능

매일 1회씩 복용하면 허약해진 위기(胃氣)를 보(補)하면서 수렴(收斂)과 지혈(止血)의 효과로 소화성궤양(消化性潰瘍)에 적합하다.

재료

백급 분말(白及粉末) 9g, 우유 50g, 꿀 10g

조리법

01 백급을 분말로 만든다.

02 우유를 85℃로 가열한다.

03 꿀과 백급 분말을 넣는다.

지각백급죽(枳殼白及粥)

효능

위의 약재들은 기(氣)의 순환을 도우면서 혈액순환(血液循環)을 원활하게 하고, 특히 허약해진 위(胃)를 보(補)하고 지혈(止血), 지통(止痛) 및 새살을 돋게 하는 효능이 있다. 따라서 궤양병(潰瘍病), 상소화계(上消化系) 출혈, 폐결핵(肺結核), 기관지확장형 출혈 등에 적합하다.

재료

지각(枳殼) 15g, 백급(白及) 15g, 찹쌀 100g, 대추 5~7개, 꿀 20g, 물 2000ml

조리법

01 지각, 백급에 물 2000ml를 넣고 약한 불에서 1시간 동안 끓여 약즙을 만든다.

02 약즙에 찹쌀과 대추를 넣어 죽을 끓인다.

03 죽이 완성되면 꿀을 넣는다.

17 위염(胃炎)

급성위염(急性胃炎)은 위(胃) 점막에 충혈(充血), 부종(浮腫), 미란(糜爛), 출혈(出血) 등이 발생한다. 급성위염 환자의 음식은 반드시 유동식 또는 부드럽고 건더기와 지방이 적으면서 소화가 잘되는 음식이어야 하며, 특히 소식다찬(少食多餐)의 습관이 필요하다. 만약 장염이나 설사를 수반할 경우 반찬에 설탕을 적게 사용하거나 사용하지 않음으로써 장의 부담을 경감시켜야 하고 생야채, 과일 및 거친 음식 등에 각별한 주의가 필요하다.

만성위염(慢性胃炎) 환자는 일반적으로 식욕부진, 식사 후 상복부에 가스가 차는 느낌 등의 소화불량 증상이 나타나며, 일부 환자의 경우 위산 과다로 신물이 넘어 오기도 한다. 어떤 환자들은 반대로 위산(胃酸)의 감소, 빈혈(貧血), 무력(無力), 체중감경 등의 증상이 수반되기도 한다. 따라서 환자의 음식은 부드러운 음식, 소식다찬, 비타민 및 단백질이 풍부한 음식 등의 섭취는 빈혈과 식욕부진 현상 등을 고려해서 동물의 내장(肝 : 콩팥 등), 계란류 및 유색의 신선한 야채 등 보혈(補血)용 음식의 섭취가 필요하다. 만약 환자가 위산 과소의 증상이 나타날 경우 염산(鹽酸) 및 위단백(胃蛋白) 효소 등을 보충시켜야 하며, 위산 분비를 억제하는 지방은 가급적 섭취를 줄여야 한다. 또한 환자가 위산 과다의 증상을 보일 경우 위산 분비를 자극시킬 수 있는 진한 육수 섭취를 금하고 신맛의 음식 섭취도 줄여야 한다.

민들레백급차 : 공영옥죽급려차(公英玉竹及蠣茶)

효능

따뜻하게 하루 3회 복용하면 열을 내리면서 음액(陰液)을 보충하게 되고 위산 과다(胃酸過多)로부터 위(胃)를 보호함과 동시에 지혈(止血) 효과가 있다. 따라서 위염(胃炎)으로 인한 갈증, 입이 쓴 증상 및 신물이 넘어 오거나 피를 토하는 증상 등에 적합하다.

재료

민들레(포공영 蒲公英) 20g, 단모려(煅牡蠣) 30g, 옥죽(玉竹:둥굴레) 15g, 백급(白及) 15g, 차잎 약간, 물 1000ml

조리법

01 약재를 깨끗이 씻어 놓는다.

02 모려에 물 1000ml를 넣은 뒤 끓으면, 약한 불에서 20분 정도 더 끓인 후 찌꺼기를 제거한다.

03 포공영, 옥죽, 백급을 넣고 물 1000ml를 넣은 뒤 물이 끓으면 약한 불에서 15분 정도 더 끓인 뒤 차잎을 넣고 잠시 뒤에 찌꺼기를 제거한다.

04 02과 03을 더하여 차로 마신다.

회향귤피죽(茴香橘皮粥)

효능

매일 1~2회 따뜻하게 복용함으로써 기(氣)를 순환시키고 진통효과와 함께 비위(脾胃)를 튼튼하게 하면서 조화가 되도록 돕는 효과가 있다. 따라서 한성(寒性) 위통(胃痛) 또는 가스가 차서 위에 팽만감을 느끼는 증상 등에 적합하다.

재료

소회향(小茴香) 3g, 귤피(橘皮 : 신선한 귤껍질) 20g, 멥쌀 100g, 흑설탕 10g, 소금 약간

조리법

01 약재를 깨끗이 씻어 놓는다.

02 소회향을 약간의 소금과 함께 넣고 누렇게 될 때까지 볶아서 분말을 만든다.

03 귤피에 물 1500ml를 넣어 센 불에서 끓으면 약한 불에 10분 정도 더 끓인 뒤 찌꺼기를 제거하고 즙을 만든다.

04 멥쌀을 넣고 함께 끓여 죽을 만든다.

05 죽이 완성될 시점에 소회향 분말과 흑설탕을 넣고 한소끔 끓이면 된다.

산약율무죽 : 홍조나미죽(紅棗糯米粥)

효능

비위(脾胃)의 기(氣)를 충만하게 함으로써 비장(脾臟)을 튼튼하게 하고, 그 결과 습(濕)이 제거되면서 위염(胃炎)으로 인한 제반 증상에 좋다.

재료

산약(山藥) 40g, 율무 50g, 올방개 분말 10g, 대추 5개, 찹쌀 250g, 올리고당 20g, 물 2000ml

조리법

01 율무에 물을 2000ml를 넣어 센 불로 끓인다.

02 율무가 풀어질 때쯤 찹쌀, 대추를 넣어 끓이면서 산약 분말을 넣어 섞는다.

03 20분쯤 뒤에 다시 올방개 분말을 넣어서 골고루 섞는다.

18 변비(便秘)

변비(便秘) 환자의 경우 평소 차를 많이 음용하는 것이 좋다. 또한 평소에 장(腸)을 윤택하게 함으로써 배변을 원활하게 돕고 장의 연동운동(蠕動運動)을 촉진시키는 섬유소가 풍부한 음식을 섭취할 필요가 있다. 예를 들면, 참기름, 돼지기름, 땅콩, 참깨, 호두, 꿀, 배추, 무, 미나리, 시금치, 갓, 죽순, 토마토, 감자, 고구마, 돼지고기, 돼지의 내장 등이 있다. 또한 바나나, 사과, 귤, 복숭아, 비파(枇杷), 수박, 오이, 무화과(無花果) 등의 신선한 과일과 고구마, 아교(阿膠), 상심자(桑椹子), 사탕수수, 잣, 백자인(柏子仁), 토란, 꿀, 돼지기름, 당귀(當歸), 결명자(決明子), 호박, 해삼, 행인(杏仁) 등이 있는데 특히 꿀물의 효과가 가장 좋다.

반면 변비 환자는 맵고 열이 많은 음식을 금해야 하는데, 예를 들면 소주, 고추, 마늘, 부추, 석류, 양고기, 개고기 및 밀가루 음식 등이다.

지실옥수수설기떡 : 실명황고(實明黃糕)

효능

전체적으로는 열을 식히면서 기(氣)의 순환을 원활하게 하는 효과가 있다. 따라서 기체(氣滯)로 인한 변비 증상, 즉 입이 마르고 설태(舌苔)가 황색이며 맥은 삭맥(數脈)인 경우에 적합하다.

재료

지실(枳實) 100g, 결명자(決明子) 50g, 대황(大黃) 30g, 옥수수 분말 820g, 설탕 100g, 소금 10g, 물 200ml

조리법

01 지실, 결명자, 대황으로 분말을 만든 뒤 옥수수 분말을 넣어 체에 내린다.

02 01에 물 200ml를 넣어 체에 내린다.

03 02에 설탕을 넣어 다시 체에 내린다.

04 찜통에 넣은 뒤 센 불에서 15분, 중불에서 5분간 찐다.

미나리두부강회 : 근채반두부(芹菜拌豆腐)

효능

간기(肝氣)와 위기(胃氣)를 조절하고 열을 내리면서 풍습(風濕)을 제거한다. 혈액순환을 원활하게 함으로써 혈압을 내리고 장(腸)의 연동운동(蠕動運動)을 촉진시키므로 변비 환자에게 적합하다.

재료

미나리(芹菜) 160g, 두부 1모, 생미역줄기 200g, 홍고추 3개, 식용유, 설탕 15g, 식초 15ml, 고추장 30g

조리법

01 두부는 소금을 약간 뿌려 물기를 제거한 후 폭 2cm, 길이 5cm, 두께 1cm 크기로 잘라서 지진다.

02 미나리는 잎을 다듬은 뒤 끓는 물에 소금을 조금 넣어 살짝 데쳐 찬물에 헹궈 물기를 제거한다.

03 생미역은 깨끗이 씻어 끓는 물에 데친 후 찬물에 헹궈 물기를 제거한다.

04 홍고추는 폭 0.3cm, 길이 5cm 크기로 자른다.

05 두부, 미역, 홍고추 순으로 놓고 가운데를 미나리로 감아서 완성한다.

06 고추장, 설탕, 식초를 넣어 만든 초고추장을 곁들여 낸다.

삼인죽(三仁粥)

효능

매일 아침, 저녁 한 그릇씩 복용하면 장을 윤택하게 하면서 배변이 원활하게 된다.

재료

도인(桃仁) 15g, 잣(松仁) 15g, 마자인(麻子仁) 12g, 찹쌀 50g, 물 500ml

조리법

01 3종 인(仁)으로 분말을 만든다.

02 약 분말, 찹쌀과 물 500ml를 넣어 죽을 끓인다.

19 간장병(肝臟病)

인체의 장기 중 물질대사활동이 가장 활발한 기관(器官)인 간장(肝臟)은 평소에 특히 주의해야 한다. 연구 결과에 의하면 토마토, 맥주효모 등은 간병 치료에 효과가 좋다고 하며 호두 역시 간경화(肝硬化)를 치료하는 성분을 포함하고 있다고 한다. 구기자는 지방간의 예방과 치료에 좋으며, 인삼(人蔘)은 간장(肝臟)의 기능을 증상시키고 버섯과 배는 간병에 일정한 효능이 있다고 한다. 또한 신선한 야채, 과일, 당근, 해바라기씨, 호박 등을 자주 섭취하는 것은 간을 보호하고 건강하게 할 수 있는 방법이다. 간경화 환자의 경우 반드시 고단백, 고탄수화물, 고비타민 등의 성분을 섭취해야 하며, 비장(脾臟)을 튼튼히 하고 습(濕)을 제거할 수 있는 평성(平性), 양성(凉性)의 식품 섭취가 중요하다. 예를 들면, 배, 사과, 대추, 귤, 키위, 복숭아, 수박, 불수(佛手), 참외, 자두, 오징어, 잉어, 미꾸라지, 돼지의 간, 두부, 팥 등이다.

간염(肝炎) 환자는 소주, 개고기, 쇠고기, 양고기, 닭머리, 대하(大蝦), 후추, 계피(桂皮), 회향(茴香), 소와 돼지의 생식기 및 튀김 섭취를 금해야 한다.

인진향부자죽 : 인진향부갱미죽(茵陳香附粳米粥)

효능

매일 2~3회 적당히 복용하는 것으로 1개월간 지속하면 열을 내리면서 황달(黃疸)을 제거시킬 수 있다. 또한 기(氣)의 순환을 원활하게 함으로써 진통효과와 몸속의 습(濕)을 제거시키는 효과가 있다. 따라서 황달(黃疸)과 간(肝) 부위의 불편함 또는 통증 등의 증상에 적합하다.

재료

인진(茵陳) 30g, 향부자(香附子) 9g, 멥쌀 50g, 꿀 10g, 물 1350ml

조리법

01 약에 물 1000ml를 넣고 30분간 끓여서 찌꺼기를 버리고 약즙을 만든다.

02 약즙에 멥쌀, 물 350ml를 넣어 죽을 끓인다.

03 죽에 꿀을 넣어 완성한다.

사삼구기자죽 : 사기매괴죽(沙杞玫瑰粥)

효능

매일 1~2회씩 1개월간 연속적으로 복용한다. 만성간염(慢性肝炎)에 의한 옆구리 통증과 함께 입이 마르고 가슴이 답답하며 허리가 시큰거리고 눈이 답답하면서 혀는 홍색이고 맥은 세맥(細脈)인 증상에 적합하다.

재료

사삼(沙蔘) 15g, 구기자(枸杞子) 15g, 매괴화(玫瑰花 : 해당화) 5g, 멥쌀 100g, 물 2000ml, 꿀 적당량

조리법

01 사삼에 물 2000ml를 넣고 45분간 끓여 약즙을 만든다.

02 약즙에 멥쌀, 구기자를 넣고 죽을 끓인다.

03 죽이 완성되었을 때 매괴화를 넣고 한소끔 더 끓인다.

04 꿀을 넣어 완성한다.

익모초도인죽 : 익모초도인갱미죽(益母草桃仁粳米粥)

효능

매일 2~3회씩 10~15일 정도 복용하는 것을 1회의 치료과정으로 삼는다. 어혈(瘀血)을 제거하고 혈액순환(血液循環)을 원활하게 할 뿐만 아니라 소화(消化)와 이뇨(利尿) 작용 등이 있다. 따라서 간경화(肝硬化)로 인한 음허(陰虛), 어혈(瘀血) 및 복수(腹水) 등의 증상에 적합하다.

재료

도인(桃仁) 15g, 익모초(益母草) 15g, 생지황(生地黃) 15g, 멥쌀 100g, 물 2000ml

조리법

01 약재를 깨끗이 씻어 둔다.

02 약재에 물 2000ml를 넣어 약한 불에서 40분간 끓인다. 찌꺼기를 제거한 약즙을 만든다.

03 약즙에 멥쌀을 넣어 약한 불에서 끓여 죽을 만든다.

20 신장염(腎臟炎)

신염(腎炎) 환자는 당류(糖類)의 식품과 전분류(澱粉類)의 음식물을 섭취하는 것이 좋다. 예를 들면, 쌀, 밀가루, 잡곡, 연근 분말, 사탕수수, 산약(山藥:마), 꿀, 설탕, 각종 과즙음료 및 신선한 과일 등으로 이들 식품은 체내대사 후에 물과 이산화탄소를 생성함으로써 신장(腎臟)에 부담을 주지 않는다. 동시에 비타민 C, 카로틴, 비타민 B_2 등이 풍부한 신선한 야채와 과일을 섭취하는 것이 좋다. 신염 환자에게 장(腸)과 신장에 부담을 주지 않는 음식은 쉽게 소화가 되면서 음식의 성질이 자극성이 없는 식품이다. 예를 들면, 고구마, 율무, 잠두(蠶豆), 백편두(白扁豆), 사계두(四季豆), 수박, 옥수수 수염, 포도, 상추, 산약(山藥), 동과(冬瓜), 백모근(白茅根), 강두(豇豆), 연잎, 황기(黃芪), 당근, 냉이, 잉어, 오징어, 개구리, 검은콩, 오리고기, 메추리, 붕어, 표고버섯, 흰목이버섯 등이다.

신염 환자는 튀김 음식을 금해야 하는데 이것은 쉽게 소화되지 않기 때문이다. 맵고 자극적인 음식과 초산(草酸:수산, oxalicacid)의 함량이 비교적 많은 시금치, 죽순, 비름나물, 황두(黃豆) 및 각종 콩제품, 동물의 내장, 진한 닭고기 육수 등은 퓨린염기(purine base)를 다량 함유하고 있으므로 과다한 요산(尿酸)의 분비를 피하기 위해서는 금해야 한다.

이밖에도 파, 마늘, 생강, 커리, 겨자, 후추, 고추, 육계(肉桂), 회향(茴香), 부추, 미나리, 양파, 커피, 코코아, 담배, 감자, 유채, 참죽나무, 돼지머리, 갈치, 비린내 나는 해산물 등을 가급적 피해야 한다.

생지모근함초죽(生地茅根含草粥)

효능

1첩을 하루에 2~3회에 걸쳐 복용하는 방식으로 15일간 복용하는 것을 한번의 치료과정으로 삼는다. 음액(陰液)을 보충함으로써 열(熱)을 내리고 지혈(止血)시키는 효과기 있다. 따라서 급성신염(急性腎炎)에 의한 갈증, 부종, 요혈, 요단백 등의 증상에 적합하다.

재료

생지황(生地黃) 15g, 백모근(白茅根) 20g, 녹함초(鹿含草) 15g, 연교(連翹) 12g, 팥 30g, 멥쌀 100g , 물 2000ml

조리법

01 약재를 깨끗이 씻어 둔다.

02 약재에 물 2000ml를 넣어 40분간 끓인 뒤 약즙을 만든다.

03 팥을 씻어 반쯤 익힌다.

04 멥쌀을 깨끗이 씻은 후, 팥, 약즙과 함께 죽을 끓인다.

지황구기수유죽(地黃枸杞茱萸粥)

효능

매일 저녁식사용으로 15일간 복용하는 것을 한번의 치료과정으로 삼는다. 간신(肝腎)과 비위(脾胃)를 보(補)하고 음양(陰陽)을 조절함으로써 간신음허(肝腎陰虛)형 만성신염(慢性腎炎)에 적합하다. 주요 증상(症狀)으로는 두통, 어지러움증, 시력 모호, 손발의 열과 가슴 답답함, 이명(耳鳴), 갈증(渴症), 불면(不眠), 허리 및 다리의 무력감, 설홍소태(舌紅少苔) 또는 엷은 설태, 맥세삭(脈細數) 등의 증상에 적합하다.

재료

생지황(生地黃) 20g, 구기자(枸杞子) 20g, 산수유(山茱萸) 15g, 멥쌀 100g, 물 2000ml

조리법

01 약재를 깨끗이 씻어 둔다.

02 생지황과 산수유에 물 2000ml를 넣어 물이 끓기 시작하면 약한 불에서 30분간 끓인 뒤 찌꺼기를 제거한 약즙을 만든다.

03 약즙에 구기자, 멥쌀을 넣어 죽을 끓인다.

오디산약죽 : 상심산약죽(桑椹山藥粥)

효능

상심자(桑椹子)는 음액(陰液)을 보충하고 열(熱)을 내리며 진액(津液)을 생성시켜 위(胃)의 기능을 조화롭게 한다. 산약(山藥)과 옥수수는 비(脾)와 신(腎)을 보한다. 생율무는 비장(脾臟)을 튼튼하게 함으로써 몸속의 습(濕)을 제거시키고 대추는 비위(脾胃)의 기(氣)를 보하면서 진액(津液)을 생성시킨다. 따라서 본 처방을 매일 2~3회 복용하면 만성신우신염(慢性腎盂腎炎)에 유효하다.

재료

상심자(桑椹子:오디) 30g, 산약(山藥:마) 30g, 생율무 30g, 대추 10개, 옥수수 60g, 물 2000ml

조리법

01 약재를 깨끗이 씻어 둔다.

02 상심자, 산약, 대추에 물 2000ml를 넣어 1시간 끓인 후, 찌꺼기를 제거하여 약즙을 만든다.

03 약즙에 생율무, 옥수수를 넣어서 죽을 끓인다.

21 비뇨계(泌尿系) 결석(結石) 및 감염(感染)

일부 사람들은 식습관 및 일상생활 습관으로 인해 비뇨계통의 결석이 발생하기도 한다. 따라서 결석의 원인에 따라서 적절한 음식으로 보조치료의 효과를 볼 수 있다.

첫째, 칼슘염 결석 : 음식 중 칼슘염의 섭취를 제한해야 한다. 매일 500mg을 초과하지 않도록 하고 산성식품을 많이 섭취하면 소변의 산성반응을 촉진시킬 수 있다.

둘째, 산성 식품 : 물고기, 육류의 살코기, 계란, 잡곡 등(밀가루, 초콜릿은 피한다)

셋째, 수산(oxalicacid) 결석 : 수산이 풍부하게 함유 된 음식 및 비타민 C 제제의 섭취를 금해야 하며 가능하면, 알칼리성 음식을 많이 섭취하여 소변에서 알칼리성 반응이 나타나도록 유도해야 한다.

넷째, 알칼리성 식품 : 우유, 야채, 과일 등을 많이 섭취한다.

다섯째, 요산(尿酸) 결석 : 간, 콩팥, 뇌, 육수, 마른 콩 등은 퓨린염기성(purine base)이 높은 음식으로 섭취를 금해야 한다. 요산결정은 알칼리성 소변에서 쉽게 용해되므로 알칼리성 식품을 많이 섭취해야 한다. 물을 많이 마셔서 결석의 용해를 촉진시킬 수 있다.

시스틴(cystine) 결석 : 시스틴요의 생성 때문에 메티오닌(methionine)이 풍부하게 함유된 계란, 가금류, 수산물, 육류 등은 제한해야 한다. 가능하면 알칼리성 음식을 섭취함으로써 소변에서 알칼리성 반응이 생성될 수 있도록 도와야 하며, 물을 많이 음용함으로써 시스틴의 농도를 감소시켜 치료에 도움을 줄 수 있다.

요로감염은 습열(濕熱)이 밑으로 축적되고 방광(膀胱)의 기화(氣化) 작용이 원활하지 못하여 발생하게 된다. 따라서 음식을 섭취할 때는 가능하면 열을 내리고, 해독(解毒) 및 이뇨(利尿) 작용이 있는 음식, 담백하고 신선한 야채나 과일 등을 많이 섭취하는 것이 좋다.

예를 들면, 미나리, 비름나물, 백모근(白茅根), 삼백초(三白草), 쇠비름, 녹두, 옥수수수염, 동과(冬瓜), 수박, 키위, 딸기, 월과[채과(菜瓜)], 우렁이, 숙주나물, 동죽조개(무명조개, 문합) 등이다.

반대로 섭취를 금해야 하는 음식으로는 맵고 자극적인 음식, 열성 식품, 고지방 식품, 시고 떫은 맛의 음식들이다. 예를 들면, 개고기, 석류(石榴), 목과(木瓜 : 모과), 생강, 후추, 육계(肉桂 : 계피), 인삼(人蔘), 앵두, 쇠귀나무 열매[양매(楊梅)], 여지(荔枝), 용안육(龍眼肉), 포도, 식초, 참새 등이다.

질경이어성초차 : 차전즙채탕(車前蕺菜湯)

효능

차전초(車前草)는 이뇨(利尿) 작용과 함께 몸속의 습열(濕熱)을 제거하는 효능이 있고, 어성초(魚腥草)는 열을 내리고 해독(解毒)시키면서 이뇨(利尿) 작용을 함께 구비하고 있다. 따라서 간담(肝膽)에 쌓인 열을 식히고 원활한 배뇨(排尿) 작용을 도움으로써 비뇨계통(泌尿系統)의 감염에 효과가 있다.

재료

차전초(車前草 : 질경이) 60g, 어성초[魚腥草 : 즙채(蕺菜)] 60g, 꿀 10g

조리법

01 약재를 깨끗이 씻어 물 1000ml를 넣고 30분간 끓인다.

02 꿀을 넣어 차로 마신다.

금석팥죽 : 금석적두죽(金石赤豆粥)

효능

금전초(金錢草)와 석위(石韋)는 몸의 열을 내리고 이뇨(利尿)와 결석(結石)을 배출시키는 효과가 있다. 팥은 이뇨(利尿) 작용과 함께 습(濕)을 제거하는 기능이 있고, 멥쌀은 비위(脾胃)를 보(補)하는 기능이 있다. 이러한 효능들이 합해져서 열(熱)을 내리고 습(濕)을 제거하면서 이뇨(利尿)와 함께 결석(結石)의 배출을 돕게 된다.

재료

금전초(金錢草) 50g, 석위(石韋) 15g, 팥 30g, 멥쌀 50g

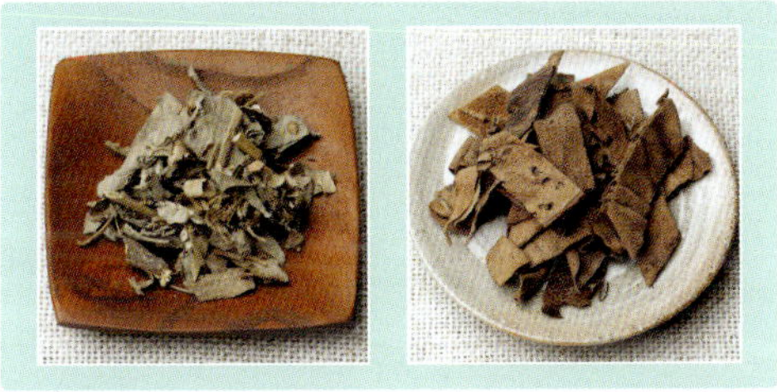

조리법

01 약재를 깨끗이 씻어 둔다.

02 금전초와 석위에 물 1000ml를 넣어 30분간 끓여 약즙을 만든다.

03 팥은 물을 넉넉히 넣어 끓으면 물을 버리고 2배 정도의 물을 다시 넣어 무를 때까지 푹 삶는다.

04 삶은 팥, 멥쌀 및 물 350ml를 넣고 죽을 끓인다.

한련이금차(旱蓮二金茶)

효능

한련초(旱蓮草)는 신장(腎臟)의 음액(陰液)을 보(補)하면서 지혈(止血)시키는 효과가 있고, 금전초(金錢草)와 해금사(海金沙)는 열(熱)을 내리면서 이뇨(利尿) 작용이 있다. 녹차도 이뇨작용과 함께 열을 내리는 효과가 있는데, 이러한 효능들이 합해져서 요로결석(尿路結石)에 효과가 있다. 일반적으로 하루에 1첩을 차처럼 음용한다.

재료

한련초(旱蓮草) 15g, 금전초(金錢草) 30g, 해금사(海金沙) 15g, 녹차(綠茶) 2g, 꿀 10g, 물 1000ml

조리법

01 녹차와 해금사를 제외한 약재를 깨끗이 씻는다.

02 01에 물 1000ml를 넣고 30분간 끓인다.

03 02에 녹차 2g을 넣고 한번 더 끓여 낸다.

04 해금사를 넣어 잘 저어준다.

05 꿀을 넣어 마신다.

22 불면증(不眠症)

불면증 환자의 음식은 담백하고 평이한 맛이어야 스스로 안정된 정서를 유지하도록 노력해야 한다. 일상의 음식은 두류(豆類), 우유, 곡류(穀類), 계란류, 어류(魚類), 동과(冬瓜), 시금치, 사과 등의 담백하고 소화가 잘되는 음식이 좋다.

불면증 환자의 저녁식사는 과식을 금하고 특히 수면 직전에 음식을 섭취하거나 지나치게 많은 물을 마심으로써 위장에 자극을 주어 대뇌피질을 흥분시키거나 소변량의 증가로 수면에 영향을 주지 않도록 해야 한다.

저녁식사 메뉴 중 맵고 기름진 음식 역시 수면에 영향을 주게 된다. 고추, 마늘, 양파 등은 위(胃)에 자극과 소화장애를 일으킬 수 있어 정상적인 수면을 방해할 수 있다. 기름진 음식을 과식한 경우에도 위장(胃腸)과 간(肝), 담(膽), 그리고 췌장(膵臟) 등에 부담을 초래하고 신경중추를 자극해서 불면이 될 수도 있다. 또한 두류(豆類), 배추, 양파, 옥수수, 바나나 등도 정상수면을 방해할 수 있다. 그리고 카페인이 함유된 음식은 신경계통을 자극시키면서 이뇨작용이 있어 불면증의 한 요인이 될 수 있다.

원지연자죽 : 원지련분죽(遠志蓮粉粥)

효능

비위(脾胃)의 기(氣)를 보(補)하면서 눈과 귀를 밝게 하는 효과가 있어 건망증(健忘症), 불면증(不眠症), 가슴 두근거림 등의 증상에 유용하다.

재료

원지(遠志) 30g, 연자(蓮子) 15g, 멥쌀 50g, 물 700ml

조리법

01 원지를 물에 담가 심을 제거한 뒤 연자와 함께 물 300ml를 넣어 10분간 끓여 찌꺼기를 제거하고 약즙을 만든다.

02 멥쌀에 물 400ml를 넣어 죽을 만들고, 죽이 완성될 시점에 약즙을 넣어 다시 한소끔 끓인다.

오미자보리죽 : 오미자죽(五味子粥)

효능

몸이 허약해서 자주 땀을 흘리고 기침과 함께 숨이 차며, 불면증(不眠症), 갱년기장애증, 신경쇠약, 간염(肝炎), 위염(胃炎), 협심증(狹心症) 등의 증상에 보조치료제로 사용할 수 있다.

단, 풍한(風寒)에 의한 감기나 설사 및 담음습탁(痰飮濕濁)에 의한 기침 등에는 사용하지 않으며, 이질(痢疾), 황달(黃疸), 치질(痔疾), 변비(便秘)환자 및 출산자 등은 금해야 한다.

재료

보리쌀 150g, 산조인(酸棗仁) 10g, 오미자(五味子) 10g, 맥문동(麥門冬) 10g, 연자(蓮子) 20g, 용안육(龍眼肉) 20g, 올리고당 20g, 물 2000ml

조리법

01 산조인, 오미자를 분말로 만든 뒤 맥문동과 물 2000ml를 넣어 30분간 끓여 약즙을 만든다.

02 연자는 심을 제거하고 물러질 때까지 끓여서 약즙에 보리쌀을 넣어 죽을 만든다.

03 보리쌀이 거의 익으면 용안육을 넣고 죽이 완성될 시점에 올리고당 20g을 넣어 완성한다.

합환피죽(合歡皮粥)

효능

매일 1첩씩 아침, 저녁으로 1주일간 복용하는 것을 한번의 치료과정으로 한다. 간기(肝氣)의 소통이 원활해지고 혈액순환 및 신경안정의 효능이 있으므로 가슴과 옆구리에 답답함이나 통증을 느끼면서 불면증이 있는 사람에게 유용하다.

재료

합환피(合歡皮) 30g, 멥쌀 50g, 실파, 생강, 소금, 참기름, 물 750ml

조리법

01 합환피에 물 750ml를 넣고 끓으면 약한 불에서 20분간 더 끓인 뒤 약 찌꺼기를 제거하여 약즙을 만든다.

02 멥쌀을 깨끗이 씻어 약즙과 물 250ml를 넣고 끓여 죽을 만든다.

03 죽이 완성될 시점에 파, 생강, 소금, 참기름 등을 넣는다.

23 비만증(肥滿症)

비만으로부터 탈출하는 유일한 방법은 음식 조절이지만 음식에만 의존하는 다이어트는 불가능에 가까울 만큼 힘들다는 것이 일반적인 시각이다.

다이어트 조절은 첫 번째로 떠올리는 말이 "절식(節食)"이다. 많은 사람들이 날씬한 몸매를 위해 하루 세끼의 식사규칙을 깨고 자주 아침을 거르게 된다. 이 경우 점심을 빠른 속도로 많이 먹게 되면서 아침, 점심의 식사량을 합한 것보다 더 많이 섭취하게 되어 열량 과잉현상을 초래하게 되는 경우가 있다. 이로 인해 여분의 열량은 지방으로 체내에 저장되고 신체는 점점 비만해지게 되며, 위염, 위 비대증, 급성췌장염, 동맥경화, 심근경색 등에 쉽게 노출될 수 있다. 만약 야식(夜食)을 먹게 되면 열량 초과로 인한 지방의 축적으로 쉽게 비만에 이르게 되는데 특히 수면 전 3시간 이내에는 어떤 음식도 섭취하지 않는 것이 가장 이상적인 다이어트 조절 중 하나이며 특히 술과 육식을 주의해야 한다.

비만 환자는 가능하면 섬유소가 풍부한 음식을 섭취하는 것이 좋은데 섬유소는 음식물의 흡수를 방해하면서 위(胃) 내부의 수분을 흡수하여 팽창됨으로써 많은 체적을 차지한다. 그 결과 사람들은 포만감을 느낄 수 있기 때문에 자연적으로 식사량도 줄고 체중도 줄어 들게 된다. 사람들이 섭취하는 섬유소 음식은 일정한 시간 내에 소화흡수되어 배설하게 된다. 음식 중 섬유소가 풍부하면 씹는 횟수도 증가하게 되어 식사속도를 늦추게 되고 결과적으로는 천천히 소장에서 영양분을 흡수할 수 있게 되어 혈당의 상승이 완만해지는 효과가 있다. 또한 음식의 섬유소는 장(腸)의 연동운동(蠕動運動)을 촉진시키므로 만약 대량으로 섭취했을 경우 변비도 자연적으로 해소될 수 있고 더 나아가 대장암(大腸癌)의 발병률도 낮출 수 있다.

비만 환자는 반드시 금주(禁酒)를 해야 하는데, 술의 주요 성분인 알코올은 고열량(高熱量)일 뿐만 아니라 체내에 지방의 축적을 촉진시키는 역할을 하게 된다. 알코올 1l는 7000kcal의 열량에 해당한다. 단백질과 당류 및 지방은 비록 같은 열량을 생산하지만(1g의 단백질과 당은 각각 4kcal의 열량, 1g의 지방은 9kcal의 열량) 이것은 인체에 유익한 성분이고 알코올은 단지 칼로리만을 함유하므로 비만을 초래할 뿐이다. 예를 들면, 생맥주 1캔(355cc, 135kcal)과 소주 1병(360cc, 508kcal)은 밥 1공기 반에 해당된다. 특히 일부 사람들은 식후 또는 잠자기 전에 술을 마시는 습관이 있는데,

만약 자주 과음을 하고 고열량의 음식을 섭취한다면 과잉 열량으로 피하지방(皮下脂肪)이 증가하여 비만해질 수밖에 없다.

어떤 사람들은 커피가 체내의 수분을 흡수하고 흥분작용이 있어 커피를 많이 마시면 다이어트에 유리하다고 생각하는데, 오히려 커피는 위장(胃腸)의 분비를 자극해서 식욕을 증가시킬 수 있다. 커피에 포함된 카페인은 혈액 중의 유리지방산(游離脂肪酸:free fatty acid)을 현저히 상승시키고 간장(肝臟)에서 중성지방(triacylglycerol) 합성의 원료가 된다. 사람들이 마시는 커피에는 일반적으로 설탕을 가미하게 되므로 커피를 좋아하는 사람들은 다이어트에 성공할 확률이 낮으며 오히려 비만해질 가능성이 높다.

결론적으로 비만 환자의 음식 섭취에 관한 원칙은 저열량(低熱量), 저지방(低脂肪), 저염(低鹽) 및 저탄수화물과 함께 단백질, 무기질, 비타민 및 섬유소 등의 음식을 많이 섭취하는 것이다.

산사돼지고기전 : 산사육건(山楂肉乾)

효능

음액(陰液)을 보충해 주면서 비위(脾胃)를 튼튼히 하여 소화기능을 회복시키므로 비만(肥滿)에 적합한 약선(藥膳)이다.

재료

산사(山楂) 40g, 돼지 살코기 25g, 설탕 5g, 생강 5g, 소금 5g, 파 10g, 청주 10g, 참깨 10g, 참기름 10g, 찹쌀가루 50g, 식용유 20ml, 물 3000ml

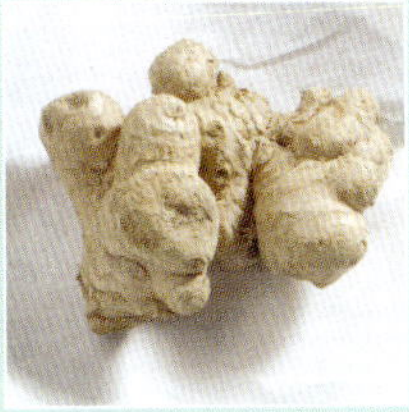

조리법

01 절편한 산사 20g, 돼지 살코기는 넓이 1cm, 길이 4cm, 두께 0.5cm로 잘라 물 3000ml, 소금, 청주, 생강, 파 등을 넣고 2시간 정도 끓인 뒤 파, 생강, 고기 등을 건져내서 체에 받쳐 수분을 제거한다.

02 삶은 돼지고기에 찹쌀가루를 앞뒤로 무쳐서 팬에 식용유를 두르고 살짝 지진다.

두부유채겉절이 : 두부소유채(豆腐燒油菜)

효능

두부는 진액(津液)을 생성시켜 체내(體內)에 건조한 기운을 치료하는 효능과 함께 열(熱)을 내리고 해독(解毒)을 시키는 효능이 있다. 유채(油菜)는 일반적인 영양소 이외에 풍부한 비타민 C와 식물성 섬유소를 포함하고 있어 피부를 윤택하게 할 뿐만 아니라 다이어트 조절에도 좋다.

재료

두부 300g, 유채(油菜) 200g, 고춧가루 25g, 다진마늘 10g, 설탕 5g 식초 5g, 멸치액젓 20g, 소금, 통깨

조리법

01 두부는 1% 소금물에 삶아 부드럽게 한다.

02 유채를 씻어 건진 뒤 고춧가루, 설탕, 식초, 멸치액젓, 통깨를 넣어 무친다.

03 두부를 접시 가장자리에 놓고 중간에 유채겉절이를 놓는다.

녹두호박죽 : 녹두남과갱(綠豆南瓜羹)

효능

녹두는 차가운 성질로 열(熱)을 내리고 해독(解毒)시키면서 이뇨(利尿) 작용이 있다. 호박은 전분, 칼슘, 철분 등을 함유하고 있으면서 이뇨(利尿) 작용도 좋다. 따라서 포만감도 느끼면서 위(胃)에 부담도 적어 비만증(肥滿症), 고지혈증(高脂血症), 고콜레스테롤증 환자 등에게 적합한 약선이다.

재료

건녹두(乾綠豆) 100g, 단호박 500g, 소금 약간, 물 400ml

조리법

01 호박을 깨끗이 씻어 꼭지와 속을 제거하고 2cm 크기로 자른다.

02 녹두는 물 1000ml 정도를 넣어 푹 삶는다.

03 단호박에 물 400ml를 넣고 끓인다.

04 03에 삶은 녹두를 넣고 30분 정도 끓여서 소금을 넣어 완성한다.

24 안질환(眼疾患)

장기간 과도하게 눈을 사용하는 사람들은 대부분 시력이 떨어지고 눈의 답답함을 느끼게 되고 심지어 각종 안질환(眼疾患)을 앓게 된다. 전문가들에 의하면 일상생활 중에서 과학적인 생활방식과 합리적인 식습관은 시력을 보호하는 좋은 방법 중 하나이다.

근시(近視)의 경우 평상시에 수산물, 곡식, 귤 등의 과일 및 홍색 과일을 섭취함으로써 시력감퇴를 예방할 수 있다. 특히 근시(近視) 환자는 단 음식과 치즈 등의 과다한 섭취는 근시를 더욱 악화시킬 수 있다.

안구건조증(眼球乾燥症)은 장기간 엎드려서 일하는 근로자나 장시간 컴퓨터 앞에서 일하는 사람들에게 많이 나타나는 증상으로 눈을 많이 사용하는 것이 주요 원인 중 하나이다. 이러한 증상에는 반드시 각종 과일 중 특히 귤종류의 과일과 녹색 야채, 곡식, 수산물, 계란 등의 충분한 섭취가 필요하다.

원시(遠視) 환자는 가능하면 마늘, 양파, 유제품(탈지우유), 건과(乾果), 동물 간장 등의 섭취가 필요하고 고지방 식품은 피하는 것이 좋다.

녹내장(綠內障) 환자의 경우 일반적으로 안압(眼壓)이 지나치게 높은 것이 원인이다. 안압을 낮추기 위해서는 마늘, 양파 등의 섭취가 효과적이며 기름진 음식은 가능하면 피해야 한다. 또한 커리, 녹차, 술, 담배 등도 좋지 않다.

노안(老眼)과 백내장(白內障) 환자는 모두 물을 많이 마시는 것이 좋은데 매일 1500ml(8잔) 이상 마시는 것이 좋다. 또한 신선한 녹색 야채를 섭취하는 것이 좋으며 그외에 귤, 포도, 레몬, 바나나, 살구 등의 과일도 좋다. 또한 정기적으로 칼슘 성분이 함유된 음식을 섭취하고 가능하면 동물성 지방, 당질, 술, 담배 등은 금하도록 한다.

국화굴죽 : 국화돈모려(菊花燉牡蠣)

효능

열(熱)을 내리는 기능과 해독(解毒)시키는 작용 및 눈을 밝게 하는 효능이 있다. 따라서 간기(肝氣)가 원활하게 소통되면서 근시(近視) 환자에게 유효한 약선(藥膳)이다.

재료

말린 국화(菊花) 20g, 굴 250g, 감초(甘草) 6g, 청주 10g, 파 10g, 소금 3g, 생강 4g, 찹쌀가루 50g, 물 1000ml

조리법

01 감초를 얇게 썰고 국화는 깨끗이 씻는다.

02 굴은 소금물에 깨끗이 씻고, 생강과 파를 자른다.

03 감초와 국화에 물 1000ml를 넣어 센 불에서 끓으면 약한 불로 25분간 더 끓인 뒤 약즙을 만든다.

04 약즙, 굴, 청주, 생강, 파를 넣고 약간 더 끓인 뒤 찹쌀가루와 소금을 넣어 죽을 끓인다.

결명자죽(決明子粥)

효능

매일 1회씩 복용하면 간(肝)의 열(熱)을 내리고 눈을 맑게 함으로써 녹내장(綠內障)에 유효한 약선이다.

재료

결명자(決明子) 15g, 흰국화 10g, 멥쌀 100g, 올리고당 10g, 물 1500ml

조리법

01 결명자를 향기가 날 정도로 볶는다.

02 볶은 결명자, 국화를 물 1500ml를 넣어 30분간 끓여서 약즙을 만든다.

03 약즙에 쌀을 넣고 죽을 끓인다.

04 죽에 올리고당을 넣어 완성한다.

구기자산수유죽 : 기자유육죽(杞子萸肉粥)

효능

구기자(枸杞子)는 간(肝)과 신(腎)을 보해서 눈을 맑게 한다. 산수유(山茱萸)는 신맛과 함께 따뜻한 성질로 인해 간신(肝腎)을 보(補)하고 정기의 유실을 방지하고 찹쌀은 비위(脾胃)의 기(氣)를 보하면서 다른 약의 효과를 돕는다. 따라서 보익간신(補益肝腎), 자음양혈(滋陰養血)의 공효로 눈을 맑게 함으로써 노인성 백내장(白內障)에 좋다.

재료

구기자(枸杞子) 15g, 산수유(山茱萸) 15g, 찹쌀 100g, 올리고당 10g, 물 1000ml

조리법

01 산수유를 깨끗이 씻어 핵을 제거한다.

02 산수유, 구기자, 찹쌀, 물 1000ml를 넣고 끓여서 죽을 만든다.

03 죽에 올리고당을 넣어 완성한다.

25 빈혈(貧血)

철분결핍성 빈혈의 가장 기본적인 치료방법은 철분을 보충하는 것이며, 증상이 명확할 경우 철분제를 복용할 수 있다. 하지만 철분제를 과다 복용하게 되면 간장(肝臟)과 기타 기관에 철분이 과포화상태가 되면서 기타 질병을 초래할 수 있다. 따라서 철분을 보충할 수 있는 가장 좋은 방법은 음식으로 섭취하는 것이다.

철분의 급원식품(給源食品)은 동물의 간장, 콩팥, 살코기, 계란 노른자, 닭, 수산물, 새우 및 콩종류이다. 녹색 채소 중 철분을 다량 함유하고 있는 것은 시금치, 미나리, 유채, 비름나물, 냉이, 원추리, 토마토, 살구, 복숭아, 자두, 건포도, 대추, 앵두 등이며 이밖에 호두, 다시마, 흑설탕, 참깨 등에도 철분이 함유되어 있나.

빈혈(貧血) 환자는 절대로 차갑고 불결한 음식을 섭취해서는 안된다. 왜냐하면 빈혈(貧血)의 원인이 기생충일 수도 있으므로 익히지 않은 음식은 기생충을 포함하고 있을 가능성이 가장 크기 때문이다. 따라서 반드시 자숙(煮熟)한 음식이어야만 한다. 비교적 쉽게 기생충을 접할 수 있는 음식은 야채, 돼지고기, 쇠고기, 양곡, 어류(魚類), 게, 새우 등이다. 만약 빈혈 환자에게서 부종(浮腫)이 나타날 경우에는 반드시 소금의 섭취를 제한해야만 한다. 또한 쉽게 소화되지 않는 음식을 섭취하지 말아야 한다. 즉, 땅콩, 해바라기씨, 호두, 살구씨, 부추, 마늘쫑, 양파, 죽순, 크림, 게, 동죽조개(문합, 무명조개) 및 끓여서 쉽게 물러지지 않는 각종 육류 등이다.

녹차는 소화흡수를 돕는 작용이 있다고는 하지만 철분결핍성 빈혈 환자는 보혈약(補血藥)을 복용시에는 차를 마셔서는 안된다. 왜냐하면 차엽에 함유된 탄닌(tannin)이 철분과 결합되어 인체에서 철분을 이용할 수 없게 되기 때문이다.

용안구기죽(龍眼枸杞粥)

효능

1첩으로 매일 아침, 저녁으로 2회에 걸쳐 복용하면 기혈(氣血)을 보(補)하는 효능이 있어 기혈부족(氣血不足)형의 빈혈(貧血)에 적합하다.

재료

용안육(龍眼肉) 15g, 구기자(枸杞子) 15g, 찹쌀 15g, 멥쌀 15g

조리법

01 용안육과 구기자를 깨끗이 씻는다.

02 01에 찹쌀, 멥쌀, 물 500ml를 넣고 약한 불에서 죽을 끓인다.

십전대보돼지고기탕 : 십전대보탕(十全大補湯)

효능

매일 아침, 저녁으로 한 그릇씩 5일 간격으로 복용하면 기혈(氣血)이 부족한 것이 원인인 빈혈(貧血)을 치료할 수 있다. 하지만 풍한성(風寒性) 감기몸살의 경우에는 복용을 금해야 한다.

재료

인삼(人蔘) 10g, 자황기(炙黃芪) 10g, 육계(肉桂) 3g, 숙지황(熟地黃) 15g, 당귀(當歸) 15g, 초백출(炒白朮) 10g, 주백작약(酒白芍藥) 10g, 복령(茯苓) 10g, 초천궁(炒川芎) 6g, 자감초(炙甘草) 6g, 오징어 50g, 돼지내장 50g, 돼지고기 500g, 생강 30g, 돼지뼈 200g, 파 10g, 청주 20ml, 화초(花椒), 소금, 물 3000ml

조리법

01 약재는 깨끗이 씻어 약주머니에 넣고 입구를 단단히 동여맨다.

02 돼지고기, 오징어, 돼지내장, 돼지뼈 등은 깨끗이 씻어 두고, 생강도 썰어 둔다.

03 01, 02를 약주머니에 넣어 물 3000ml를 넣은 뒤 생강, 파, 화초, 청주, 소금 등을 넣고 센 불에서 끓으면 약한 불에 오래 고아서 고기가 물러지면 약주머니는 건져 낸다.

04 국물과 고기를 함께 복용한다.

당귀황기닭찜 : 귀기증계(歸芪蒸鷄)

효능

징혈(精血)을 보충해 주는 효능으로 인해 빈혈증(貧血症) 환자에게 적합하다.

재료

당귀(當歸) 20g, 자황기(炙黃芪) 100g, 씨암탉 1마리, 청주, 생강, 파, 소금, 후추 적당량

조리법

01 암탉의 내장을 제거한 뒤 깨끗이 씻어 수분을 제거한다.

02 당귀는 깨끗이 씻어 적당한 크기로 자른다. 파는 씻어 길게 자르고, 생강은 깨끗이 씻어 큰 조각으로 자른다.

03 당귀와 황기를 닭의 뱃속에 넣는다.

04 닭의 배를 위로 하고, 생강, 파, 소금, 청주, 후추 등을 넣고 덮는다.

05 찜통에 넣은 뒤 약 2시간 정도 찐 뒤에 생강과 파를 골라 낸다.

25 월경병(月經病)

음식은 건강한 신체를 유지시켜 줄 뿐만 아니라 질병을 치료하기도 한다. 약을 사용하면서 동시에 적합한 음식을 섭취하게 된다면 약으로 인한 독을 감소시켜 인체의 피해를 줄일 수 있을 뿐만 아니라 몸의 정기를 보충함으로써 치료효과를 제고시킬 수 있다. 월경병(月經病) 환자는 합리적인 식단 뿐만 아니라 음식의 수량, 음식의 딱딱한 정도 및 차고 더운 성질까지도 잘 선택해야만 한다.

생리통(生理痛), 생리불순(生理不順), 붕루(崩漏), 월경량이 지나치게 적거나 폐경(閉經)이 된 사람 등은 진피(陳皮 : 귤껍질), 빈랑(檳榔), 불수감(佛手柑), 원추리, 무 등을 섭취하는 것이 좋다. 한습(寒濕)으로 신체의 신진대사가 원활하지 못한 경우 또는 양기(陽氣)가 부족한 허한성(虛寒性) 월경병 환자의 경우 개고기, 소 내장, 닭고기, 참새, 해삼, 해마(海馬), 쇠고기, 메추리, 연어, 두렁허리[황선(黃鱔)], 대추, 앵두, 여지, 복숭아, 생강, 파, 후추 등을 섭취하면 좋다.

월경병을 앓고 있을 때 일부 음식물은 반드시 섭취를 금하거나 또는 적게 섭취하도록 해야만 하는데, 예를 들면 곶감, 사과, 귤, 비파(枇杷), 등자(橙子), 유자(柚子), 무화과(無花果), 키위, 사탕수수, 수박, 참외, 고구마, 생오이, 생수세미, 올방개, 냉이, 무, 비름나물, 토마토, 두부, 연근, 죽순, 다시마, 김, 해조(海藻), 짚버섯, 순채(蒓菜), 구기자잎, 감국잎, 생지황, 씹조개, 가막조개, 굴, 오리고기, 오리피, 오리알, 녹두, 숙주나물, 서양삼(西洋蔘), 결명자(決明子), 금은화(金銀花), 국화(菊花), 박하(薄荷), 냉차(冷茶) 및 각종 냉장음료 등이다. 이들은 정상적인 여성일지라도 생리기간에는 주의하는 것이 좋다.

향부도인죽(香附桃仁粥)

효능

1첩 분량으로 매일 2~3회씩 며칠간 따뜻하게 복용하면 혈액순환(血液循環)이 원활해지면서 근육이 유연해진다. 따라서 폐경(閉經)과 함께 아랫배에 가스가 차고, 정신적으로는 늘 우울하며 화를 참지 못하면서 유방에 통증이 심한 유형의 폐경(閉經) 환자에게 적합하다.

재료

향부자(香附子) 30g, 도인(桃仁 : 복숭아씨) 15g, 멥쌀 100g, 흑설탕 30g, 물 2000ml

조리법

01 향부자를 물 2000ml에 1시간 정도 끓여 약즙을 만든다.

02 도인은 빻아서 물에 담가 찌꺼기를 제거한다.

03 멥쌀, 도인, 약즙, 흑설탕을 넣고, 센 불에서 끓으면 약한 불에서 죽을 끓인다.

당귀보혈죽(當歸補血粥)

효능

기혈(氣血)을 보충하는 대표적인 처방으로 기혈부족(氣血不足)에 의한 생리불순에 적합하다. 즉, 월경(月經) 주기가 앞당겨지거나 양이 많으면서 색이 묽고 자주 피로감, 권태감을 느끼고 안색에 윤기가 없으면서 쉽게 가슴이 두근거리고 아랫배가 밑으로 빠지는 듯한 느낌의 환자에게 적합하다. 이러한 유형의 생리불순 환자는 주로 혀가 엷은색이면서 설태(舌苔)도 엷고 맥(脈)은 침허맥(沈虛脈)에 무력감이 느껴지는게 일반적이다.

재료

황기(黃芪) 30g, 당귀(當歸) 10g, 멥쌀 또는 찹쌀 100g, 흑설탕 10g, 물 2000ml

조리법

01 황기 절편과 당귀를 깨끗이 씻어 물 2000ml를 넣어 1시간 정도 끓여 약즙을 만든다.

02 약즙에 쌀을 넣어 죽을 끓인다.

03 죽이 완성될 시점에 흑설탕을 넣어서 2회에 걸쳐 따뜻하게 복용한다.

산사익모초죽 : 산사거통죽(山楂去痛粥)

효능

생리(生理) 시작 1주일 전부터 생리 시작일까지 매일 2회 따뜻하게 복용하면 어혈을 제거하고 생리가 순조롭게 진행되도록 도와주고 진통효과를 얻을 수 있다. 생리통(生理痛) 환자 중 특히 생리(生理) 시에 혈괴(血塊)가 보이고 생리(生理) 주기가 늦어지는 사람에게 적합하다.

재료

산사(山楂) 30g, 계혈등(鷄血藤) 12g, 익모초(益母草) 12g, 당귀(當歸) 9g, 천궁(川芎) 5g, 멥쌀 100g, 흑설탕 10g, 물 2000ml

조리법

01 약재를 깨끗이 씻어 물 2000ml를 넣고 약한 불에서 1시간 정도 끓여서 약즙을 만든다.

02 약즙에 멥쌀을 넣어서 죽을 끓인다.

03 죽이 완성되면 흑설탕을 넣는다.

제8장 보양약선(補養藥膳)

약선(藥膳)과 약죽(藥粥)을 조리할 때 보약(補藥)은 임의로 사용할 수 있는 것이 아니다. 반드시 약선음식 대상자의 체질(體質)과 약물의 성능(性能) 및 공효(功效)를 정확히 이해하여 사용되어야 한다.

한의학의 치료원칙에 입각한 보약(補藥)은 크게 보기약(補氣藥), 보혈약(補血藥), 보음약(補陰藥), 보양약(補陽藥) 등 4종류로 나눌 수 있다.

구체적인 공능과 증상을 토대로 더 구체적으로 분류한다면 보간신류(補肝腎類), 보신장양류(補腎壯陽類), 보비위류(補脾胃類), 청열(淸熱) 및 윤폐류(潤肺類) 등으로 나눌 수 있다. 이밖에도 여러 종류의 분류법이 있으나 상황에 맞도록 상호결합해서 사용하여야 하며, 특히 한의학의 변증론치(辨證論治) 원칙에 부합해야만 제대로 된 약선(藥膳)이라 할 수 있다.

1 보기약선(補氣藥膳)

기허(氣虛)의 대표적인 증상은 피로감, 무력감(無力感), 사지(四肢)의 권태감(倦怠感) 등이다. 따라서 환자는 말하기 귀찮아하고 목소리에 힘이 없으며 숨이 가쁘고 호흡이 짧아진다. 또한 쉽게 땀을 흘리고 감기에 자주 걸리는 등의 증상이 나타난다.

이처럼 기허(氣虛)와 관련된 증상들이 나타날 수 있는 가능성이 많은 그룹은 노인, 허약 체질자, 장기간 병을 앓은 사람, 정신적 · 육체적으로 지친 사람 등이다. 현대 의학적인 병명 중에서는 만성간염(慢性肝炎), 만성장염(慢性腸炎), 만성기관지염(慢性氣管支炎), 폐기종(肺氣腫), 관상동맥경화증(冠狀動脈硬化症), 빈혈(貧血), 당뇨병(糖尿病), 종류(腫瘤) 등의 질병 등이다. 질병들의 공통된 특징은 사지(四肢)의 무력감(無力感)과 함께 쉽게 피로를 느끼면서 설질(舌質)은 엷고 설태(舌苔)는 백윤(白潤)하면서 맥완약무력(脈緩弱無力) 등의 증상을 수반하게 된다.

물론 어떤 종류의 질병이라도 한의학적 변증의 결과 기허(氣虛)로 진단되었다면 보기약선(補氣藥膳)을 섭취할 수 있다.

상용되는 보기류(補氣類)의 한약재는 인삼(人蔘), 당삼(黨蔘), 태자삼(太子蔘), 황기(黃芪), 백출(白朮), 산약(山藥 : 마), 복령(茯苓), 의이인(薏苡仁 : 율무), 검실(芡實 : 가시연밥) 등이다.

상용되는 보기류(補氣類) 식품은 찹쌀, 멥쌀, 땅콩, 밤, 연밥, 대추, 해삼, 돼지고기, 돼지의 내장, 소고기, 우유, 양고기, 양유(羊乳), 닭고기, 계란, 비둘기, 붕어, 미꾸라지, 메추리, 두렁허리(黃鱔), 황소개구리, 표고버섯, 전어(鱘魚), 청어, 호박, 꿀, 생강, 마늘, 파, 고추, 산초나무 열매(花椒), 후추, 콩가루, 청주 등이다.

황기인삼잉어탕 : 기삼돈활어(芪蔘燉活魚)

효능

하루 1회씩 10일간 복용하면 심장(心臟)과 비장(脾臟)의 기혈을 보충할 수 있다. 따라서 심기(心氣)가 허(虛)해서 발생하는 두근거림, 어지러움증, 권태(倦怠), 식욕부진, 부종(浮腫) 등의 증상에 사용할 수 있다. 현대 의학적 개념으로는 관상동맥경화증(冠狀動脈硬化症)형의 심장병(心臟病), 부정맥(不整脈), 신경성 위장병(胃腸病), 지질대사(脂質代謝) 이상, 만성신염(慢性腎炎)성 부종(浮腫), 영양불량(營養不良)성 부종(浮腫), 저단백혈증(低蛋白血症) 등의 증상(症狀)에 보조치료작용을 할 수 있다.

재료

잉어 1마리, 황기(黃芪) 25g, 인삼(人蔘) 25g, 청주 10g, 생강(生薑) 5g, 파 10g, 소금 3g, 물 4000ml

조리법

01 싱싱한 잉어의 내장을 제거하고 지느러미와 아가미를 깨끗이 씻는다.

02 황기와 인삼을 깨끗이 씻어 잉어, 황기, 인삼, 청주, 생강, 파, 소금과 함께 물 4000ml를 넣고 삶는다.

03 센 불로 삶아 물이 끓어 오르면 약한 불에서 국물이 진하게 될 때까지 끓인 뒤 인삼, 황기 등을 건져 내어 완성한다.

황기삼계탕 : 황기인삼계(黃芪人蔘鷄)

효능

고기와 약재 및 국물을 반찬 대용으로 먹음으로써 비위(脾胃)의 기(氣)를 보(補)할 수 있다. 즉, 평수 몸이 마르고 식욕부진과 함께 늘 피로감을 호소하는 사람들에게 적합한 약선이다.

재료

닭 1마리, 황기(黃芪) 20g, 인삼(人蔘) 20g, 산약(山藥:마) 20g, 생강 5g, 파 5g, 소금

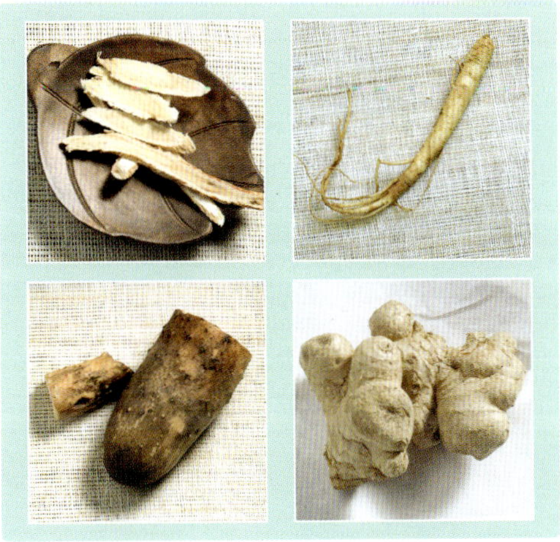

조리법

01 닭 1마리를 깨끗이 씻어 3×4cm 크기로 자른다. 닭이 충분히 잠길 정도로 물을 넣는다.

02 황기, 인삼, 산약을 씻어서 물이 끓기 시작하면 생강, 소금 등을 첨가하고 약한 불로 장시간 고아서 육질이 물러질 때까지 삶은 뒤 마지막에 파를 넣는다.

황기지한탕(黃芪止汗湯)

효능

매일 100ml씩 2회 복용하면 비장(脾臟)과 폐장(肺臟)이 튼튼해지며 고표(固表) 작용이 증강되어 허한(虛汗)을 멈추는 데 유효하다. 즉, 폐기(肺氣)가 허(虛)해서 발생하는 땀(自汗 및 盜汗 포함)과 기력이 쇠해짐으로 인해 호흡시 숨이 가쁜 증상 등이 완화될 수 있다. 현대 의학적 개념으로는 신경기능의 문란, 면역기능의 저하, 심장(心臟) 기능의 저하, 면역성 신장병(腎臟病) 등의 증상(症狀)에 보조치료(輔助治療) 작용을 할 수 있다.

재료

생황기(生黃芪) 15g, 부소맥(浮小麥) 40g, 초백출(炒白朮) 10g, 방풍(防風) 10g, 멥쌀 50g, 물 800ml

조리법

01 생황기, 부소맥, 초백출, 방풍을 깨끗이 씻어 약주머니에 넣는다.

02 멥쌀을 깨끗이 씻어 멥쌀과 01의 약주머니에 800ml의 물을 넣고 끓인 뒤 약주머니를 꺼내고 식용하면 된다.

인삼황기죽 : 삼황죽(蔘黃粥)

효능

매일 저녁 공복에 1회씩 2일간 복용하는 방법으로 5일간 연속적으로 복용하면 원기(元氣)를 회복하면서 비위(脾胃)의 기능이 튼튼해질 수 있다. 따라서 늘 피로감을 호소하는 사람, 노약자, 장기간 질병을 앓아온 후유증 등으로 가슴이 두근거리고, 허한(虛汗)이 있으며 만성설사와 식욕부진, 부종(浮腫) 등의 증상에 적합하다.

재료

황기(黃芪) 30g, 인삼(人蔘) 10g, 멥쌀 90g, 올리고당 10g, 물 1500ml

조리법

01 깨끗이 씻은 황기를 약주머니에 넣고, 인삼과 함께 찬물에 30분 정도 담갔다가 물 1500ml를 넣고 30분간 끓여 약즙을 만든다.

02 약즙과 멥쌀 및 한번 끓였던 인삼을 넣고 죽을 끓인다.

03 기호에 따라 올리고당을 첨가한다.

인삼복령죽 : 삼령죽(蔘苓粥)

효능

공복에 복용하면 비장(脾臟)의 기(氣)를 보충할 수 있다. 즉, 비위(脾胃)가 허약해짐으로 인한 식욕부진(食慾不振) 및 몸이 마르는 증상 등에 적합하다.

재료

인삼(人蔘) 10g, 백복령(白茯苓) 10g, 멥쌀 100g, 생강 10g, 소금 5g, 물 2000ml

조리법

01 인삼, 백복령, 생강을 물 2000ml에 넣어 1시간 동안 끓여 약즙을 만든다.

02 약즙에 멥쌀을 넣고 죽을 끓인다.

03 죽이 완성될 시점에 소금을 넣는다.

2 보혈약선(補血藥膳)

보혈약(補血藥)은 혈(血)이 허(虛)한 증상에 사용하는 약물로 양혈약(養血藥)이라 부르기도 한다. 양혈약(養血藥) 중 상당수 약재는 보음(補陰)의 공효가 있어 자음약(滋陰藥)으로 사용되기도 한다.

한의학적 개념의 혈허(血虛)는 신(腎), 심(心), 간(肝), 비(脾) 등의 장기 공능과 밀접한 관계를 갖고 있다(腎爲先天之本, 肝藏血, 脾統血, 心主血脈).

혈허증(血虛證)은 대부분 출혈이나 만성소모성(慢性消耗性) 질병으로 인한 혈액의 결핍 및 기능상의 허약으로 인해 장부와 전신의 혈맥(血脈)이 제 역할을 할 수 없게 된다. 이때 나타나는 증상은 주로 급 · 만성출혈, 빈혈, 혈액병, 말기 암과 각종 소모성 질병 등으로 인한 전신의 허약증상, 창백한 안색, 입술과 손 · 발톱, 현기증, 가슴 두근거림 및 불면증 등이다. 여자들의 경우 생리기간이 늦어지고, 생리량이 적어지거나 색이 묽어지게 되어 심지어는 폐경에 이르는 증상들이다.

임상에서 혈허증(血虛證)은 일반적으로 기허증(氣虛證)을 수반하게 된다. 한의학에서는 기(氣)기 충만하면 혈액의 생성을 원활하게 한다는 것을 "기능생혈(氣能生血), 기왕즉혈생(氣旺則血生)"의 이론으로 설명한다.

상용되는 보혈류(補血類)의 한약재로는 숙지황(熟地黃), 하수오(何首烏), 당귀(當歸), 백작약(白芍藥), 구기자(枸杞子), 아교(阿膠), 용안육(龍眼肉), 상심자(桑椹子) 등이다.

상용되는 보혈류(補血類)의 식품으로는 닭고기, 닭간, 닭피, 돼지껍질, 돼지피, 돼지간, 돼지콩팥, 돼지족발, 돼지내장, 소힘줄, 양고기, 양간, 당나귀껍질, 당근, 흰참깨, 포도, 대추, 검은콩, 찹쌀, 검은깨 등이다.

해삼표고죽 : 해삼향고죽(海蔘香菇粥)

효능

보혈(補血) 자음(滋陰) 작용과 함께 보신(補腎) 작용이 있다. 따라서 정혈(精血) 부족, 몸이 마르고 허약해짐, 유정(遺精), 조루(早漏), 성기능장애, 해산 후 모유부족, 빈번한 소변, 장의 윤기부족으로 인한 변비 등의 증상에 적당하다. 현대의 병명으로는 성기능감퇴, 각종 빈혈(貧血), 요오드 결핍에 의한 갑상선종(甲狀腺腫) 등의 보조치료(輔助治療)용으로 사용할 수 있다.

재료

해삼(海蔘) 300g, 멥쌀 100g, 표고버섯 20g, 청주 10ml, 생강 5g, 파 10g, 소금 3g, 물 1100ml

조리법

01 해삼의 내장을 제거하고 깨끗이 씻은 뒤 1×1cm 크기로 자른다. 표고버섯은 물에 담가 불려서 씻어 적당한 크기로 자른다.

02 표고버섯에 물 1100ml를 넣어 함께 끓인다.

03 2~3차례 끓어 오르면 멥쌀, 해삼, 청주, 생강, 파, 소금을 넣고 약한 불에서 죽을 끓인다.

보혈팔보밥 : 보혈팔보반(補血八寶飯)

효능

기(氣)와 혈(血)을 보(補)한다. 따라서 권태감, 무력감, 식욕부진, 안색 창백, 현기증, 붕루(崩漏), 대하증(帶下症), 산후 모유부족 등에 적합하며, 현대의 병명으로는 암(癌), 빈혈(貧血), 만성위염(慢性胃炎), 위암(胃癌) 수술 후 등 만성소모성(慢性消耗性) 질병의 보조치료(輔助治療)용으로 사용할 수 있다. 본 처방의 약선을 복용할 때는 오이, 무, 동물의 간, 토끼, 잉어, 마늘, 겨자, 자두 등은 피하는 것이 좋다.

재료

대추 15g, 용안육(龍眼肉) 15g, 백편두(白扁豆) 30g, 멥쌀 100g, 당귀(當歸) 10g, 황기(黃芪) 10g, 인삼(人蔘) 10g, 닭고기 80g, 식물성 식용유 30ml, 청주 10ml, 생강 5g, 파 10g, 소금 3g

조리법

01 대추, 용안육, 백편두, 멥쌀 등을 씻는다.

02 당귀, 황기, 인삼을 씻어 약주머니에 넣고 물 1000ml를 부어 40분간 끓인다.

03 닭고기를 깨끗이 씻어 적당한 크기로 자르고 식용유에 살짝 볶는다.

04 생강, 파, 소금, 청주를 넣고 볶으면서 약즙을 붓고 닭고기가 익으면서 약 냄새가 날 때까지 끓여 01을 넣어 밥을 짓는다.

하수오삼계탕 : 수오돈모계(首烏燉母鷄)

효능

닭고기와 국물을 매일 2회씩 복용하면 간(肝)과 신(腎)을 보(補)하고 정혈(精血)이 충만하도록 돕는다. 따라서 간혈부족(肝血不足), 신정부족(腎精不足)으로 인한 현기증, 불면증과 꿈을 많이 꾸는 증상, 허리와 무릎의 시큰거림 등의 증상에 유용하다.

재료

하수오(何首烏) 30g, 씨암탉 1마리(1.5kg 정도), 생강 15g, 산초나무 열매(花椒), 파, 후추가루, 소금, 마늘, 청주, 물 2000ml

조리법

01 하수오를 분말로 만든 뒤 약주머니에 넣는다.

02 약주머니를 닭의 뱃속에 넣고 생강, 청주, 물 2000ml를 넣어 약한 불에서 삶아 닭살이 물러졌을 때 약주머니를 꺼낸다.

삼칠닭찜 : 삼칠증계(三七蒸鷄)

효능

닭고기와 국물을 모두 복용할 수 있으며 보혈(補血) 작용뿐만 아니라 혈액순환(血液循環) 작용도 있어 실혈(失血), 빈혈(貧血) 등 기혈부족(氣血不足)의 증상에 적합하다.

재료

삼칠(三七) 9g, 어린 암탉 1마리(1kg 정도), 유채잎 25g, 파, 생강, 소금, 청주

조리법

01 닭을 잘 씻고 닭발은 칼로 잘 다져 끓여서 반쯤 익힌다.

02 닭의 등쪽을 갈라 닭가슴이 밑을 향하도록 냄비에 넣고 삼칠 분말과 닭고기 육수, 소금, 청주, 파, 생강 등을 넣고 끓여서 충분히 익힌다.

03 파, 생강을 제거한다.

04 유채잎을 넣어서 다시 쪄서 익힌다.

당귀인삼돼지콩팥탕 : 귀삼산약돈저신(歸蔘山藥燉猪腎)

효능

돼지콩팥과 국물을 모두 복용할 수 있으며 기혈(氣血)을 보(補)하고 특히 간신(肝腎)을 보(補)하는 기능이 뛰어나다. 따라서 혈허(血虛)와 신허(腎虛)로 인한 가슴 두근거림, 숨이 가쁜 증상, 불면증(不眠症), 꿈을 많이 꾸는 증상, 허약한 체질로 인한 땀, 무릎과 허리의 시큰거림 등의 증상에 적합하다.

재료

당귀(當歸) 10g, 인삼(人蔘) 10g, 산약(山藥) 12g, 돼지콩팥 2개, 생강 12g, 소금, 마늘, 청주, 식초

조리법

01 돼지콩팥을 쪼개어 깨끗이 씻고 비린내 나는 근막을 제거한다.

02 당귀, 인삼, 산약을 약주머니에 넣고 돼지콩팥, 물 2000ml를 넣어 약한 불로 끓여서 익힌다.

03 약주머니를 꺼낸다.

3 기혈쌍보약선(氣血雙補藥膳)

한의학에서는 기허(氣虛) 증상이 일정한 한계를 초과하게 되면 혈허(血虛) 증상을 유발하게 되고, 혈허증상이 나타나면 기(氣)가 혈(血)에 편승할 수 없는 관계로 상호간의 작용을 불가분의 관계로 본다(氣爲血之帥, 血爲氣之母). 따라서 임상에서는 기혈양허(氣血兩虛)의 병증을 자주 나타낸다. 즉, 식욕부진, 피로감, 말하기 귀찮을 정도의 무력감, 숨이 가쁜 증상, 허약함으로 인한 땀 등의 기허증(氣虛證)과 함께 안색 및 손 · 발톱이 창백하고, 현기증, 가슴 두근거림, 불면증, 생리불순(생리기간의 후퇴, 적은 생리량, 엷은 색 심지어 폐경 등) 등의 혈허증(血虛證)이 동시에 나타날 수 있다. 기혈양허(氣血兩虛) 증상을 보이는 질병은 다양한데 특히 만성위염(慢性胃炎), 빈혈(貧血), 암(癌) 등 각종 만성소모성(慢性消耗性) 질병에서 자주 볼 수 있다.

닭돼지고기편육무쌈 : 팔보계탕(八寶鷄湯)

효능

하루 2회씩 복용하면 기혈(氣血)을 보(補)하는 효능이 있어 기혈(氣血)의 부족(不足)으로 인한 창백한 얼굴, 식욕부진(食慾不振), 사지무력(四肢無力) 등의 증상에 효과가 있다.

재료

인삼(人蔘) 5g, 복령(茯苓), 백출(白朮) 5g, 자감초(炙甘草) 2.5g, 숙지황(熟地黃) 7.5g, 백작약(白芍藥) 5g, 당귀(當歸) 7.5g, 천궁(川芎) 3g, 씨암탉 1마리, 돼지고기 750g, 파 30g, 생강 40g, 청주 20ml, 다시마 10cm, 소금, 진간장, 팽이버섯, 무

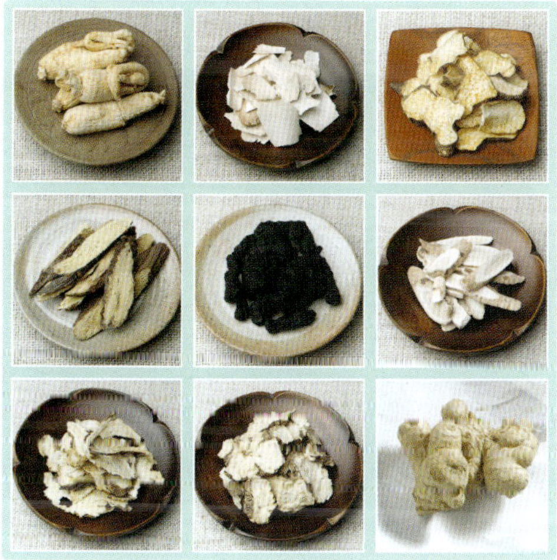

조리법

01 약재를 깨끗이 씻어 약주머니에 넣는다. 닭의 내장을 제거한 뒤 깨끗이 씻는다.

02 돼지고기, 닭고기, 약주머니를 넣고 물을 넉넉하게 부어 센 불로 끓이면서 거품을 제거한다.

03 다시마, 진간장, 생강, 청주, 파, 소금을 넣고 약한 불에서 고기가 물러질 때까지 삶은 다음 약주머니를 꺼내고 닭고기, 돼지고기를 4cm 길이로 채썬다.

04 무를 3mm 두께로 둥글게 썰어 식초와 설탕을 1 : 1로 넣어 재워둔다.

05 닭편육, 돼지편육, 팽이버섯, 무순을 넣어 초절임한 무로 싼다.

진피불고기 : 진피우육(陳皮牛肉)

효능

비위(脾胃)와 기혈(氣血)을 보(補)하면서 기(氣)의 순환을 원활하게 하고 뼈를 튼튼히 한다. 따라서 소화기능이 떨어지는 환자, 위염(胃炎), 위궤양(胃潰瘍), 빈혈(貧血), 허리근육 손상, 척추의 퇴행성 병변 등에 적용할 수 있다. 본 처방을 복용할 시에는 우슬(牛膝)의 복용을 금한다.

재료

쇠고기 500g, 진피(陳皮) 10g, 소회향(小茴香) 2g, 진간장 60ml, 청주 20ml, 설탕 30g, 파 25g, 마늘 25g, 깨소금 25g, 참기름 25g, 후추 5g, 배 1/2개

조리법

01 쇠고기를 물에 1회 헹구어 피를 빼고 불고기용으로 썬다. 진피는 잘게 썬다.

02 소회향을 식용유에 볶아 소회향에서 향기가 날 때 쇠고기, 진피, 청주, 진간장, 설탕, 배, 마늘, 파 등을 넣고 약한 불에서 쇠고기를 익힌다.

돼지고기보양탕 : 기혈쌍보탕(氣血雙補湯)

효능

고기와 국물을 복용하면 기혈(氣血)을 모두 보(補)할 수 있다. 따라서 기혈이 허약한 사람 또는 장기간의 질병으로 인해 안색이 창백하고, 정신적으로 늘 권태감을 느끼며 무릎과 허리가 시큰거리고 사지에 힘이 없는 증상에 적합하다.

재료

인삼(人蔘) 10g, 자국화(炙菊花) 10g, 백작약(白芍藥) 10g, 복령(茯苓) 12g, 육계(肉桂) 3g, 숙지황(熟地黃) 10g, 당귀(當歸) 12g, 천궁(川芎) 5g, 자감초(炙甘草) 6g, 오징어 50g, 돼지내장 60g, 돼지고기 500g, 생강 30g, 돼지뼈 150g, 청주, 산초나무 열매(花椒), 파, 소금, 물 3000ml

조리법

01 약재는 깨끗이 씻어 약주머니에 넣은 뒤 입구를 묶는다.

02 돼지고기, 오징어, 돼지내장 등을 깨끗이 씻어 1×1cm 크기로 자른다. 돼지뼈는 찬물에 담궈서 피를 뺀다.

03 돼지뼈와 생강은 잘게 부순 뒤 물 3000ml를 부어 산초나무 열매, 청주, 파, 소금 등과 함께 센 불에 끓이는데, 물이 끓기 시작하면 약한 불에서 2시간 가열한 후 돼지고기, 오징어, 돼지내장 등이 물러질 때까지 익힌다.

04 고기를 적당한 크기로 썰고 약주머니를 제거한다.

돼지족발황기탕 : 귀기저제탕(歸芪猪蹄湯)

효능

매일 2회씩 고기와 국물을 복용함으로써 기혈(氣血)을 보(補)하고 비장(脾臟)과 신장(腎臟)을 튼튼하게 함으로써 뼈와 근육을 튼튼하게 할 수 있다. 따라서 장기간 질병으로 고생한 사람과 해산 후 기혈(氣血)이 모두 허(虛)한 사람 및 비위(脾胃)의 조화가 상실된 사람에게 적합하다.

재료

돼지족발 1쌍, 당귀(當歸) 15g, 황기(黃芪) 30g, 대추 5개, 마늘 20g, 생강 10g, 청주, 소금 적당량

조리법

01 돼지족발을 씻어 칼로 잘게 다지고 대추는 씨를 제거한다.

02 돼지족발에 물 2000ml를 넣은 뒤 황기, 당귀, 대추, 마늘 등을 함께 넣는다.

03 물이 끓으면 생강, 청주, 소금 등을 넣고 약한 불에 족발이 물러질 때까지 삶는다.

양고기보기탕 : 양육귀기탕(羊肉歸芪湯)

효능

기혈(氣血)을 보(補)하고 비위(脾胃)를 튼튼하게 한다. 따라서 장기간의 질병으로 인한 기혈(氣血)의 부족, 해산 후의 기혈부족(氣血不足) 등으로 인해 허리와 무릎 등이 시큰거리고 아픈 증상에 적합하다.

재료

양고기 500g, 당귀(當歸) 30g, 황기(黃芪) 25g, 인삼(人蔘) 25g, 마늘 10g, 생강 10g, 파, 청주, 소금, 물 2000ml

조리법

01 당귀, 황기, 인삼 등을 약주머니에 넣는다.

02 양고기를 깨끗이 씻어 적당한 크기로 자르고 약주머니, 생강, 청주, 소금 등에 물 2000ml를 넣는다.

03 센 불에서 물이 끓으면 거품을 제거하고 약한 불에서 가열하여 고기가 물러졌을 때 약주머니를 꺼낸다.

4 보음약선(補陰藥膳)

보음약(補陰藥)은 음허증(陰虛證)을 치료하는 약물로 자음약(滋陰藥) 또는 양음약(養陰藥)이라고도 한다.

음허증(陰虛證)은 주로 폐(肺), 신(腎), 위음허(胃陰虛) 등으로 나타나는데, 신음허는 주로 현기증, 이명(耳鳴), 치아의 흔들림 또는 통증, 입과 인후의 건조함, 가슴이 답답한 증상, 갈증, 무릎과 허리의 통증, 유정(遺精), 조루 등의 증상을 수반한다. 이 증상들은 급 · 만성간염(急慢性肝炎), 만성신염(慢性腎炎), 고혈압(高血壓), 당뇨병(糖尿病) 등으로 자주 나타난다.

폐신음허(肺腎陰虛)는 주로 몸이 마르고 입과 인후가 건조하며, 주로 오후에 열이 나고 수면 중에 땀을 흘리며, 수족에 열이 나는 증상 및 변비 등의 증상을 수반한다. 이 증상들은 주로 폐결핵, 당뇨병, 만성기침 등에서 자주 나타난다.

위음허(胃陰虛)는 주로 입이 마르고 쓰며 갈증과 함께 신트림이 넘어 오고 피를 토하는 증상 등을 수반한다. 이 증상들은 만성위염(慢性胃炎), 위축성위염(萎縮性胃炎), 위산결핍(胃酸缺乏) 등으로 나타난다.

상용되는 자음류(滋陰類)의 한약재로는 서양삼(西洋蔘), 사삼(沙蔘), 현삼(玄蔘), 구기자(枸杞子), 산약(山藥), 맥문동(麥門冬), 석곡(石斛), 옥죽(玉竹), 구판(龜板), 별갑(鱉甲), 결명자(決明子), 하수오(何首烏), 상심자(桑椹子), 지골피(地骨皮), 백합(百合) 등이다.

상용되는 자음류(滋陰類)의 식품으로는 자라, 남생이, 꿀, 제비집, 흰참나무버섯, 오리고기, 돼지족발, 멥쌀, 밀 등이다.

구기자닭찜 : 홍기증계(紅杞蒸鷄)

효능

반찬 대용으로 복용하면 간신(肝腎)을 보(補)할 수 있어 남녀노소를 불문하고 간신음허(肝腎陰虛)로 인한 각종 증상에 적합하다.

재료

구기자(枸杞子) 15g, 암탉 1마리(1kg), 마늘 10g, 생강 10g, 소금, 청주, 파, 후추가루

조리법

01 닭의 내장을 제거한 뒤 깨끗이 씻어 물을 뺀다.

02 구기자를 닭의 뱃속에 넣고 배가 위쪽을 향하도록 큰 그릇에 넣는다.

03 소금, 청주, 후추, 썰어 놓은 생강, 파를 약간의 물과 함께 넣는다.

04 젖은 종이로 입구를 봉하고 찜통 속에 넣어 센 불로 2시간 동안 찐다.

05 생강과 파 등을 꺼낸다.

오디닭탕수 : 상심양함계(桑椹釀餡鷄)

효능

간기(肝氣)를 조절하면서 신장(腎臟)에 음액(陰液)을 보충한다. 따라서 간신음허(肝腎陰虛)로 인한 소갈(消渴), 변비, 현기증, 이명(耳鳴), 나력(瘰癧), 관절의 불편함 등에 적당하다.

재료

오디(桑椹子: 상심자) 6g, 닭 1마리, 돼지고기 150g, 데친 새우 10g, 데친 죽순(竹筍) 40g, 계란 노른자 1개, 파, 생강, 소금, 간장, 산초나무 열매(花椒), 팔각회향(八角茴香), 육수 250g, 전분 20g, 설탕 30g, 식초 20ml

조리법

01 계란 노른자, 다진 돼지고기, 파, 생강, 말린 새우, 상심자 절편, 죽순 절편 등에 육수, 소금, 간장 등 적당량을 넣고 섞어 속을 만든다.

02 닭의 등부위를 절개해서 속을 채워 넣고 뜨거운 물로 끓여서 외피가 빛나도록 한다.

03 02를 220℃의 오븐에 넣고 외피가 호피색이 되도록 1시간 정도 굽는다.

04 03에 육수, 파, 계피, 팔각회향, 산초나무 열매 등을 넣는다.

05 닭의 등쪽이 아래를 향하도록 하고 육수에 전분액, 식초, 설탕을 넣어 걸쭉하게 불어지도록 한 다음 가열하여 닭 위에 끼얹어 준다.

오리보기탕 : 삼기노압탕(蔘芪老鴨湯)

효능

기(氣)와 음액(陰液)을 보충하며 특히 비위(脾胃)를 튼튼하게 한다. 따라서 비위허약(脾胃虛弱)으로 인한 기쇠(氣衰), 혈허(血虛)의 증상에 적합하다.

재료

노압(老鴨:늙은 오리) 1마리, 돼지 살코기 100g, 인삼(人蔘) 15g, 황기(黃芪) 15g, 진피(陳皮) 10g, 마늘 20g, 생강 20g, 청주 30ml, 소금, 간장, 파

조리법

01 오리를 깨끗이 씻어 물을 뺀 뒤 3×4cm 정도로 토막을 낸다.

02 오리에 물과 인삼, 황기, 진피, 생강편, 청주 등을 넣고 고기가 물러질 때까지 끓인다.

03 소금으로 간하고 파를 넣어 한소끔 끓인다.

둥글레호두죽 : 핵도반옥죽(核桃拌玉竹)

효능

음액(陰液)을 보충하고 신장(腎臟)과 비장(脾臟)을 튼튼하게 하면서 장(腸)에 윤기를 더해준다. 따라서 변비, 폐결핵, 신공능불전(腎功能不全 : renal insufficiency) 및 미용 등에 좋다.

재료

옥죽(玉竹 : 둥글레) 400g, 거피핵도인(去皮核桃仁 : 껍질 벗긴 호두) 100g, 거피율자(去皮栗子 : 껍질 벗긴 밤), 소금 3g, 조미료 2g, 파 10g, 식물성 식용유 50ml

조리법

01 옥죽 뿌리의 껍질을 제거한 뒤 깨끗이 씻어 얇은 조각으로 썬다.

02 01을 끓는 물에 넣고 데친 다음 수분을 제거한다.

03 호두와 밤은 팬에서 살짝 볶아 준다.

04 옥죽, 호두, 밤, 소금, 물을 그릇에 넣고 한번 끓여 준다.

동충하초죽 : 동충초미죽(冬蟲草米粥)

효능

정기(精氣)를 보(補)하면서 특히 폐(肺)와 신(腎)을 보하는 기능이 탁월해서 허약한 체질의 환자에게 적합하다. 따라서 폐신음허(肺腎陰虛)로 인한 호흡곤란, 기침, 각혈(咯血), 허약한 체질의 땀, 성기능장애, 유정(遺精), 허리 및 무릎의 시큰거림 등과 같이 오랜 질병으로 인해 몸이 쉽게 회복되지 않는 증상에 적합하다.

재료

동충하초(冬蟲夏草) 10g, 돼지 살코기 50g, 좁쌀 100g, 물 500ml

조리법

01 동충하초를 약주머니에 넣고, 돼지고기는 잘게 썬다.

02 약주머니와 돼지고기, 좁쌀에 물 500ml를 넣고 죽을 끓인다.

03 약주머니를 꺼내고, 공복에 죽과 고기를 섭취하면 된다.

5 보양약선(補陽藥膳)

보양약(補陽藥)은 양허증(陽虛證)을 치료하는 약물로 조양약(助陽藥)이라고도 한다.

양허증(陽虛證)은 주로 비(脾), 신(腎), 심양허(心陽虛) 증상위주로 나타나는데 주요 증상들은 추위를 많이 타고 따뜻한 것을 좋아하며 정신적으로나 육체적으로 늘 피로를 느끼고, 창백한 안색, 현기증, 가슴 두근거림, 불면증, 사지가 차가운 증상, 맑은 소변을 자주 보는 것, 허리와 무릎 통증, 유정(遺精), 성기능장애, 조루, 폐경(閉經) 등의 증상이다.

상용되는 보양류(補陽類)의 한약재로는 부자(附子), 녹용(鹿茸), 선모(仙茅), 해백(薤白), 보골지(補骨脂), 육종용(肉蓯蓉), 토사자(菟絲子), 동충하초(冬蟲夏草), 해구신(海狗腎), 두충(杜仲), 육계(肉桂), 건강(乾薑), 고량강(高良薑) 등이다.

상용되는 보양류의 식품으로는 호두, 사슴고기, 양고기, 소의 내장과 콩팥, 개고기, 새우, 부추, 참새, 해삼, 전복 등이다.

삼황보신탕 : 삼황구육(三黃狗肉)

효능

개고기와 국물을 복용함으로써 비위(脾胃)와 신장(腎臟)을 보(補)하고 양기(陽氣)를 북돋을 수 있다. 따라서 신기(腎氣)가 허약한 것이 원인인 피로, 무력감, 성기능장애, 조루, 불면증, 꿈이 많은 증상 등에 적합하다.

재료

황구육(黃狗肉:토종 황색 개고기) 1kg, 황기(黃芪) 20g, 숙지황(熟地黃) 10g, 육계(肉桂) 10g, 고량강(高良薑) 10g, 생강 20g, 파, 청주, 된장 30g, 소금, 간장, 후추, 고추

조리법

01 개고기를 깨끗이 씻어 끓는 물에 데쳐서 피를 제거하고 적당한 크기로 썬다.

02 파, 생강, 고추를 살짝 튀겨 다시 개고기, 청주, 국물 등과 솥에 넣는다.

03 황기, 숙지황, 고량강, 육계 등을 약주머니에 넣어 솥에 넣고 된장, 소금, 간장 등을 첨가해서 센 불로 끓인다.

04 물이 끓기 시작하면 약한 불로 장시간 동안 고아 고기가 물러질 때 약주머니를 꺼낸다.

05 완성되면 후추를 넣는다.

홍삼양고기탕 : 홍삼귀지민양육(紅蔘歸地燜羊肉)

효능

매일 2회 따뜻하게 복용하면 기혈(氣血)을 보(補)하면서 비위(脾胃)를 따뜻하게 하고 한기를 몰아낸다. 따라서 장기간의 질병이나 해산 후 몸이 허약해진 사람, 늘 추위를 타고 손발이 차가운 사람, 붕루(崩漏) 등의 증상에 적합하다.

재료

양고기 500g, 홍삼(紅蔘) 10g, 당귀(當歸) 20g, 생지황(生地黃) 20g, 건강(乾薑) 10g, 소금, 청주, 간장, 설탕 적당량, 물 2000ml

조리법

01 양고기를 씻어 1×1×1cm 크기로 자른다.

02 양고기에 물 2000ml를 넣어 끓이면서 거품을 걷어낸 후 홍삼, 당귀, 생지황, 건강, 청주, 소금, 간장, 설탕 등을 넣고 약한 불에서 다시 끓인다.

보양주 : 조양주(助陽酒)

효능

매일 2회씩 15~20ml 정도를 보름간 복용하면 신장(腎臟)과 비장(脾臟)을 튼튼하게 보(補)하고 양기(陽氣)를 북돋아 준다. 따라서 양기(陽氣)가 허약한 것이 원인이 되는 성기능장애에 적합하다.

재료

홍삼(紅蔘) 50g, 녹용(鹿茸) 6g, 육계(肉桂) 5g, 소주 1kg, 올리고당 20g

조리법

01 홍삼과 녹용을 쪄서 부드럽게 만든다.

02 병 속에 넣고 육계, 올리고당을 넣은 뒤 소주를 부어 입구를 봉한다.

03 서늘한 곳에 보관해서 15일 후 여과시켜 복용한다.

인삼구기자죽 : 인삼기자죽(人蔘杞子粥)

효능

매일 1첩씩 약 3~5일간 아침, 저녁으로 따뜻하게 복용하면 신장(腎臟)의 양기(陽氣)를 북돋아 준다. 비장(脾臟)과 신장(腎臟)의 양기(陽氣)가 부족한 것이 원인이 되는 기침, 안색의 무광택, 몸이 차가운 증상, 식욕부진, 묽은 대변, 자주 소변을 보면서 색이 맑고 양이 많은 증상 등에 적합하다.

재료

인삼(人蔘) 5g, 구기자(枸杞子) 15g, 대추 5~7개, 멥쌀 100g, 흑설탕 10g

조리법

01 인삼, 구기자, 대추(씨 제거)를 깨끗이 씻어 물 1500ml를 넣어 20분간 끓인다.

02 다시 멥쌀을 넣고 끓여서 죽을 끓인다.

03 죽이 완성될 시점에 흑설탕을 넣고 한소끔 끓인다.

오자참새죽 : 오자마작죽(五子麻雀粥)

효능

매일 1첩씩 아침, 저녁으로 따뜻하게 복용하면 간신(肝腎)을 보하고 정혈(精血)을 충만하게 할 수 있다. 따라서 양기(陽氣)와 정혈(精血)이 부족한 제반 증상에 적합하다.

재료

참새 5마리, 사원자(沙苑子) 10g, 구기자(枸杞子) 10g, 토사자(菟絲子) 10g, 복분자(覆盆子) 10g, 오미자(五味子) 10g, 멥쌀 100g, 생강 분말, 청주, 소금 적당량, 물 1500ml

조리법

01 사원자, 구기자, 토사자, 복분자, 오미자에 물 1500ml를 부어 30분 정도 끓인 뒤 약 찌꺼기를 제거하고 약즙을 만든다.

02 참새의 털과 내장을 제거하고 깨끗이 씻은 후 청주로 볶아서 익힌다.

03 약즙, 생강 분말, 멥쌀을 넣고 끓여 죽을 만든다.

04 죽이 완성될 시점에 소금을 넣는다.

제9장 미용약선(美容藥膳)

홍황색이 은은하게 교차하면서 광택을 띠는 안색과 양생보건(養生保健)은 한의학에서 추구하는 양생법(養生法) 중 하나이다. 한의학적 개념으로는 음양(陰陽)이 평형상태를 유지하고, 기혈(氣血)이 왕성하며 오장(五臟)이 잘 조화를 이룰 때 건강한 신체와 왕성한 정신력을 보증할 수 있다고 한다. 일반적으로 기허혈약(氣虛血弱)의 경우에는 얼굴에 광택이 없으면서 자주 현기증을 호소하게 되며 비허(脾虛)로 인해 습(濕)이 쌓여 있을 경우는 안색이 누렇거나 어두운 색으로 변한다. 또한 폐기부족(肺氣不足)의 경우에는 피부의 균열이 심하게 되고, 간기울결(肝氣鬱結)로 인해 기(氣)의 운동이 정체되어 있을 때는 어혈(瘀血)이나 반점(斑點) 등이 생길 수 있다. 따라서 정서적으로 밝은 상태를 유지하면서 충분한 수면을 취하는 동시에 알맞은 약선(藥膳)을 섭취하면 건강하고 탄력 있는 피부를 유지할 수 있다.

1 윤택한 피부와 미백효과 약선

한의학 이론에서는 장부기혈(臟腑氣血)의 성쇠(盛衰) 여부는 얼굴의 색과 광택으로 알 수가 있다. 여기에서 약선(藥膳)과 약죽(藥粥)의 작용이 표면적으로 안색을 바꾸는 것이 아니라는 점을 인식할 필요가 있다.

한의학 진단은 개인에 따라 변증(辨證)을 통해 허약(虛弱)한 사람에게는 보(補)하는 약선을 처방하고, 지나치게 실(實)한 사람에게는 사(瀉)하는 약선을 처방하여 궁극적으로 음양(陰陽)의 균형이 이루어져 장부(臟腑)가 조화를 이루어 피부가 윤택하게 되며, 미백효과도 동시에 이룰 수 있다.

양안장수탕 : 양안익수탕(養顏益壽湯)

효능

반찬처럼 복용하면 보기(補氣) 작용과 함께 폐(肺)의 기능을 원활하게 함으로써 안색이 밝아진다. 따라서 폐(肺)가 지나치게 건조함으로 인한 기침, 어두운 안색, 정력부족 등의 증상에 적합하다.

재료

산삼(山蔘) 3g, 제비집 3g, 석곡(石斛) 5g, 오골계(烏骨鷄) 50g, 표고버섯 30g, 배추 150g, 청주 20ml, 생강 5g, 파 5g, 소금, 육수 500ml

조리법

01 산삼을 잘 씻어 자르고, 제비집은 뜨거운 물에 담가 이물질을 제거한다.

02 오골계는 1×1×1cm 크기로 자르고, 표고버섯도 깨끗이 씻어 1×1cm로 자른다.

03 01, 02를 육수, 석곡, 생강, 파, 청주 등을 넣고 센 불로 끓이다가 물이 끓기 시작하면 약한 불에 고기가 연해질 때까지 끓인다.

04 배추와 소금을 넣어 한소끔 끓인다.

삼칠오골계탕 : 삼칠돈오계(三七燉烏鷄)

효능

간신(肝腎)의 기혈(氣血)을 보(補)하게 되고 어혈(瘀血)을 제거해서 혈액순환(血液循環)을 원활하게 함으로써 피부와 안색이 밝게 빛난다. 특히 부녀자들의 경우 기혈(氣血)의 부족과 갱년기장애(更年期障碍) 등으로 인한 조로(早老) 현상이 발생할 때 정기(精氣)를 보충하는 음식이다. 고기와 국물을 반찬용으로 복용한다.

재료

오골계 1마리, 삼칠(三七) 분말 10g, 파, 생강, 청주, 소금 적당량

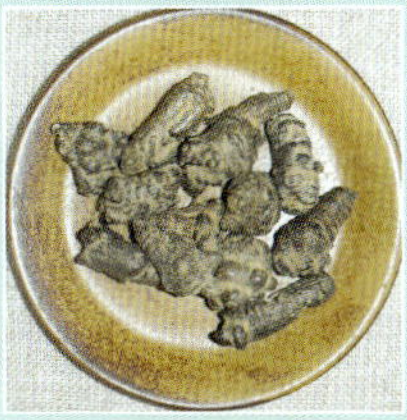

조리법

01 오골계는 깨끗이 씻어 자르고, 닭의 모래주머니는 내막을 제거한다.

02 01을 끓는 물에 데친다.

03 02에 청주, 소금, 파, 생강, 물을 넣고 센 불로 끓여 거품을 제거한다.

04 삼칠 분말을 넣은 뒤 약한 불에서 고기가 물러질 때까지 끓인다.

영지돼지족발탕 : 영지저제(靈芝猪蹄)

효능

폐(肺)와 신장(腎臟)을 보(補)하면서 비장(脾臟)을 튼튼하게 하고 정신을 안정시켜 준다. 또한 피부가 윤택해지고 주름이 펴지고, 미백효과도 증대될 수 있다.

재료

영지편(靈芝片) 30g, 돼지족발 2개, 파 10g, 생강 20g, 산초나무 열매(花椒), 청주 20ml, 소금, 참기름 적당량

조리법

01 돼지족발을 깨끗이 씻어 끓는 물에 데쳐서 손질한다.

02 돼지족발에 영지, 산초나무 열매, 청주, 소금 등을 넣고 센 불에서 끓으면 약한 불에서 돼지족발이 물러질 때까지 삶는다.

진주다슬기완자탕 : 진주라육환(珍珠螺肉丸)

효능

몸에 열을 내리게 하면서 눈을 밝게 하고 비위(脾胃)의 기(氣)를 북돋아 얼굴색이 밝아진다.

재료

진주분(珍珠粉) 2g, 다슬기[라육(螺肉): 우렁이, 소라 등] 100g, 돼지고기 100g, 찹쌀가루 100g, 배추 100g, 청주 10ml, 파 20g, 마늘 20g, 생강 분말 5g, 소금, 육수 적당량

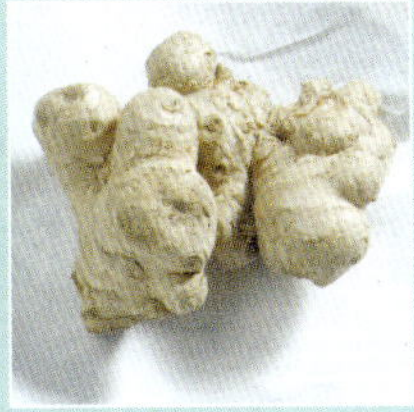

조리법

01 다슬기를 깨끗이 씻어 돼지고기와 함께 칼로 다진다. 파와 마늘도 곱게 다진다.

02 배추를 깨끗이 씻어 2×2cm 크기로 자른다.

03 다진 다슬기, 돼지고기, 찹쌀가루, 진주분말, 생강 분말, 파, 청주, 소금 등을 넣어 지름 1.5cm 정도의 완자를 만든다.

04 육수를 끓여 완자를 넣고 익힌 뒤, 배추를 넣어 한소끔 끓인다.

칠백찰편 : 칠백고(七白糕)

효능

비장(脾臟)을 튼튼하게 함으로써 몸속의 습(濕)을 제거시켜 피부가 윤택하게 되고 미백효과가 있다.

재료

백련자(白蓮子) 100g, 백복령(白茯苓) 100g, 백산약(白山藥) 100g, 백편두(白扁豆) 100g, 백국화(白菊花) 10g, 찹쌀가루 400g, 설탕 40g, 거피녹두 200g, 소금 5g(떡용), 소금 2.5g(고물용)

조리법

01 약재를 깨끗이 씻어 말려서 분말로 만든다.

02 찹쌀가루에 약재 분말을 넣고 체에 내린 뒤 설탕을 넣는다.

03 거피한 녹두를 찐 뒤 소금을 넣고 체에 내려서 고물을 만든다.

04 시루에 시루 밑을 놓고 녹두고물을 고루 펴고, 그 위에 찹쌀가루를 1cm 정도의 두께로 한 켜 놓고 녹두고물과 찹쌀가루를 켜켜로 얹어, 젖은 베보자기를 시루 위에 덮은 후 센 불에서 김이 오르면 약 15~20분 정도 찐다.

05 쪄 낸 찰편을 썰어서 낸다.

열색산(悅色散)

효능

식사 후에 한 숟가락씩 매일 3회 복용하면 비위(脾胃)를 튼튼하게 하면서 피부가 윤택해질 수 있다. 피부에 미백효과를 증가시키려면 동과인(冬瓜仁)의 양을 더하고, 안면(顔面) 피부의 홍색을 가중시키려면 복숭아꽃의 양을 더한다. 복숭아꽃은 음력 3월 초에 채취해서 이물질을 제거하고 음건(陰乾)한다.

재료

동과인(冬瓜仁) 200g, 복숭아꽃 200g, 율무 250g, 설탕 적당량

조리법

01 동과인, 율무, 복숭아꽃을 깨끗이 씻어 말린다.

02 01을 미세한 분말로 만들어 설탕과 섞는다.

보기보혈주 : 팔진주(八珍酒)

효능

식전에 매일 1~2회씩 30ml를 복용하면 기혈(氣血)을 북돋우면서 신(腎)의 정기(精氣)를 충만하게 함으로써 안면 등 피부를 윤택하게 할 수 있다.

재료

당귀(當歸) 50g, 백출(白朮) 30g, 복령(茯苓) 30g, 생지황(生地黃) 30g, 핵도인(核桃仁 : 호두) 60g, 대추 60g, 천궁(川芎) 15g, 인삼(人蔘) 30g, 자감초(炙甘草) 20g, 오가피(五加皮) 50g, 찹쌀 청주 5000ml

조리법

01 모든 약재와 청주를 용기에 넣고 밀봉시킨다.

02 1주일 후 몇 차례 뒤섞어 준 뒤, 2주 후에 개봉해서 윗부분의 맑은 술을 음용한다.

호두백급콩죽 : 핵도죽(核桃粥)

효능

매일 아침, 저녁으로 따뜻하게 복용하면 비장(脾臟)과 신장(腎臟)을 보(補)하고 폐(肺)의 활동을 원활하게 도와서 피부를 윤택해지며 경락(經絡)의 소통으로 머리도 맑아지게 된다.

재료

핵도인(核桃仁 : 호두) 10개, 백급(白及) 10g, 대두(大豆) 300g, 멥쌀 100g, 올리고당 10g, 물 700ml

조리법

01 대두는 깨끗이 씻어 말려서 분말을 만든다.

02 백급, 호두는 볶아서 분말을 만든다.

03 분말에 멥쌀, 물 700ml를 넣어 걸쭉하게 끓인다.

04 올리고당을 넣어 완성한다.

하수오숙지율무죽 : 수오홍조죽(首烏紅棗粥)

효능

매일 아침식사 대용으로 섭취하면 신장(腎臟)의 정기를 보하면서 피부를 윤택하게 하고, 특히 미백효과와 면역력 증강에도 효과적이다.

재료

하수오(何首烏) 20g, 숙지황(熟地黃) 20g, 율무 30g, 대추 15개, 멥쌀 100g, 올리고당 50g, 물 2200ml

조리법

01 하수오, 숙지황, 물 2000ml를 넣고 약한 불에서 1시간 정도 끓여 약즙을 만든다.

02 약즙에 깨끗이 씻은 대추, 멥쌀, 율무와 물 200ml를 넣어 약한 불로 율무와 멥쌀이 부드러워질 때까지 끓인다.

03 올리고당을 넣어 완성한다.

산사연화죽(山楂蓮花粥)

효능

아침, 저녁으로 식용하면 몸의 열(熱)과 습(濕)을 제거하면서 마음을 안정시키고 피부색을 윤택하게 하는 효능이 있다. 특히 비만 환자에게 적합하다.

재료

연꽃 3개, 신선한 산사(山楂) 50g, 멥쌀 100g, 물 1000ml

조리법

01 연꽃을 깨끗이 씻어 잘게 썬다.

02 산사는 깨끗이 씻어 씨를 제거한다.

03 멥쌀에 물 1000ml를 넣어 죽을 끓인다.

04 죽이 완성될 시점에 연꽃과 산사를 넣고 한소끔 끓인다.

2 기미, 주근깨에 대한 약선

한의학에서 안면부의 기미, 주근깨의 원인은 간기(肝氣)가 제대로 소통되지 못하고 울결(鬱結)되거나 비기(脾氣)와 신기(腎氣)의 부족 및 혈액순환장애로 인한 어혈(瘀血)의 생성 등이다. 따라서 한의학적 이론에 근거해서 정확한 변증론치(辨證論治)를 통해 간기를 원활하게 소통시키고 비위(脾胃)를 건실하게 하며 간신(肝腎)의 기능을 북돋우면서 몸의 열을 내리고 해독시키는 등의 치료방법을 사용할 수 있다. 이러한 변증론치에 입각해서 약물(藥物)과 식품의 사기오미(四氣五味)를 정확하게 운용하고, 그에 따른 약선(藥膳)과 약죽(藥粥) 등을 합리적으로 이용함으로써 인체의 내분비기능의 조정을 통해 멜라닌(melanin)의 배설 및 감소를 촉진시킬 수 있다. 또한 정신적으로 유쾌한 상황의 유지와 충분한 수면은 호르몬의 분비를 촉진시키고, 혈맥(血脈)의 소통을 원활하게 함으로써 기미나 주근깨를 제거할 수 있다.

알로에백합초절임 : 노회초백합(蘆薈炒百合)

효능

열(熱)을 내리고 해독(解毒)시키는 기능과 함께 피부를 윤택하게 하면서 기미와 주근깨를 제거할 수 있다.

재료

신선한 노회(蘆薈:알로에) 300g, 신선한 백합(百合) 2개, 생강 5g, 식초, 소금

조리법

01 알로에는 깨끗이 씻어 껍질을 벗긴 뒤 적당한 크기로 자른다.

02 백합 뿌리는 갈라서 깨끗하게 씻는다.

03 알로에와 백합에 생강을 넣고 약간의 향이 날 때까지 볶는다.

04 식초와 소금물에 담궈 완성한다.

구기자지황차 : 구기지황길면방(枸杞地黃洁面方)

효능

간신(肝腎)을 보(補)하면서 기미, 주근깨를 제거하며 피부가 윤택하게 된다.

재료

구기자(枸杞子) 1000g, 생지황(生地黃) 300g

조리법

01 약재를 분말로 만든다.

02 매일 10g씩 3회 정도 따뜻한 술 또는 따뜻한 물에 타서 차처럼 마신다.

연죽 : 하련갱(荷蓮羹)

효능

매일 1회씩 아침마다 복용하면 기(氣)를 보(補)하면서 정신(精神)을 맑게 함으로써 안색이 밝아지고 기미, 주근깨가 없어질 수 있다.

재료

하화(荷花 : 말린 연꽃) 5g, 연근 분말(藕粉 : 우분) 15g, 연자(蓮子 : 연밥) 25g, 올리고당 5g, 물 300ml

조리법

01 연자를 물에 불려서 반으로 갈라 물 250ml를 넣고 약한 불에서 40분 정도 끓여 연밥이 물러지도록 한다.

02 연꽃 분말에 물 50ml를 넣고 끓여서 약즙을 만든다.

03 연근 분말 15g 정도에 끓인 연자, 연화즙, 올리고당을 섞어서 걸쭉한 상태가 되도록 약한 불에서 저어 주면서 끓인다.

기미, 주근깨에 대한 약선

삼인거반죽(三仁去斑粥)

효능

매일 아침, 저녁으로 따뜻하게 복용하면 기혈(氣血)을 보(補)하고 풍(風)을 제거시키면서 혈액순환을 원활하게 유지시킴으로써 피부의 기미, 주근깨 등을 감소시키거나 제거할 수 있다.

재료

행인(杏仁:살구씨) 15g, 백과(白果:은행) 15g, 도인(桃仁:복숭아씨) 10g, 계란 1개, 멥쌀 100g, 올리고당 10g, 물 2000ml

조리법

01 행인, 백과, 도인에 물 2000ml를 넣어 1시간 끓여서 약즙을 만든다.

02 멥쌀을 깨끗이 씻어 약즙을 넣어 약한 불로 쌀이 물러질 때까지 끓인다.

03 계란과 올리고당을 넣고 한소끔 끓인다.

오디단삼죽(桑葚丹蔘粥)

효능

매일 아침, 저녁으로 따뜻하게 복용하면 신장(腎臟)을 보호하면서 비위를 튼튼하게 하고 어혈을 제거하면서 혈액순환을 원활하게 함으로써 기미, 주근깨가 제거될 수 있다.

재료

상심자(桑椹子 : 오디) 30g, 단삼(丹蔘) 15g, 적작약(赤芍藥) 15g, 알로에(蘆薈) 15g, 당귀(當歸) 15g, 찹쌀 100g, 꿀 10ml, 물 2000ml

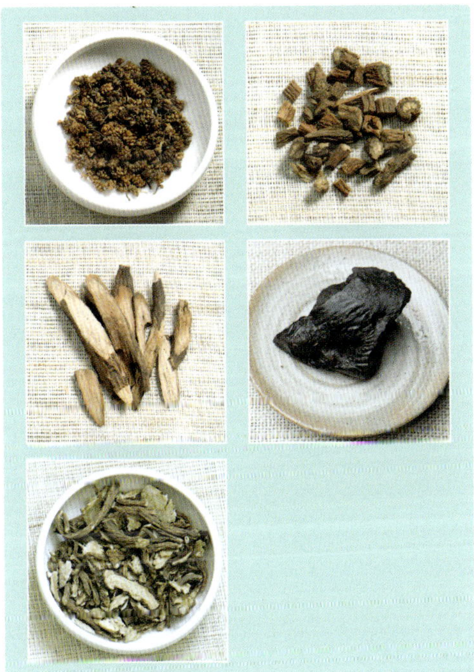

조리법

01 상심자, 단삼, 적작약, 알로에, 당귀를 솥에 넣고 물 2000ml를 넣어 1시간 끓여서 약즙을 만든다.

02 찹쌀을 깨끗이 씻어 약즙을 넣고 죽을 끓인다.

03 꿀을 넣어 한소끔 끓인다.

해당화죽 : 매괴죽(玫瑰粥)

효능

매일 아침, 저녁으로 따뜻하게 복용하면 간기(肝氣)를 소통시키고 풍(風)을 제거시킴으로써 기(氣)의 운동이 원활하게 되어 기미, 주근깨를 제거할 수 있다. 특히 여성에게 좋다.

재료

해당화(**玫瑰**花) 10g, 진피(陳皮) 10g, 멥쌀 100g, 물 1200ml

조리법

01 해당화와 진피를 뜨거운 물에 30분간 담갔다가 물 500ml를 넣고 10분간 끓여서 약즙을 만든다.

02 멥쌀에 물 700ml를 넣어 죽을 끓인다.

03 죽이 완성될 시점에 약즙을 넣고 한소끔 끓인다.

3 안면부 종기(瘡) 관련 약선

사람의 안면부는 부스럼이나 종기가 많이 발생하는 부위이다. 장부(臟腑)가 정상적인 기능을 상실하게 되면 피부 표면에 독소가 쌓이게 되는데 이를 배실시키지 못하고 일정한 시간이 지나면 종기가 생기게 된다. 가장 일반적인 형태가 여드름, 주부코(酒渣鼻) 등으로 안면부의 미용에 지대한 영향을 끼치게 된다. 한의학에서의 폐주피모(肺主皮毛) 이론은 폐(肺)와 피모[皮毛: 전신의 표(表)를 가리킴]는 생리 · 병리적으로 밀접한 관계가 있음을 의미한다. 폐는 체내 · 외의 기체를 교환하는 주요 기관이며 피모의 땀구멍 역시 호흡을 조절하는 역할을 한다. 따라서 폐에 열(熱)이 쌓이게 되면 쉽게 종기나 부스럼이 생기게 된다. 또한 폐기가 조화롭지 못하고 폐열(肺熱)이 쌓이게 되면 주부코 등이 발생하기 쉽다. 한의학에서는 주로 열을 내리고 해독(解毒)시키면서 어혈(瘀血)을 제거함으로써 혈액순환을 원활하게 도와주고 이뇨작용을 통해 부종을 없애는 방법 등을 치료 원칙으로 삼고 있다. 이러한 방법으로 독소를 제거함으로써 종기가 제거되고 깨끗한 얼굴을 유지할 수 있다.

산사연잎탕 : 초사하엽탕(蕉楂荷葉湯)

효능

매일 3회 과육과 국물을 복용하면 몸의 열을 내리고 해독작용과 함께 혈액순환을 원활하게 돕는다. 또한 장의 운동을 활발하게 촉진시킬 수 있다. 따라서 청소년들의 여드름에 효능이 있으며, 피부가 깨끗하고 윤택해질 수 있다.

재료

생산사(生山楂) 30g, 바나나 2개, 연잎(荷葉) 1장, 올리고당 5g, 물 1000ml

조리법

01 연잎을 깨끗이 씻어 잘게 썰고, 바나나는 껍질을 제거해서 자른다.

02 산사를 깨끗이 씻은 뒤 연잎, 바나나, 물 1000ml를 넣어 약 30분 정도 끓인다.

03 올리고당을 넣어 완성한다.

산사연잎차 : 산사하엽음(山楂荷葉飮)

효능

몸의 열(熱)을 내리고 어혈(瘀血)과 노폐물을 제거시켜 줌으로써 신진대사를 원활하게 해서 여드름 등의 증상에 좋다.

재료

생산사(生山楂) 15g, 지골피(地骨皮) 15g, 연잎(荷葉) 1장, 올리고당 5g, 물 1000ml

조리법

01 약재를 깨끗하게 씻는다.

02 생산사, 지골피, 연잎에 물 1000ml를 넣어 끓여 약즙을 만든다.

03 올리고당을 넣어 마신다.

동아연잎탕 : 하엽동과탕(荷葉冬瓜湯)

효능

동과와 국물을 매일 2회씩 2주간 복용하면 몸의 열(熱)을 내릴 뿐만 아니라 해독(解毒)과 이뇨(利尿) 작용이 있어 청소년들의 안면부 여드름 초기에 사용할 수 있다.

재료

신선한 하엽(荷葉 : 연잎) 1장, 동과(冬瓜 : 동아) 750g, 소금 10g, 물 2000ml

조리법

01 연잎을 깨끗이 씻어 길쭉히게 지른다.

02 동과의 껍질과 씨를 제거하고 깨끗이 씻어 1×1cm의 크기로 자른다.

03 연잎과 동과에 물 2000ml를 넣어 끓인다.

04 동과가 물러졌을 때 연잎을 제거하고 소금을 넣어 완성한다.

팔보죽 : 팔보거창죽(八寶祛瘡粥)

효능

이뇨(利尿) 작용과 함께 비장(脾臟)의 기(氣)를 보충함으로써 습(濕)을 제거시켜 청소년들의 여드름 개선에 좋다.

재료

연자(蓮子 : 연밥) 20g, 산약(山藥 : 마) 20g, 의이인(薏苡仁 : 율무) 20g, 검실(芡實 : 가시연밥) 20g, 백합(百合) 20g, 백편두(白扁豆) 20g, 옥수수 50g, 대추 10개, 물 1500ml

조리법

01 연자, 산약, 의이인, 검실, 백합, 백편두, 옥수수, 대추 등을 깨끗이 씻는다.

02 01에 물 1500ml를 넣어 물이 끓기 시작하면 약한 불로 물러질 때까지 끓인다.

비파율무죽 : 비파의미죽(枇杷薏米粥)

효능

매일 아침식사 대용으로 복용하면 폐(肺)의 열(熱)을 내릴 뿐만 아니라 비위(脾胃)의 기능을 조절함으로써 폐열(肺熱)로 인한 여드름 등 각종 피부 트러블에 적용할 수 있다.

재료

신선한 비파(枇杷) 60g, 율무 100g, 신선한 비파잎(枇杷葉) 10g, 물 1500ml

조리법

01 비파는 깨끗이 씻은 후 씨를 제거하고 적당한 크기로 자른다.

02 비파잎은 뒤쪽에 있는 융모를 제거한 뒤 1×1cm로 자른 다음 물 1500ml를 붓고 15분 정도 끓인다.

03 비파잎을 걸러내고 약즙에 율무를 넣고 다시 끓인다.

04 율무가 부드러워지면 비파 조각을 넣어 완전히 물러질 때까지 끓여서 완성한다.

4 모발(毛髮) 관련 약선

두발(頭髮)은 인체의 기혈(氣血)과 오장육부(五臟六腑)의 기능을 판단하는 중요한 지표 중 하나이다.

한의학적 관점에서 신(腎)의 정기(精氣)는 임신 중 배아(胚芽)의 성장과 발육은 물론 출생 후의 생장과 발육과정에 중요한 작용을 한다. 또한 인체의 생식기능(生殖機能)의 강약 역시 신정(腎精)이 충만한지 여부와 밀접한 관련이 있어 "사람의 선천(先天)적인 근본은 신(腎)에 있다(腎爲先天之本)."고 한다. 동시에 "신은 그 정화(精華)가 머리카락에 나타난다(腎其華在髮)."고 하였는데 화(華)라는 것은 정화(精華)가 외부로 나타난다는 뜻으로 머리카락의 영양은 혈(血)에서 비롯되지만 머리카락의 생기(生氣)는 신기(腎氣)로부터 나온다는 뜻이다. 체내 신기의 외부적인 표현은 머리카락에 나타나므로 신기가 충족될 경우 머리카락이 검은색을 띠며 숱이 많고 윤택하게 된다.

또한 정신적으로 긴장과 과도한 고민으로 충분한 수면을 유지하지 못하거나 만성적인 질병을 앓고 있는 사람의 경우 간신(肝腎)과 기혈의 기능이 허약해지면서 모발에 영향을 초래할 수 있다. 따라서 합리적인 영양의 섭취와 함께 균형잡힌 약선(藥膳) 등을 변증시선(辨證施膳)의 원칙에 입각해서 복용하게 되면 전반적인 신체의 균형이 이루어지면서 탈모 예방은 물론 윤기 있는 모발을 유지할 수 있다.

칠보오골계탕 : 칠보미염계(七寶美髯鷄)

효능

매일 2회씩 고기와 국물을 복용하면 간신(肝腎)의 정혈(精血)을 북돋아 모발에 윤기를 더할 수 있다. 특히 정혈(精血)이 부족한 것이 원인인 조기 백발, 치아의 흔들림, 근골(筋骨)의 무력증(無力症) 및 부녀자들의 대하증(帶下症) 등의 증상에 적합하다.

재료

오골계(烏骨鷄) 1마리, 하수오(何首烏) 50g, 당귀(當歸) 10g, 우슬(牛膝) 10g, 토사자(菟絲子) 10g, 보골지(補骨脂) 10g, 구기자(枸杞子) 10g, 복령(茯苓) 10g, 생강 10g, 마늘 20g, 청주 30ml, 소금 30g, 물 4000ml

조리법

01 오골계의 내장을 제거하고 깨끗이 씻은 다음 모든 약재를 넣은 약주머니를 오골계 뱃속에 넣는다.

02 오골계, 생강, 마늘, 물 4000ml를 넣어 센 불에서 끓기 시작하면 약한 불로 끓인다.

03 약주머니를 꺼내고 청주와 소금을 넣어 한소끔 끓인다.

호두오디닭찜 : 양안오수장수계(養顔烏鬚長壽鷄)

효능

매일 2회씩 반찬으로 복용하면 기혈(氣血)을 보(補)하면서 간신(肝腎)의 기능을 원활하게 도와 피부와 모발이 윤택해진다. 특히 간신(肝腎)의 기능 허약이 주요 원인인 조기 백발이나 중년의 탈모 증상에 적합하다.

재료

씨암닭 1마리, 핵도인(核桃仁:호두) 50g, 상심자(桑椹子:오디) 20g, 검은깨 20g, 꿀 25g, 생강 10g, 파 10g, 청주 20ml, 소금 15g

조리법

01 암탉의 내장을 제거한 뒤 깨끗이 씻는다.

02 핵도인, 상심자, 검은깨를 분말로 만들어 오골계의 뱃속에 넣고, 생강, 꿀, 소금, 청주, 파 등은 오골계의 겉표면에 발라준다.

03 찜기에 고기가 연해질 때까지 센 불에서 가열한다.

측백여정쇠고기국 : 측백여정우육탕(側柏女貞牛肉湯)

효능

고기와 국물을 마심으로써 간신(肝腎)의 기능을 원활하게 돕고 혈(血)을 보(補)함으로써 모발을 윤택하게 할 수 있다. 특히 간신(肝腎)의 기능이 원활하지 못하고 정혈(精血)이 허약한 것이 원인인 모발의 메마른 증상과 조기 백발 등의 증상에 적합하다.

재료

쇠고기 300g, 측백잎(側柏葉) 10g, 여정자(女貞子) 30g, 검은대추 5개, 생강 5g, 청주 10ml, 소금 5g, 물 700ml

조리법

01 쇠고기를 깨끗이 씻어 1×1cm 크기로 자른 뒤 끓는 물에 살짝 데친다.

02 대추는 깨끗이 씻어 씨를 제거하고 여정자, 측백잎은 깨끗이 씻어 약주머니에 넣는다.

03 약주머니, 청주, 생강, 소금, 물 700ml를 넣어 센 불에서 끓기 시작하면 약한 불에서 쇠고기가 연해질 때까지 삶은 뒤 약주머니를 건져 낸다.

검은콩하수오쇠고기국 : 수오흑두우육탕(首烏黑豆牛肉湯)

효능

반찬용으로 복용하면 간신(肝腎)의 음혈(陰血)을 보(補)함으로써 모발을 윤택하게 할 수 있다. 특히 체질이 허약하고 조기 백발인 경우에 적합하다.

재료

쇠고기 300g, 검은콩 100g, 하수오(何首烏) 25g, 용안육(龍眼肉) 10g, 대추(씨 제거) 5개, 생강 5g, 청주 10ml, 소금 5g, 물 1000ml

조리법

01 쇠고기를 깨끗이 씻어 1×1cm 크기로 자른 뒤 끓는 물에 살짝 데친다.

02 검은콩을 깨끗이 씻어 물에 불리고, 하수오, 용안육, 대추를 깨끗이 씻어 생강, 물 1000ml, 청주와 소금을 넣어 센 불에서 한소끔 끓인다.

검은깨산약죽 : 지마산약호(芝麻山藥糊)

효능

매일 2회씩 복용함으로써 간신(肝腎)을 보하고 비장(脾臟)을 튼튼하게 함으로써 피부를 윤택하게 할 수 있다. 특히 간신(肝腎)이 허약할 때 생기는 조기 백발, 거친 피부 등의 증상에 적합하다.

재료

검은깨 50g, 멥쌀 50g, 산약(山藥:마) 20g, 소금 5g, 물 500ml

조리법

01 검은깨는 깨끗이 씻어 물기를 제거하고 약한 불로 볶는다.

02 멥쌀은 불려서 가루로 빻아 넣는다.

03 쌀가루, 검은깨, 산약 분말을 섞어 500ml의 물을 붓고 죽을 끓인다.

04 소금으로 간을 한다.

하수오복령고 : 수오복령고(首烏茯苓膏)

효능

매일 10g씩 2회에 걸쳐 따뜻한 물에 타서 복용하면 간신(肝腎)의 음혈(陰血)을 보(補)함으로써 모발을 윤택하게 할 수 있다. 특히 간신(肝腎)의 기능이 허약하고 음혈(陰血)이 부족한 것이 원인인 탈모, 조기 백발, 윤기 없는 모발 등의 증상에 적합하다.

재료

하수오(何首烏) 200g, 복령(茯苓) 200g, 검은깨 50g, 당귀(當歸) 50g, 구기자(枸杞子) 50g, 토사자(菟絲子) 50g, 보골지(補骨脂) 50g, 우슬(牛膝) 50g, 꿀, 물 2000ml

조리법

01 약재를 물에 30분 정도 담갔다가 물 2000ml를 넣어 1시간 끓여 약즙을 만든다.

02 약즙이 센 불에서 끓기 시작하면 약한 불에서 천천히 농축시켜 일정한 점성을 유지할 시점에 꿀을 골고루 섞은 뒤 더 고아서 반죽(paste)상태로 만든다.

구미오발미주(九味烏髮米酒)

효능

매일 1회 30ml 정도씩 복용하면 기혈(氣血)을 보(補)하고 무릎과 허리 등이 튼튼해지며 피부와 모발이 윤택해질 수 있다. 특히 기혈(氣血)이 모두 허약함으로 인해 허리와 무릎 등이 시큰거리고 피부와 얼굴 및 모발에 윤기가 없이 거칠게 느껴지는 사람에게 적합하다.

재료

맥문동(麥門冬) 100g, 하수오(何首烏) 50g, 생지황(生地黃) 50g, 천문동(天門冬) 30g, 숙지황(熟地黃) 30g, 구기자(枸杞子) 30g, 당귀(當歸) 30g, 인삼(人蔘) 10g, 우슬(牛膝) 10g, 좁쌀 6000g, 누룩 3kg

조리법

01 9종의 약재 음편(飮片)을 분말로 만든다.

02 좁쌀을 쪄서 만든 밥과 누룩가루, 약재 분말을 끓여 식힌 뒤 항아리에 넣고 숙성시킨다.

03 술이 완성되면 술 찌꺼기는 버리고 술만 떠서 병에 보관한다.

검은깨산약다식 : 미용오발고(美容烏髮糕)

효능

매일 1개씩 3회에 걸쳐 1~2개월간 복용하면 간신(肝腎)의 정혈(精血)을 보함으로써 윤택한 모발을 유지할 수 있다.

재료

검은깨 250g, 꿀 100g, 참기름 150g, 산약(山藥:마 분말) 100g, 하수오(何首烏) 60g, 여정자(酒炒女貞子) 30g, 한련초(旱蓮草) 30g

조리법

01 하수오, 한련초, 여정자의 이물질을 제거한 뒤 깨끗이 씻어 말려 분말을 만든다.

02 검은깨를 볶아 분말로 만든다.

03 검은깨 분말, 산약 분말, 약재 분말에 꿀을 넣어 잘 갠 뒤 한 덩어리가 되도록 반죽을 한다.

04 다식판에 참기름을 바르고 반죽을 밤톨만큼씩 떼어 내어 다식판에 넣고 꼭꼭 눌러서 찍어 낸다.

오디하수오죽 : 상련오수죽(桑蓮烏首粥)

효능

아침, 저녁으로 따뜻하게 복용함으로써 간신(肝腎)의 정혈(精血)을 보(補)함으로써 윤택한 모발을 유지할 수 있다.

재료

상심자(桑椹子 : 오디) 25g, 하수오(何首烏) 20g, 여정자(女貞子) 15g, 한련초(旱蓮草) 15g, 멥쌀 100g, 올리고당 10g, 물 2000ml

조리법

01 4종류의 약재에 물 2000ml를 넣어 1시간을 끓여 약즙을 만든다.

02 약즙에 깨끗이 씻은 멥쌀을 넣고 끓여서 죽을 만든다.

03 올리고당을 넣어 완성한다.

검은콩깨호두죽 : 삼흑핵도죽(三黑核桃粥)

효능

아침, 저녁으로 따뜻하게 복용하면 신장(腎臟)과 비장(脾臟)을 보하면서 뇌의 기능을 활성화시켜 모발을 검고 윤택하게 할 수 있다.

재료

검은깨 20g, 검은콩 30g, 핵도인(核桃仁 : 호두) 30g, 찹쌀 100g, 물 1000ml

조리법

01 검은깨, 호두를 볶아 분말을 만든다.

02 검은콩은 물에 담가 불린 뒤 찹쌀, 물 1000ml를 넣어 죽을 끓인다.

03 죽이 만들어지면 01의 분말을 넣어 한번 더 끓인다.

제10장 계절별 약선(藥膳)

사계절과 인간의 건강은 밀접한 관련을 갖고 있다.

인간은 춘하추동 사계절의 음양소장(陰陽消長) 규칙에 순응하고 1년간의 한열온량(寒熱溫凉) 기후의 변화에 적절히 적응해야 건강하게 장수할 수 있다는 것이 한의학 양생(養生) 관념 중 핵심이다. 한의학 이론에서는 인체의 질병에 대한 예방과 보건적 측면에서 기상요인(氣象要因)에 대한 중요성을 특히 강조하고 있다. 《황제내경(黃帝內經)》에서도 질병을 치료하기 위해서는 가장 먼저 고려해야 할 것이 1년의 기후변화 상황이고, 질병의 예방과 보건 측면에서도 반드시 기상요인(氣象要因)과 계절 및 절기(節氣)의 변화를 충분히 고려해야 함을 강조하고 있다. 즉, 자연의 규율에 순응해야만 질병을 치료하고 건강한 신체를 유지할 수 있는 최종 목적에 도달할 수 있음을 강조하고 있다(必先歲氣,無伐天和).

사계절(四季節) 양생(養生)의 기본 원칙은 다음과 같다.

첫째, 자연의 변화에 순응하라.

한의학의 이론에 의하면 춘하(春夏)의 계절에는 자연의 기운에 상응해서 양기(陽氣)의 보양(保養)에 힘써야 하며, 추동(秋冬)의 계절에는 음기(陰氣)의 보양(保養)에 주력해야 한다('春夏養陽,秋冬養陰'). 이러한 이론은 정신활동, 기거(起居), 일과 휴식, 음식오미(飮食五味) 등 모든 부분에서 사계절의 변화에 순응하여 적당히 조절되어야 함을 말한다. 특히 일과 휴식은 일상생활이 규칙적이어야 함을 강조하고 있는데 춘하(春夏)의 계절에는 늦게 자고 일찍 일어나며(夜臥早起), 가을에는 일찍 자고 일찍 일어나며(早臥早起), 겨울에는 일찍 자고 늦게 일어나는(早臥晩起) 습관으로써 자연의 변화에 순응해야 한다.

둘째, 심신(心身)을 함께 고려하라.

사계절의 양생(養生)은 반드시 심신(心身)을 함께 고려해야만 한다.

신체적인 측면에서는 주로 장부(臟腑), 기혈진액(氣血津液), 지체(肢體), 오관칠규(五官七竅) 등에 대한 양생을 말하는데 그 내용은 음식, 일과 휴식, 일상생활, 체력단련, 기공(氣功) 등으로 광범위하다.

정신적인 측면에서는 주로 정서적 안정을 핵심으로 삼고 있는데 정상적인 상황하에서의 "심(心)"은 외부의 각종 자극요인에 대한 인체의 '응답성 반응'으로, 이는 정상적인 심리활동의 표현이며 이러한 반응들은 체질과 면역력을 증강시킨다.

한의학적 양생(養生)에서 특히 강조하는 것은 정서적인 안정으로 탐욕, 화냄, 깊은 고민 등은 정기를 소모시킬 수 있기 때문에 과도한 정신적 자극으로 정서적인 안정에 해를 끼치는 일을 삼가해야 한다.

정서적으로 안정되어 있을 때 기(氣)의 운동이 원활해짐은 물론 혈기(血氣)가 왕성해지면서 신진대사(新陳代謝)가 원활해져서 질병으로부터의 저항력을 높일 수 있다.

셋째, "정(靜)"과 "동(動)"의 상호조화

"정(靜)"과 "동(動)"의 적절한 조화가 양생과 질병의 예방에 대한 목적을 달성할 수 있다. "동(動)"은 노동과 운동 두 가지가 있는데 한의학에서 "동(動)"에 대한 중요성을 다음과 같이 강조하고 있다. 즉, 지속적인 운동은 기(氣)의 운동을 원활하게 함으로써 신체 기혈(氣血)의 순환이 원활하게 되고 관절이 부드럽게 되면서 전반적인 저항력이 향상된다. 현대 의학에서도 규칙적인 운동을 할 경우 신진대사(新陳代謝)가 촉진되어 신체의 활력이 넘치고 신체 각 기관의 노화를 지연시킬 수 있음이 증명되고 있다.

"정(靜)"은 정신적인 안정과 신체활동의 상대적인 안정상태를 말한다. "정(靜)"은 한의학에서 특히 중요시 하는데, 예를 들면 기공(氣功)에서는 지체(肢體)를 활용한 운동이 없이 일정한 자세와 특정 호흡방법 및 정신수련 방법 등을 통한 "정(靜)"의 상태하에서 내부적인 자아(自我) 단련과 조절을 통해 신체를 조정(調整)하고 회복(恢復)시켜 이상적인 상태에 이르도록 한다.

"과유불급(過猶不及)"이라는 표현과 같이 사계절(四季節)의 양생(養生) 역시 "정(靜)"과 "동(動)"이 지나치거나 부족하게 되면 반드시 신체의 건강에 영향을 미치게 되고 질병으로 발전하게 된다. 따라서 운동도 적당한 활력을 찾을 수 있는 정도를 초과하지 말아야 하며, 정신적인 노동 역시 지나치거나 태만하지 않도록 적당히 조절해야만 한다.

결론적으로 "정(靜)"과 "동(動)"은 이율배반(二律背反)적인 두 가지 측면으로 이해할 수 있지만 진정한 양생(養生)과 질병으로부터의 예방(豫防)을 위해서는 어느 한쪽으로 치우치지 않는 상호조화(相互調和)가 중요하다.

1 봄철 약선

입춘(立春)에서 입하(立夏)까지의 3개월을 춘계(春季)로 계산하며 이 기간에는 입춘(立春), 우수(雨水), 경칩(驚蟄), 춘분(春分), 청명(淸明), 곡우(穀雨) 등 6개의 절기(節氣)가 포함되어 있다.

일반적으로 입춘은 양력(陽曆) 2월 4일 전후로 24절기 중 첫 번째 절기에 해당한다. 입춘(立春)은 한랭(寒冷)한 겨울이 지나가고 온난(溫暖)한 봄이 도래했음을 알리는 상징적 의미가 있다. 즉,

"입(立)"은 시작을 의미함으로써 봄의 서막을 알림과 동시에 만물이 소생하는 계절이 도래했음을 상징하고 있다.

입춘이 되면 낮의 길이가 현저히 길어지며 기온(氣溫)과 강수량(降水量)도 상승하게 된다. 한의학 이론에서는 입춘이 되면 특히 간장(肝臟)의 보양(保養)에 신경을 써야 된다. 한의학 오행(五行)의 특성에서 봄은 목(木)에 속하며 간(肝)과 상응하기 때문에 봄에는 양기(陽氣)와 간기(肝氣)의 보호에 특히 주의를 기울여야 한다. 입춘이 되면 간의 화기(火氣)가 쉽게 상승(上昇)하기 때문에 특히 정서적으로 화내거나 우울한 일을 잘 조절할 수 있도록 특별히 주의해야 한다. 오장(五臟)과 오미(五味)의 관계 중 산미(酸味 : 신맛)는 간으로 들어가 수렴하는 성질이 있기 때문에 양기의 발생이 불리할 뿐만 아니라 간기가 울결(鬱結)되지 않고 원활한 흐름을 유지하는데도 불리하게 된다. 따라서 입춘의 절기(節氣)에 장부(臟腑)에 적절한 음식은 신감(辛甘 : 맵고 달콤한 맛)하면서 발산(發散)시키는 음식위주로 섭취해야 한다. 전통적인 양생학(養生學)에서 신감발산(辛甘發散)에 해당하는 야채와 과일은 배추, 양배추, 미나리, 시금치, 유채, 상추, 죽순, 오이, 향채(香菜 : 고수), 부추, 양파, 갓, 무, 고추, 생강, 파, 마늘, 쑥갓, 회향(茴香), 냉이, 원추리, 나팔꽃나물, 고사리, 동과(冬瓜), 참외, 수세미, 가지 등이다.

수렴(收斂性)이 강한 산미(酸味)의 야채와 과일은 귤, 유자, 살구, 모과, 비파(枇杷), 오렌지, 산사(山楂), 감람(橄欖), 레몬, 석류(石榴), 매실, 쇠비름, 토마토 등이다.

일상생활의 음식 중에서 간기의 원활한 작용을 위한 목적으로 섭취할 수 있는 한약재와 식품으로는 구기자(枸杞子), 현호(玄胡), 단삼(丹蔘), 울금(鬱金) 등의 약재와 대추(大棗), 땅콩, 발효콩(두시 : 豆豉), 파, 고수(香菜) 등이 있다.

구기자죽순국수비빔 : 구기반고순(枸杞拌高笋)

효능

간장(肝臟)과 신장(腎臟)을 보하고 폐(肺)의 기능을 원활히 하여 시력을 보호한다. 따라서 간신(肝腎)의 기능이 허약함으로 인한 허리와 무릎의 시큰거림, 현기증, 기침, 소갈증, 유정(遺精) 등의 증상에 적합하다. 현대 의학적 개념으로는 녹내장(綠內障), 백내장(白內障), 고혈압(高血壓), 폐기종(肺氣腫), 폐결핵(肺結核) 등의 증상에 유효하다.

재료

구기자(枸杞子) 20g, 파 10g, 죽순 300g, 소금 3g, 마늘 30g, 생강 5g, 참깨국수 20g

조리법

01 구기자의 이물질을 제거한 뒤 깨끗이 씻는다.

02 죽순은 껍질을 제거하여 가로 1×1cm 크기로 자른다.

03 생강, 파, 마늘도 적당한 크기로 자른다.

04 죽순은 끓는 물에 3분 정도 데친 뒤 수분을 제거한다.

05 죽순, 마늘, 구기자, 생강, 파, 소금, 참깨국수 등을 골고루 섞는다.

하수오오골계탕 : 하수오계(何首烏鷄)

효능

기혈(氣血)을 보(補)하면서 비장(脾臟)과 신장(腎臟)을 튼튼하게 한다. 따라서 기혈(氣血)이 허약(虛弱)함으로 인해 평소 손발이 차갑고, 남자의 경우 정자의 수가 부족한 불임증 등에 적합하다.

재료

황기(黃芪) 30g, 산약(山藥:마) 15g, 당귀(當歸) 12g, 숙지황(熟地黃) 12g, 구기자(枸杞子) 3g, 오골계(烏骨鷄) 1500g, 곡주(穀酒) 1잔, 검은콩 1컵, 소금 15g, 생강 10g, 물 2500ml

조리법

01 약재를 깨끗이 씻은 뒤 약주머니에 넣는다.

02 검은콩도 깨끗이 씻어 둔다.

03 오골계는 깨끗이 씻어 적당한 크기로 자른 뒤 끓는 물에 5분 정도 끓여 건져 낸다.

04 오골계와 약주머니, 검은콩, 물 2500ml를 넣고 센 불에서 끓으면 약한 불에서 약 30분쯤 더 끓인 뒤 오골계가 연해졌을 때 약주머니를 제거한다.

황기돼지고기조림 : 기조육조반(芪棗肉燥飯)

효능

건조해진 고기를 밥과 함께 섭취하면 양기(陽氣)를 북돋우면서 저항력이 증강되고 이뇨작용이 있어 부종(浮腫)에 효과가 있다. 따라서 평소 땀이 많고 부종(浮腫), 탈항(脫肛) 등 기혈(氣血)이 허약(虛弱)한 증세가 자주 나타나는 사람에게 적합하다.

재료

황기(黃芪) 35g, 대추 15g, 돼지고기 300g, 표고버섯 5개, 말린 새우 5g, 설탕 3g, 참기름 3g, 소금, 물 1000ml

조리법

01 약재를 깨끗이 씻은 후 대추의 씨를 빼고 물 1000ml를 붓고 센 불에서 끓기 시작하면 약한 불에서 물이 700ml 되도록 더 끓인 뒤 약즙을 만든다.

02 표고버섯을 깨끗이 씻어 물에 불린 뒤 꼭지부분을 자르고 말린 새우를 물에 불려 수분을 제거한 뒤 갈아 준다.

03 참기름에 표고버섯, 새우, 돼지고기를 넣어 볶는다.

04 약즙에 위의 재료를 넣어 센 불에서 끓기 시작하면 약한 불에서 자작하게 졸인다.

인진쑥수프 : 인진병여갱(茵蔯餠與羹)

효능

《본초강목(本草綱目)》에 "인진(茵蔯)은 풍(風) · 습(濕) · 한(寒) · 열(熱)의 사기(邪氣) 뿐만 아니라 열성(熱性) 황달(黃疸)을 제거하고 장복하면 몸이 가벼워지면서 기(氣)를 북돋아 힘든 줄 모르게 되고 안색이 밝고 기쁨에 넘치면서 장수하게 된다(茵陳郞除風濕寒熱邪氣, 熱結黃疸, 久服輕身, 益氣耐勞, 面白悅, 長年)."고 소개되어 있다. 따라서 예로부터 인진쑥은 생식 또는 전이나 수프 등 다양한 형태로 복용했으며, 간기(肝氣)의 원활한 활동을 돕고 몸속의 습열(濕熱)을 제거하는 기능이 있어 늘 피로한 사람과 황달(黃疸) 등의 증상이 있는 환자에게 적합하다.

재료

인진(茵陳)쑥 100g, 밀가루 50g, 버터 50g, 생크림(whipping cream), 소금, 물 700ml

조리법

01 인진쑥을 1cm 정도로 잘라서 물 700ml를 넣어 20분 끓여 약즙을 만든다.

02 버터를 녹여 밀가루를 볶는다.

03 02에 01을 넣어서 끓이다가 생크림을 넣어 농도를 맞춘다.

04 소금으로 간을 약간 싱겁게 한다.

사백주(四白酒)

효능

매일 10~15ml씩 2회 복용하면 신진대사가 원활해짐으로 인해 기혈(氣血)과 장부(臟腑)의 기능을 북돋아서 밝은 안색을 유지할 수 있다.

재료

백자인(柏子仁) 30g, 하수오(何首烏) 30g, 육종용(肉蓯蓉) 30g, 우슬(牛膝) 30g, 소주 1000ml

조리법

01 약재를 깨끗이 씻는다.

02 약재를 소주에 넣어 10일간 숙성시킨다.

03 맑은 부분을 복용하면 된다.

양고기산약죽 : 황양대미죽(黃羊大米粥)

효능

아침, 저녁의 식사로 대용하면 비위(脾胃)를 튼튼하게 할 수 있다. 따라서 비위(脾胃)의 허약으로 인한 소화불량, 설사 등의 증상에 적합하다.

재료

양고기(황색 양의 고기) 100g, 멥쌀 100g, 산약(山藥:마) 30g, 백편두(白扁豆) 15g, 물 1200ml

조리법

01 양고기를 깨끗이 씻어 잘게 썬다.

02 산약과 백편두를 깨끗이 씻는다.

03 양고기, 멥쌀, 산약, 백편두에 물 1200ml를 넣고 함께 끓여서 죽을 만든다.

메밀냉이전 : 제채교맥병(薺菜蕎麥餠)

효능

봄철 수시로 섭취할 수 있으며 열을 내리고 혈압을 강하시킨다. 따라서 고혈압(高血壓), 고지혈증(高脂血症), 지방간(脂肪肝) 등의 증상에 적합하다.

재료

메밀가루 500g, 냉이 500g, 생새우 25g, 소금 7.5g, 파, 마늘, 식용유, 물 400ml

조리법

01 냉이와 생새우를 깨끗이 씻고 물기를 제거한다.

02 메밀가루에 물을 넣어 반죽을 만든다.

03 메밀 반죽에 냉이, 새우, 소금, 파, 마늘을 넣고 식용유를 두른 팬에 지진다.

율무팔보반 : 의미팔보반(薏米八寶飯)

효능

식사 대용으로 섭취하게 되면 비위(脾胃)를 튼튼하게 하면서 식욕이 증진된다.

재료

찹쌀 150g, 율무 100g, 표고버섯 50g, 죽순(竹筍) 30g, 백련자(白蓮子 : 연밥) 50g, 빈랑(檳榔) 100g, 당근 100g, 간장 20ml

조리법

01 찹쌀과 율무를 각각 깨끗이 씻어 물에 30분 정도 담가 둔다.

02 표고버섯, 죽순, 당근 등을 1cm 정도의 크기로 자르고 빈랑의 껍질을 제거한다.

03 율무를 물에 넣어 끓인 후 뜸을 들여 익히고, 찹쌀로 밥을 짓고, 백련자는 쪄 낸다.

04 위의 모든 재료에 간장을 넣어서 밥을 짓는다.

오디오골계탕 : 상심오골계(桑椹烏骨鷄)

효능

아침, 저녁으로 1회씩 섭취하면 음혈(陰血)을 보충함으로써 춘곤증(春困症) 등의 피로를 제거시킬 수 있다. 특히 운동선수 등이 운동 후 복용하면 좋다.

재료

상심자(桑椹子 : 오디) 60g, 죽순(竹筍) 200g, 오골계(烏骨鷄) 1마리, 소금 30g, 청주 30ml, 물 4000ml

조리법

01 오골계의 내장을 제거하고 깨끗이 씻는다.

02 오골계, 상심자, 죽순, 청주, 물 4000ml를 넣어 약한 불에서 고아 낸다.

03 소금으로 간을 한다.

결명자돼지고기국 : 결명자해대탕(決明子海帶湯)

효능

간신(肝腎)의 음혈(陰血)을 북돋우는 기능이 있다. 따라서 간(肝)의 양기(陽氣)가 지나쳐서 발생하는 현기증, 두통, 답답함과 화남, 이명(耳鳴), 불면증(不眠症), 변비, 입이 쓰고 건조한 증상 등에 적합하다. 매일 2회씩 5~7일간 복용한다.

재료

결명자(決明子) 120g, 다시마 40g, 돼지 살코기 100g, 소금 5g, 물 1500ml

조리법

01 돼지 살코기와 다시마를 깨끗이 씻어 1.5cm의 크기로 자른다.

02 결명자를 물 1500ml에 약 30분 정도 끓인 뒤 찌꺼기를 제거하고 즙을 취한다.

03 돼지고기, 다시마, 결명자즙을 넣고 약 30분간 익힌 뒤 소금으로 간을 한다.

2 여름철 약선

여름철은 입하(立夏), 소만(小滿), 망종(芒種), 하지(夏至), 소서(小暑), 대서(大暑) 등 6개의 절기(節氣)를 포함하고 있으며 양기(陽氣)가 가장 왕성한 계절이다.

여름철의 기후는 무더위가 특징으로 한의학에서는 여름철을 전 · 후 두 단계로 구분한다. 전(前) 단계는 입하에서 하지(夏至)까지의 음력 4, 5월로, 이때는 태양이 점차 북쪽으로 이동하면서 지구의 북반구에 속해 있는 우리나라의 낮이 점차 길어지고 밤은 짧아지면서 날씨가 무더워지고 만물의 성장(成長)이 무성(茂盛)해진다.

후(後) 단계는 음력 6월로 절기상으로는 소서, 대서가 포함되며 무더운 여름 날씨로 인해 신진대사가 왕성한 시기이며 인체의 양기는 외부로 발산되는 시기로 기후의 변화에 특히 주의해야 한다.

입하는 매년 5월 5일 또는 6일로 여름철의 첫 번째 절기(節氣)에 해당하며, 우리는 전통적으로 입하를 여름철이 시작되는 시점으로 인식해 왔다. 입하가 도래하고 기후가 점차 더워지면서 무더운 여름철 날씨의 영향으로 위장의 기능은 상대적으로 감퇴된다. 따라서 정상적인 위장(胃腸)의 기능을 확보하기 위해 음식물을 선별해서 섭취할 필요가 있다. 명나라 시대의 명의(名醫) 이시진(李時珍)은 "녹두(綠豆), 연자(蓮子 : 연밥), 하엽(荷葉 : 연잎), 노근(蘆根), 편두(扁豆) 등과 멥쌀로 죽을 만들어서 섭취하게 되면 여름철의 더위를 식히면서 비위(脾胃)를 튼튼하게 할 수 있다."고 소개하기도 하였다.

여름철에 접어들면서 특히 노인들은 담백하면서도 몸을 보(補)할 수 있는 음식위주로 섭취하고 더위를 식히고 비위(脾胃)의 기능을 건전하게 하는 음식과 콜레스테롤 및 혈압 강하에 유익한 음식을 섭취하여 혈관을 보호할 수 있도록 노력해야 한다.

여름철 보양식 중 추어탕(鰍魚湯)은 어린이들에게는 성장발육을 돕고 노인들에게는 심혈관계통의 노화를 예방할 수 있는 보양식으로 한의학에서는 비위의 기(氣)를 보하면서 습(濕)한 사기(邪氣)를 제거하며 소염(消炎) 작용이 있다고 한다.

실제로 미꾸라지는 일반 어류보다 단백질이 풍부하며 아미노산의 함량도 풍부할 뿐만 아니라 비타민 A, B_1, C 및 칼슘을 풍부하게 함유하고 있어 "수중인삼(水中人蔘)"으로도 불린다.

여름철에는 비위의 소화기능이 감퇴되므로 아침과 저녁은 죽으로 식사를 하는 것도 좋은 방법인

데, 죽을 끓일 때 하엽을 첨가함으로써 식욕을 돋우면서 진액(津液)을 생성시켜 더위를 이길 수 있도록 하며, 이밖에 녹두를 끓여 음용함으로써 여름철 갈증의 해소뿐만 아니라 진액을 생성시켜 해독작용을 할 수도 있다.

비파죽엽차 : 비파죽엽소서차(枇杷竹葉消暑茶)

효능

위(胃)의 열을 내리면서 갈증의 제거와 진액의 생성효과가 있다. 따라서 여름철 더위로 인한 갈증과 답답함으로 인해 소변색이 진하게 변할 때 음용하면 효과가 있다.

재료

신선한 비파엽(枇杷葉) 30g, 신선한 죽엽(竹葉) 30g, 올리고당 10g, 소금 3g, 물 800ml

조리법

01 신선한 비파엽(枇杷葉)의 뒷면에 있는 잔털을 제거하고 씻어서 잘게 자른다.

02 신선한 죽엽과 자른 비파엽에 물 800ml를 붓고 약 10분간 끓여서 찌꺼기는 버린다.

03 올리고당과 소금을 넣어 식힌 뒤 차처럼 마시면 된다.

연잎오골계전골 : 하엽오계보(荷葉烏鷄煲)

효능

여름철 더위와 습한 기운을 제거하며 양기(陽氣)가 제 역할을 할 수 있도록 돕는다. 따라서 여름철 설사, 현기증, 부종, 토혈(吐血), 출혈(出血), 붕루(崩漏), 변혈(便血), 해산 후 현기증 등의 증상에 적합하다. 본 처방을 복용할 때는 토끼고기, 잉어, 마늘 등의 섭취를 금해야 한다.

재료

신선한 연잎(荷葉: 하엽) 1장, 오골계(烏骨鷄) 1마리, 구기자(枸杞子) 15g, 청주 10ml, 후추 3g, 소금 4g, 생강 5g, 파 10g, 물 3000ml

조리법

01 연잎을 깨끗이 씻어 끓는 물에 살짝 데쳐서 떫은맛을 제거한다.

02 구기자는 꼭지 등의 이물질을 제거한 뒤 깨끗이 씻는다.

03 오골계의 내장과 털 등을 제거한 뒤 깨끗이 씻고 생강과 파는 적당한 크기로 자른다.

04 연잎, 오골계, 청주, 생강, 파, 소금에 물 3000ml를 부어 센 불에서 끓기 시작하면 약한 불로 35분간 더 끓인 뒤 후추와 구기자를 넣어 완성한다.

미꾸라지두부 : 니추돈두부(泥鰍炖豆腐)

효능

열을 내리는 기능과 해독(解毒)시키는 기능 및 이뇨(利尿) 작용으로 인해 부종(浮腫)을 제거한다. 또한 여름철 허약해지기 쉬운 체질에 기(氣)를 충만시켜 주므로 여름철 보양식품으로 적합하다.

재료

신선한 미꾸라지 250g, 두부 500g, 청주 10ml, 소금 5g, 파 분말 5g, 생강 분말 10g, 식용유 50ml, 물 2000ml

조리법

01 신선한 미꾸라지를 물에 넣고 식초 몇 방울을 떨어뜨리고 자주 물을 갈아 주어 미꾸라지가 진흙을 토하도록 한 뒤 물기를 제거한다.

02 두부, 청주, 소금, 파, 생강, 식용유 등을 넣은 뒤 미꾸라지를 넣고 물 2000ml를 넣어 서서히 가열하면 미꾸라지가 두부 속으로 파고 들어가게 된다.

03 미꾸라지의 살이 완전히 익으면 반찬용으로 사용한다.

녹두율무죽 : 녹두의이인죽(綠豆薏苡仁粥)

효능

아침, 저녁식사 대용으로 섭취하면 여름철의 더위를 제거함과 동시에 비장(脾臟)을 튼튼하게 함으로써 습(濕)을 제거시킬 수 있다. 따라서 여름철 더위로 인해 몸에 열이 나고 얼굴이 붉어지며 가슴이 답답한 증상 등에 적합하다.

재료

녹두 60g, 율무 30g, 행인(杏仁:살구씨) 10g, 멥쌀 100g, 물 1500ml

조리법

01 녹두, 율무, 행인을 깨끗이 씻는다.

02 멥쌀에 약재를 넣어 물 1500ml를 넣은 뒤 녹두가 물러질 때까지 끓여서 완성한다.

산약복령편수 : 산약복령포자(山藥茯苓包子)

효능

비장(脾臟)과 신장(腎臟)의 기능을 튼튼하게 함으로써 지나친 분비나 설사 등을 멈추게 한다. 따라서 비장(脾臟)이 허약해서 식욕이 없고 만성설사에 시달리거나 신장(腎臟)이 허약함으로 인한 유정(遺精) 및 빈번한 소변 등의 증상에 적합하다.

재료

밀가루 250g, 산약(山藥:마) 분말 60g, 복령(茯苓) 분말 45g, 애호박 1/2개, 쇠고기 180g, 표고 5장, 숙주 250g, 계란 1개, 진간장 15g, 소금 5g, 파 10g, 마늘 10g, 후추, 식초, 깨소금, 참기름, 물 170ml

조리법

01 밀가루에 약재 분말, 물 170ml, 소금, 계란 흰자 1개를 넣어 반죽을 만들어 실온에서 30분 정도 숙성시킨다.

02 쇠고기는 다지고, 표고는 채썰어 양념을 한 후 각각 볶는다.

03 애호박은 살을 약간 붙여 돌려 깎아 채를 썬 후 소금으로 간을 한 후에 물기를 제거하여 볶는다.

04 숙주는 머리, 꼬리를 떼어 내고 끓는 물에 데친 후 식혀 물기를 제거한 후에 송송 썬다.

05 볶은 쇠고기, 표고, 애호박, 숙주로 소를 만든다.

06 반죽은 두께 3~4mm 정도 되게 밀고, 8×8cm 크기로 잘라둔다.

07 소를 넣고 네 귀를 모아 사각지게 빚는다.

08 편수는 찜통에 찌든지, 쇠고기 육수에 끓여 낸다.

09 초간장을 곁들인다.

황기금은화죽 : 황기은화죽(黃芪銀花粥)

효능

2회에 걸쳐 식사 대용으로 복용함으로써 여름철의 더위를 제거시킬 수 있을 뿐만 아니라 습독(濕毒)을 해독시킬 수 있다. 따라서 여름철의 더위로 인해 몸에 열이 나고 땀이 많으며 가슴이 답답하면서 갈증과 권태감 등이 수반되는 무력증에 적합하다.

재료

신선한 황기(黃芪) 50g, 금은화(金銀花) 40g, 멥쌀 50g, 물 1000ml

조리법

01 약재료를 깨끗이 씻고 황기, 금은화 등을 약주머니에 넣는다.

02 물 1000ml에 넣어 20분간 끓인 뒤 약주머니를 꺼내고 약즙을 만든다.

03 약즙에 깨끗이 씻은 멥쌀을 넣고 죽을 끓인다.

황기복령계탕 : 황기대조돈토계(黃芪大棗燉土鷄)

효능

아침, 저녁으로 따뜻하게 복용하면 면역기능을 상승시키고 상처를 쉽게 아물게 한다. 따라서 중년 또는 노년의 체질 허약자와 수술 후의 환자들에게 적합하다.

재료

닭 1마리(작은 것), 복령(茯苓) 30g, 황기(黃芪) 30g, 대추 10g, 마늘 20g, 생강 10g, 물 4000ml

조리법

01 닭의 내장을 제거하고 깨끗이 씻은 뒤 끓는 물에 살짝 삶는다.

02 황기, 대추, 복령, 마늘, 생강 등을 넣고 물 4000ml를 넣어 끓기 시작하면 약한 불로 50분간 더 끓여서 완성한다.

백목련버섯굴소스볶음 : 회선마완두(燴鮮蘑豌豆)

효능

수시로 식용하면 혈압의 조절에 유리하다.

재료

신선한 버섯 150g, 완두 100g, 백목련(白木蓮) 50g, 당근 50g, 양파 50g, 오이 50g, 파프리카 100g(빨강, 노랑), 고추기름 10g, 마늘 10g, 굴소스, 전분, 참기름

조리법

01 신선한 버섯을 깨끗이 씻어 1×1cm로 자른 뒤 끓는 물에 살짝 데친다.

02 완두콩의 꼬투리를 벗겨 끓는 물에 살짝 데치고, 백목련은 적당한 크기로 자른다. 야채는 1.5×1.5cm로 자른다.

03 팬에 고추기름을 두르고 마늘을 넣어 향이 나도록 볶는다.

04 버섯, 완두, 백목련, 당근, 양파, 오이, 파프리카를 함께 기름에 볶아 반쯤 익혀 굴소스를 넣는다.

05 물전분을 넣고 가열하여 걸쭉하게 되면 참기름을 살짝 뿌려 완성한다.

민들레녹두죽 : 포공영녹두죽(蒲公英綠豆粥)

효능

매일 3회씩 5, 6일 정도 복용하면 심열(心熱)의 상승으로 인한 구강궤양증(口腔潰瘍症) 등에 효과가 있다.

재료

녹두(綠豆) 50g, 포공영(蒲公英 : 민들레 全草) 15g, 올리고당 5g, 물 1000ml

조리법

01 포공영을 깨끗이 씻는다.

02 포공영에 물 1000ml를 넣어 40분간 끓여서 약즙을 만든다.

03 녹두에 약즙을 넣어 죽을 끓인 후 올리고당을 넣어 완성한다.

연잎박하녹두죽 : 향하녹두죽(香荷綠豆粥)

효능

수시로 복용하면 여름철 더위와 습(濕)을 제거시킬 수 있다.

재료

녹두 100g, 연잎(荷葉) 15g, 박하엽(薄荷葉) 3g, 감초(甘草) 5g, 올리고당 10g, 물 1500ml

조리법

01 박하엽, 감초를 물 1500ml에 30분간 끓여 찌꺼기는 버리고 약즙을 만든다.

02 연잎에 녹두를 싸서 약주머니에 넣는다.

03 약한 불로 끓이다가 녹두가 물러질 때 녹두를 약주머니에서 꺼낸다.

04 녹두에 약즙과 설탕을 넣어 죽을 완성한다.

3 가을철 약선

가을철은 입추(立秋)부터 입동(立冬)까지의 3개월로 이 기간에 포함되는 절기(節氣)로는 입추(立秋), 처서(處暑), 백로(白露), 추분(秋分), 한로(寒露), 상강(霜降) 등 6개의 절기(節氣)가 포함되어 있다.

예로부터 가을철을 "추고기상(秋高氣爽)", "풍고물조(風高物燥)" 등의 표현으로 형용했는데 이는 건조(乾燥)한 기후의 특징을 표현한 것이다.

입추는 매년 양력 8월 7일 또는 8일쯤으로 기온이 하강하기 시작하지만 아직도 30℃ 이상을 상회하기도 하면서 특히 남쪽에서는 한여름의 더위가 아직도 느껴지는 계절이다.

가을철의 건조한 기후는 신체의 진액(津液)을 쉽게 손상시키는 관계로 한의학에서는 음액(陰液)을 보충하고 폐장(肺臟)의 기능을 원활하게 하는 음식위주로 섭취할 것을 권장하고 있다. 입추는 정기를 발산(發散)하는 계절이 아니라 수장(收藏)하는 계절이기 때문에 파, 생강 등을 적게 섭취하는 것이 좋고 신맛의 과일, 야채를 많이 섭취하는 것이 좋다. 또한 입추 절기에는 참깨, 찹쌀, 멥쌀, 꿀, 비파(枇杷), 파인애플, 유제품(乳製品) 등 부드러운 음식물을 많이 섭취함으로써 진액(津液)의 원활한 생성으로 위장(胃腸) 기능이 튼튼해지도록 할 필요가 있다. 입추에 적당한 음식으로는 생지황죽(生地黃粥) 또는 둥글레차 등이다.

입추에 좋은 음식은 죽(粥)과 콩으로 만든 음식을 들 수 있는데, 콩제품은 풍부한 단백질을 함유하고 있으면서 콜레스테롤을 함유하지 않아 육식에 익숙한 현대인에게 좋은 음식이다. 또한 연근분말, 과즙, 사과즙, 채소 수프, 계란탕 등은 지방 함량이 낮으면서 소화가 잘되는 음식으로 권장할 만하다.

녹두설기떡 : 옥로고(玉露糕)

효능

열(熱)을 내리고 진액(津液)을 생성시키며 폐(肺)의 기능을 원활하게 함으로써 기침을 멈추게 한다. 따라서 폐(肺)가 지나치게 건조해서 약간의 담(痰)과 함께 마른 기침을 하는 증상 또는 위(胃)에 열이 있어 갈증을 느끼는 증상에 적합하다.

재료

천화분(天花粉 : 하늘타리 근) 10g, 갈근(葛根) 10g, 길경(桔梗 : 도라지) 10g, 녹두 분말 500g, 설탕 50g, 소금 5g

조리법

01 천화분, 갈근, 길경을 적당한 크기로 잘라 말려서 분말을 만든다.

02 녹두 분말, 약재 분말, 소금을 넣어 체에 내린다.

03 체에 내린 분말에 물 50ml를 넣어 다시 체에 내린다.

04 찜기에 넣어 20~25분간 찐다.

05 떡을 살라 약 25g 정도 크기로 만든다.

천동복령계란탕 : 천동복령갱(天冬茯苓羹)

효능

열(熱)을 내리고 음액(陰液)을 보충하면서 진액(津液)을 생성시키고 폐장(肺臟)과 비장(脾臟)의 기능을 원활하게 하면서 이뇨(利尿) 작용 및 정신안정의 효과가 있다. 따라서 음허(陰虛)로 인한 허열(虛熱), 기침, 토혈(吐血), 폐결핵, 소갈(消渴), 인후(咽喉)의 종통, 마른 기침, 소변 불리, 부종, 구토, 설사, 유정(遺精), 건망증 등의 증상에 적합하다.

재료

천문동(天門冬) 20g, 복령(茯苓) 50g, 꿀 30g, 설탕 30g, 계란 흰자, 물 500ml

조리법

01 천문동을 씻어 맑은 물에 하룻밤 담궜다가 얇게 썰어 꿀에 2시간 동안 재어 놓는다.

02 복령 겉의 검은색 피(皮)를 제거한 백복령을 잘라서 말린 뒤 분말을 만든다.

03 물 500ml에 복령 분말, 천문동, 설탕을 넣어 중불에서 물이 끓으면 약한 불에서 8분간 끓인 후 계란 흰자를 넣고 한소끔 끓인다.

더덕배차 : 설리청조윤폐음(雪梨清燥潤肺飮)

효능

매일 아침, 저녁으로 복용하면 열(熱)을 내리고 음액(陰液)을 보충함으로써 기침을 멈추게 할 수 있다. 따라서 조열(燥熱)로 인해 폐장(肺臟)이 손상되어 몸에 열이 나고 마른 기침과 함께 인후(咽喉)가 건조하고 가슴이 답답한 증상에 적합하다.

재료

배 1개, 행인(杏仁:살구씨) 6g, 사삼(沙蔘:더덕) 30g, 직비파엽(炙枇杷葉) 10g, 물 2000ml, 꿀 적당량

조리법

01 배를 깨끗이 씻어 껍질과 씨를 제거하고 강판에 갈아 준다.

02 행인, 사삼, 비파엽을 물 2000ml에 넣어 1시간 끓여서 약즙을 만든다.

03 배에 약즙을 넣고 30분 가량 끓여서 꿀을 넣는다.

백합구기자북어국 : 백합구기계단탕(百合枸杞鷄蛋湯)

효능

매일 1회씩 복용하면 비장(脾臟)과 폐장(肺臟)을 튼튼하게 하면서 정신을 안정시키는 작용이 있다. 따라서 심신(心神)이 불안하고 불면증, 히스테리, 신경쇠약(神經衰弱) 등의 증상에 적합하다.

재료

백합(百合) 60g, 구기자(枸杞子) 30g, 산약(山藥:마) 30g, 계란 2개, 북어채 30g, 마늘 10g, 국간장, 소금, 대파, 물 4000ml

조리법

01 백합은 물로 깨끗이 씻은 뒤 산약, 구기자 등과 함께 물 3000ml를 부어 센 불에서 끓기 시작하면 약한 불에 2시간 정도 더 끓여 약즙을 만든다.

02 참기름에 마늘과 씻은 북어채를 넣고 볶다가 국간장을 넣어 한번 더 볶는다.

03 01에 물 1000ml를 붓고 국물이 끓기 시작하면 위에 뜨는 찌꺼기는 제거한다.

04 끓는 국물에 계란을 넣고 소금으로 간을 한다.

05 대파를 어슷 썰어 넣은 후 한소끔 끓인다.

산약행인좁쌀죽 : 산약행인소미죽(山藥杏仁小米粥)

효능

아침, 저녁으로 따뜻하게 복용하면 비위(脾胃)와 폐장(肺臟)의 기(氣)를 보(補)할 수 있다. 따라서 가을철의 건조한 기후로 인해 기침을 하고 가슴이 답답하면서 불면증에 시달리는 등 만성기관지염 등의 증상에 적합하다.

재료

산약(山藥 : 마) 20g, 행인(杏仁 : 살구씨) 20g, 좁쌀 100g, 물 600ml

조리법

01 산약을 깨끗이 씻어 껍질을 제거한 뒤 물에 씻어 분말로 만든다.

02 행인을 볶아서 껍질을 벗겨 분말로 만든다.

03 좁쌀은 향기가 날 때까지 볶은 뒤 약재 분말과 물 600ml를 부어 약한 불로 좁쌀이 물러질 때까지 죽을 끓인다.

인삼돼지고기죽 : 황정외저주(黃精煨猪肘)

효능

수시로 복용하면 비장(脾臟)을 튼튼히 하고 기혈(氣血)을 보(補)함으로써 심신(心神)의 안정을 취할 수 있게 된다.

재료

돼지 허벅지살 750g, 황정(黃精) 9g, 인삼(人蔘) 9g, 대추 5개, 생강 15g, 파 10g, 물 2000ml

조리법

01 황정과 인삼을 얇게 썰어 약주머니에 넣는다.

02 생강과 파는 깨끗이 씻어 잘게 썰어 둔다. 대추는 씻어 둔다.

03 돼지고기는 끓는 물에 살짝 데쳐서 피를 제거한다.

04 위 재료들에 물 2000ml를 넣은 뒤 센 불로 끓여 거품을 제거하고 약한 불에서 설쑥하게 끓인다.

05 약주머니를 제거하고 고기, 국물, 대추를 함께 그릇에 담아낸다.

용안육찹쌀죽 : 사보나미죽(四寶糯米粥)

효능

수시로 섭취하면 신장(腎臟)과 비장(脾臟)을 보(補)하면서 몸속의 건조한 기운을 윤택하게 하고 뇌의 활동을 활성화시킨다. 따라서 심혈(心血)의 부족으로 자주 가슴이 두근거리는 사람들에게 적당하다.

재료

용안육(龍眼肉) 25g, 대추 25g, 산약(山藥:마) 25g, 율무 25g, 찹쌀 100g, 올리고당 5g, 물 1500ml

조리법

01 깨끗하게 씻은 용안육, 대추, 산약, 율무, 찹쌀에 물 1500ml를 넣고 끓인다.

02 죽을 만든 뒤 올리고당을 넣는다.

사인계란찜 : 사인계단갱(四仁鷄蛋羹)

효능

매일 1회씩 1주일간 따뜻하게 복용하면 신장(腎臟)과 폐장(肺臟)의 기(氣)를 보함으로써 기침을 멈출 수 있다. 따라서 음허(陰虛)로 인한 기침으로 평소 마른기침, 인후 건조, 손발에 열이 많은 사람, 허리와 무릎 등이 시큰거리고 힘이 없는 사람 또는 남자의 경우 유정(遺精) 등의 증상에 적합하다.

재료

백과(白果 : 은행) 3g, 행인(杏仁 : 살구씨) 3g, 핵도(核桃 : 호두) 6g, 땅콩 6g, 계란 1개, 물 100ml

조리법

01 백과, 행인, 호두는 깨끗이 씻어 건조하고, 땅콩은 껍질을 벗겨 볶아 분말로 만든다.

02 계란 1개와 함께 그릇에 넣고 골고루 섞은 뒤 물 100ml를 섞어 중탕하여 찐다.

은행닭강정 : 은행계정(銀杏鷄丁)

효능

담(痰)과 기침을 멈추게 하며 대하증(帶下症)을 멈추게 한다. 따라서 노인성 기침, 천식, 빈번한 소변, 붕루(崩漏), 대하(帶下) 등에 적합하다.

재료

닭고기 500g, 백과(白果:은행) 200g, 진간장 20ml, 생강 10g, 청주 20ml, 소금 3g, 후추, 설탕 10g, 식용유 500ml, 건고추 1개

조리법

01 닭고기를 적당한 크기로 토막내고 생강즙, 청주, 소금, 후추를 넣고 손으로 버무려 밑간을 한다.

02 건고추는 씨를 제거하고 1×1cm의 마름모꼴로 썬다.

03 은행은 겉껍질을 제거한 뒤 볶아서 속껍질을 제거한다.

04 간장, 설탕, 청주, 참기름, 생강, 마늘, 건고추, 물을 넣고 끓여 조림장을 만든다.

05 밑간을 한 닭고기의 물기를 제거하고, 튀김팬의 기름온도가 180℃일 때 닭고기를 넣어 노릇노릇하게 튀겨 낸다.

06 조림장을 냄비에 붓고 끓이다가 튀긴 닭과 은행을 넣고 중불에서 조리다가 약한 불에서 국물이 없어질 때까지 졸인다.

오인죽(五仁粥)

효능

아침, 저녁으로 1회씩 따뜻하게 복용하면 음혈(陰血)을 보(補)하고 장의 활동을 원활하게 함으로써 배변을 원활하게 한다. 따라서 중 · 노년층의 기혈(氣血)이 부족함으로 인한 습관성 변비증에 적합하다.

재료

참깨 5g, 잣 5g, 호도 5g, 도인(桃仁:복숭아씨 피(皮)를 제거하고 볶은 것) 5g, 행인(杏仁:살구씨) 5g, 멥쌀 100g, 올리고당 10g, 물 1200ml

조리법

01 약재를 씻어 말려서 분말로 만든다.

02 멥쌀과 약재 분말에 물 1200ml를 넣어 죽을 끓인다.

03 올리고당을 넣어 완성한다.

4 겨울철 약선

겨울철은 입동(立冬), 소설(小雪), 대설(大雪), 동지(冬至), 소한(小寒), 대한(大寒) 등 6개의 절기(節氣)를 포함하고 있다. 동절기의 대표적인 특징은 한랭(寒冷)한 기후로 만물이 움츠리는 계절이다. 자연계의 수많은 동물들도 둥지 속으로 들어가거나 동면(冬眠) 상태로 겨울을 보내게 된다. 한의학에서는 태양의 빛을 천지(天地)의 양기(陽氣)로 이해하고 있는데 겨울철은 익년(翌年)을 위해 태양이 빛을 수장(收藏)하는 계절이다. 자연계의 시각에서 보면 한랭(寒冷)한 기후는 단지 겨울철의 외부적 특징에 불과하고 만물이 생장하는 각도(角度)에서 해석하면 겨울철은 다음 해를 위해 에너지를 저축하는 시간으로 해석할 수 있다.

입동은 매년 양력 11월 7일 또는 8일쯤인데 우리는 전통적으로 이 시기를 겨울의 시작으로 여겨왔다.

《월령칠십이후집해(月令七十二候集解)》에는 "입(立)은 시작을 알리고 동(冬)은 끝이며 만물을 수장(收藏)하는 것을 말한다(立, 建始也, 冬, 終也, 萬物收藏也.)."고 설명하고 있다.

입동은 겨울의 시작을 알리고 양기(陽氣)가 수장(收藏)되고 음기(陰氣)가 극성(極盛)한 절기로서 입동 이후의 음식은 음액(陰液)을 보충해 주는 음식이 주가 되어야 한다. 또한 열량도 높은 것이 좋은데, 예를 들면 쇠고기, 양고기, 오골계, 붕어, 콩제품, 우유 등이 있으며 동시에 무, 배추, 두부, 목이버섯 등 신선한 야채를 많이 섭취함으로써 비타민의 결핍을 방지해야 한다.

겨울철 기후는 지역에 따라 큰 차이를 보이는데 추위가 심한 북쪽의 경우 쇠고기, 양고기, 개고기 등 열성(熱性)의 음식이 좋으며, 비교적 따뜻한 남쪽의 경우 닭, 오리, 수산물 등이 좋고 고산지대에서는 야채나 과일을 많이 섭취하는 것이 좋다.

한의학에서는 "동령진보(冬令進補)"라는 표현이 있다. 즉, 보약은 주로 겨울철에 사용한다는 표현이지만 철저한 변증론치(辨證論治)의 진단과정을 거치지 않은 맹목적인 보약(補藥)의 복용은 오히려 부작용을 초래할 수 있다. 식품에 곡물(穀物), 육류(肉類), 과일, 채소 등의 구분이 있듯이 사람도 남녀노소의 구별이 있으며 체질적으로는 한(寒), 열(熱), 허(虛), 실(實)의 구분이 있다. 따라서 겨울철의 보양식도 사람에 따라 다를 수밖에 없는 것이다.

동충하초오리찜 : 충초증노압(蟲草蒸老鴨)

효능

음양(陰陽)의 균형을 맞추면서 정기(精氣)를 보한다. 동충하초(冬蟲夏草)는 신장(腎臟)의 양기(陽氣)와 정혈(精血)을 보하고 숫 오리는 음(陰)을 보(補)함으로써 균형을 맞출 수 있는 약선이다.

재료

동충하초(冬蟲夏草) 5개, 오리 1마리(큰 것), 청주, 생강, 파, 소금, 물 5000ml

조리법

01 오리의 털과 내장을 제거한 뒤 깨끗이 씻어 솥에 넣고 물 5000ml를 붓고 끓인다.

02 거품이 생기면 꺼내어 오리의 머리에서 목부위로 갈라 동충하초를 넣고 잘 묶어 큰 그릇에 넣고 청주, 생강, 파, 소금을 넣는다.

03 찜통에서 2시간 정도 쪄 낸다.

두충돼지콩팥볶음 : 두중요화(杜仲腰花)

효능

아침, 저녁으로 복용하면 신장(腎臟)의 양기(陽氣)와 정혈(精血)을 보(補)한다. 따라서 신장(腎臟)이 허약함으로 인한 요통, 보행의 이상, 성기능장애, 유정(遺精), 현기증, 이롱(耳聾 : 난청), 고혈압(高血壓) 등의 증상에 적합하다.

재료

두충(杜仲) 12g, 요회(腰花 : 돼지나 양의 콩팥) 250g, 청주 50ml, 전분 50g, 소금, 물 3000ml

조리법

01 두충에 물 1000ml를 넣고 끓여서 진한 즙을 만든다.

02 콩팥에 청주와 전분을 골고루 섞어 볶아서 익힌다.

03 진한 약즙을 넣어 살짝 가열한다.

인삼갈비찜 : 인삼홍조돈배골(人蔘紅棗炖排骨)

효능

아침, 저녁으로 복용하면 기혈(氣血)을 보충함으로써 건강을 증진시킬 수 있다. 따라서 노년의 허약체질자, 면역력 감퇴자, 안색이 창백한 사람, 자주 현기증과 피로감을 느끼는 무력증(無力症) 등의 증상에 적합하다.

재료

인삼(人蔘) 30g, 대추 8개, 소갈비 500g, 배 1/3개, 간장 50ml, 설탕 25g, 참기름 10g, 깨소금 10g, 후추 5g, 마늘 20g, 생강 10g, 청주 20ml, 육수 800ml

조리법

01 소갈비는 기름을 잘 제거하고 찬물에 담가 30분간 핏물을 빼고 칼집을 낸다.

02 인삼은 깨끗이 씻어 3cm 정도의 크기로 자르고, 생강은 다지고 파는 썬다.

03 대추는 꼭지를 떼서 씻어 놓고, 배는 강판에 갈아서 양념장에 넣어 놓는다.

04 01의 소갈비를 젓가락이 들어갈 정도로 푹 삶아 양념장에 재운다.

05 위 갈비에 육수 800ml를 넣은 뒤 센 불에서 끓으면 인삼과 대추를 넣고 약한 불에 졸인다.

06 완성되면 찜그릇에 담고, 계란지단이나 은행으로 장식해도 좋다.

용안연자찹쌀죽 : 석팔죽(腊八粥)

효능

매회 300~500ml 정도씩 아침, 저녁으로 섭취하면 허약한 체질을 개선시킬 수 있을 뿐만 아니라 폐장(肺臟)의 기능을 원활하게 돕고 심혈(心血)을 보함으로써 기침과 변비를 치료할 수 있다. 또한 깨끗한 얼굴 등 미용에도 좋다. 따라서 허약한 노인들에게 보건용(保健用) 식품으로 사용할 수 있으며 당뇨병, 고지혈증 등의 환자에게 적합하다.

재료

찹쌀 50g, 용안육(龍眼肉) 10g, 설탕 10g, 연자(蓮子) 10g, 흰참나무버섯 10g, 대추 10g, 백합(百合) 10g, 산약(山藥:마) 10g, 콩(녹두, 홍두 등) 적당량, 물 700ml

조리법

01 연자, 흰참나무버섯, 대추, 백합, 산약, 콩을 깨끗이 씻어 익힌다.

02 찹쌀을 물에 10분간 불린 뒤 물 700ml를 넣고 센 불에서 끓기 시작하면 약한 불로 20분간 더 끓여 용안육, 설탕을 넣고 다시 10분간 끓인다.

03 죽을 완성한 뒤에 익힌 재료를 넣어 한소끔 끓이면 된다.

호두번데기조림 : 핵도돈잠용(核桃炖蠶蛹)

효능

아침, 저녁으로 복용하면 비장(脾臟)과 신장(腎臟)의 기능을 북돋을 수 있다. 따라서 비장(脾臟)과 신장(腎臟)이 허약한 것이 원인인 성기능 감퇴자에게 적용할 수 있다.

재료

핵도인(核桃仁:호두) 100g, 번데기 50g, 청주 20ml, 소금

조리법

01 번데기를 기름에 볶는다.

02 호두는 속껍질을 벗긴다.

03 볶은 번데기에 호두, 청주, 소금을 넣고 약한 불에서 익힌다.

당귀양고기탕 : 당귀돈양육(當歸炖羊肉)

효능

기혈(氣血)을 보(補)하면서 위(胃)를 따뜻하게 하고 추위를 이길 수 있도록 한다. 따라서 기혈(氣血)이 허약하고 양기(陽氣)가 부족해서 추위를 많이 타는 사람이 동절기에 복용하기 적합한 약선이다.

재료

양고기 500g, 당귀(當歸) 20g, 생강 20g, 계지(桂枝) 10g, 사인(砂仁) 3g, 파, 청주, 소금, 물 2000ml

조리법

01 양고기, 당귀, 생강, 계지, 사인 등을 깨끗이 씻는다.

02 파, 청주, 소금 등을 01에 첨가한 뒤 물 2000ml를 넣고 약한 불로 고기가 물러질 때까지 1시간 정도 끓인다.

동충하초오골계탕 : 활력보(活力寶)

효능

아침, 저녁으로 복용하면 기혈(氣血)을 보(補)하면서 정수(精髓)를 충족시켜 항노화(抗老化) 효과가 있다. 따라서 음양(陰陽)과 기혈(氣血)이 모두 허약하고 성기능 및 성욕이 감퇴되면서 피로감, 건망증, 불면증, 안색 창백증, 현기증 등의 증상을 수반하는 사람에게 적합하다.

재료

동충하초(冬蟲夏草) 5g, 인삼(人蔘) 2g, 음양곽(淫羊藿) 15g, 오골계(烏骨鷄) 1마리, 물 5000ml

조리법

01 오골계의 내장을 제거한 뒤 적당한 크기로 자른다.

02 약재를 약주머니에 넣는다.

03 자른 오골계에 약주머니, 물 5000ml을 넣고 삶는다.

삼자추어탕 : 삼자니추탕(三子泥鰍湯)

효능

하루 한번씩 복용하면 비위(脾胃)와 신장(腎臟)의 기(氣)를 북돋아주는 효과가 있다. 따라서 성기능장애, 조루, 빈혈 등의 증상에 적합하다.

재료

신선한 미꾸라지 200g, 구채자(韭菜子 : 부추씨) 20g, 구기지(枸杞子) 20g, 노사자(菟絲子) 20g, 물 600ml, 소금

조리법

01 구채자, 구기자, 토사자는 깨끗이 씻는다.

02 미꾸라지를 끓는 물에 넣어 익힌 뒤 배를 갈라 내장과 이물질을 제거한다.

03 구채자와 토사자는 약주머니에 넣고, 미꾸라지, 구기자와 함께 물 600ml를 넣어 끓인다.

04 센 불에서 끓으면 약한 불로 물이 300ml 정도 될 때까지 끓인다.

05 약주머니를 제거하고 소금으로 간을 한다.

사삼돼지고기편육 : 사삼돈육(沙蔘炖肉)

효능

자양강장의 약선으로 특히 폐장(肺臟)과 위(胃)의 음허(陰虛)로 인해 오랜 기침, 가래에 피가 섞여 나올 때, 발열, 답답함과 가슴 두근거림, 소갈 등의 증상에 적합하다.

재료

사삼(沙蔘) 20g, 옥죽(玉竹) 15g, 백합(百合) 15g, 산약(山藥:마) 30g, 돼지고기 500g, 무 250g, 소금, 청주 20ml, 대파 20g, 생강 20g, 진간장 30g, 흑설탕 30g, 다시마 10cm, 후추, 물 3000ml

조리법

01 사삼, 옥죽, 백합을 깨끗이 씻어 약주머니에 넣고, 대파와 생강은 크게 썬다.

02 돼지고기는 살짝 데쳐서 피를 제거한다.

03 돼지고기와 약주머니, 산약, 무, 청주, 대파, 생강, 진간장, 흑설탕, 다시마, 소금 등에 물 3000ml를 넣고 센 불로 끓여 거품을 제거한 후 약한 불에 돼지고기가 물러질 때까지 익힌다.

04 약주머니와 생강, 대파 등을 제거하고 소금과 후추를 넣어 완성한다.

구기자돼지불고기 : 구기육사(枸杞肉絲)

효능

반찬으로 섭취하면 신장(腎臟)의 음액(陰液)을 북돋우면서 체력을 증강시키고 눈을 밝게 한다. 따라서 체력이 허약하고 늘 피로하며 현기증, 성기능장애, 요통 등의 증상이 있는 사람에게 적합하다.

재료

구기자(枸杞子) 100g, 돼지고기 500g, 죽순(竹筍) 100g, 진간장 50ml, 설탕 50g, 파 10g, 마늘 10g, 참기름 10ml, 청주 20ml

조리법

01 돼지고기를 깨끗이 씻어 지방을 제거한 뒤 폭 1cm, 길이 6cm, 두께 0.5cm 정도의 길이로 자른다.

02 죽순도 같은 길이로 자르고, 구기자는 깨끗이 씻는다.

03 파, 마늘은 곱게 다진다.

04 돼지고기와 죽순을 동시에 넣고 진간장, 설탕, 파, 마늘, 참기름, 청주를 넣은 후 구기자를 넣고 가열한다.

참·고·문·헌

1 家用藥膳99, 杜惠芳 外, 華齡出版社, 2005

2 家庭藥膳保健全書, 李雪明, 河北科學技術出版社, 2006

3 經典家庭藥膳690例, 楊景海 周敏蘭, 廣西科學技術出版社, 2007

4 四季養生藥膳, 徐幇學, 中國廣播電視出版社, 2007

5 食療本草, 孟詵, 安徽科學技術出版社, 2003

6 食療本草經, 孔令謙, 華齡出版社, 2006

7 藥療不如食療, 郭會珍, 新世界出版社, 2007

8 藥膳與藥粥保健療法, 徐毅, 安徽科學技術出版社, 2007

9 藥食同源, 鴻宇, 北京燕山出版社, 2006

10 家庭實用藥粥, 劉光明, 陳麗雲, 上海科學技術出版社, 2004

11 疾病與食物相剋, 張雲輝, 黃際薇, 廣東經濟出版社, 2005

12 粥膳, 孔令謙, 青島出版社, 2006

13 中國藥膳辨證治療學, 周文泉 沙鳳桐 高普 李寶華, 人民衛生出版社, 2002

14 中國營養液大觀, 吳德祥, 上海科學技術出版社, 1996

15 中醫三寶養生, 劉健, 安徽科學技術出版社, 2007

16 中醫食療藥膳, 于釋然, 朝華出版社, 2006

17 調元 · 體質 · 食養, 匡調元, 上海科學技術文獻出版社, 1994

18 常見疾病的飮食宜忌和中藥的煎服法, 張謨瑞, 人民衛生出版社, 1996

19 和食藥膳のすすめ, 武鈴子, 三松當印刷株式會社, 2007

20 약선조리학, 鄭求點, 車垠延, 도서출판 효일, 2005

21 《東醫寶鑑》, 許浚, 남산당, 2003

22 《醫方類聚》, 서울:여강 영인, 1994

23 《醫方類聚》 치법편의 구성과 특징, 안상우 · 최한수, 한국한의학연구논문집 6/1, 2000

24 약식동원에 입각한 약선식의 이해와 활용, 박성혜, 동의생리병리학회지 19(6), 2005

25 천금방의 노인 식이요법 연구, 정숙이 · 금경수, 동의생리병리학회지 18(6), 2004

26 한국의 약선 식문화, 구성자, J. East Asian Soc. Dietary Life 10(6), 2000

27 한약재 및 약선 식재료의 인지도에 관한 연구, 조영신 · 윤수경 · 김명희, J. East Asian Soc. Dietary Life 16, 2006

28 약선요리의 맛과 조리방법이 고객 애호도에 미치는 영향, 정진우 · 박봉규, J. East Asian Soc. Dietary Life 15, 2005

29 외식산업에서 약선 음식의 인지도, 이상미 · 황대욱, 한국콘텐츠학회논문지, 6(11), 2006

| 찾아보기 |

ㅇ

ㅈ

ㅊ

| 저자 약력 |

전순실

신라대학교 식품영양학과 졸업
부경대학교 대학원 식품공학과 (석 · 박사)
위스콘신 주립대학교 식품과학과 연구원
캔사스주립대학교 영양학과 교환교수
현) 국립순천대학교 식품영양학과 교수

저서
한국요리 (예문사)
칵테일 테크닉 (지구문화사)
식품영양실험핸드북 (효일)

신동원

동국대학교 법대 졸업
고려대학교 대학원 졸업 (행정학석사)
중국 상해중의약대학교 졸업 (학 · 석 · 박사)
국방부 과학수사연구소 연구관 역임
현) 국립순천대학교 한약자원학과 교수

저서
한의학 입문 (정문사)
대황 (신일북스)
한약산업 (신일상사) 등

이 책을 참고문헌으로 사용하였을 경우에 아래와 같이 표시하세요.
Soonsil Chun, Dongwon Shin. 2008. Healing Foods.
Munundang Publisher ; Seoul, Korea.

약선음식

Healing Foods

초판인쇄 | 2008년 9월 1일

초판발행 | 2008년 9월 5일

지 은 이 | 전순실 · 신동원

사진진행 | 장휴권 · 김현정

발 생 인 | 이성범

발 행 처 | 문운당

주　　소 | 서울특별시 종로구 명륜동 1가 45-3

전　　화 | 영업부 (02)762-6010, 6981/743-3504~5, 편집부 762-4461

팩　　스 | (02)745-0265 / 762-8758

홈페이지 | http://www.munundang.co.kr

이 메 일 | munun2@chollian.net

ISBN 978-89-7393-479-9 03510

정가 32,000원

이 교재는 친환경바이오산업 전문인력 양성사업단의 지원으로 발행되었습니다.